뉴트로 전략
핵처치 NUCLEAR CHURCH
(사도행전적 원형교회)

| 소강석 지음 |

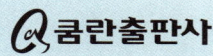

뉴트로 전략
핵처치 NUCLEAR CHURCH
(사도행전적 원형교회)

서문

뉴트로가 무엇인가? 뉴트로는 새로움(New)과 복고(Retro)를 합친 말로, 변하지 않는 복고풍 위에 새로운 유행을 덧입히는 것이다. 최근 젊은이들 사이에 유행하는 신종 트렌드이기도 하다.

그러면 뉴트로 교회는 무엇인가? 변하지 않는 진리와 가치를 붙잡으면서 시대의 변화에 적응하고 대책을 세우는 것이다. 그러므로 교회는 항상 변하지 않는 진리를 붙잡으면서 동시에 시대 변화에 부응하고 대비할 수 있어야 한다.

교회는 아무리 시대와 문화가 달라져도 변하지 않는 진리를 붙잡아야 한다. 예수 그리스도 외에는 다른 구원이 없고 여호와 외에 다른 신이 없다는 절대 진리를 고수해야 한다. 그러나 그 진리를 전달하기 위해서는 문화적인 옷을 입고 시대의 옷을 입을 필요가 있다. 전도 방법도 마찬가지다. 그런 의미에서 현대 교회는 뉴트로 처치가 되어야 한다. 현 시대 변화를 이해하고 목회 전략을 짜야 한다. 그래서 이번에 뉴트로 처치를 연구하고 거기에 대한 대안으로 '핵처치'를 제시하였다.

핵처치란 한마디로 핵파워처치를 의미한다. 교회의 본질인 사도행전적 원형교회(prototype church, 행 2:42-47) 모델인 모이는 교회(gathering church)와 흩어지는 교회(scattering church)가 융합된 교회를 말한다. 그동안 한국교회가 모임 중심의 처치십(churchship)에 집중했다면, 다가올 미래에는 흩어진 교회인 개인의 삶과 일터와 사회에서의 디사이플십(discipleship)을 실천하는 확장된 교회론을 모색해야 한다.

1장에서는 한국교회가 예측하지 못한 시대 변화와 흐름, 2장에서는 코로나 이후 핵개인 시대의 등장, 3장에서는 핵처치의 성경적 모델, 사도행전적 원형교회, 4장에서는 핵처치를 세우기 위한 목회 전략, 5장에서는 핵처치를 세운 현장 이야기를 새에덴교회를 중심으로 다루었다.

책을 읽는 모든 목회자와 평신도 리더들에게 도움이 되기를 바란다. 이 한 권의 책이 자그마한 한 줌의 중보적 역할이 되어서 여러 분의 교회가 전통적이면서도 새롭고, 새로우면서도 복고풍인 뉴트로 처치를 이루었으면 좋겠다. 아니, 부정적 핵분열이 아닌 긍정적 핵분열을 일으켜서 핵신앙, 핵크리스천, 핵처치를 이루며 거룩한 부흥의 연쇄 작용을 일으켰으면 좋겠다.

코로나 이후에도 변함없이 핵크리스천의 모범을 보여주시는 새에덴교회 장로님들과 성도들, 평생을 저를 위해 기도해 주시는 정금성 권사님, 아내 배정숙 사모, 원고 교정을 위해 수고해 준 동역자 선광현 목사님, 쿰란출판사 이형규 장로님께 감사드린다.

  나는 앞으로도 쪼개지고 흩어지고 홀로 서는 핵사역의 길을 걸어갈 것이다. 이것 또한 그 무엇과도 바꿀 수 없는 나의 애호이다. 모든 영광 하나님께 올려 드린다.

2023년 11월
소강석 목사
(새에덴교회)

목차

서문_ 4

1. 한국교회가 예측하지 못한 시대 변화와 흐름

1) 시대 변화를 예측하지 못했다_ 15
2) 사람의 변화를 예측하지 못했다_ 17
3) 목회환경이나 목회생태계 변화를 예측하지 못했다_ 18
4) 교회 트렌드 변화를 예측하지 못했다_ 19

2. 코로나 이후 핵개인 시대의 등장

1) 핵개인의 정의_ 31
2) 핵개인의 특징_ 32
    (1) 핵처럼 분열하는 개인_ 32
    (2) 갈수록 개성화되고 독특해져가는 개인_ 33
    (3) 생존에서 애호로_ 53
    (4) 고령화되어가는 인간_ 54
    (5) 핵개인의 연대 혹은 융합_ 55
3) 핵크리스천의 정의_ 57

4) 핵크리스천의 특징_ 59
(1) 핵처럼 분열하고 흩어지려는 크리스천_ 59
(2) 갈수록 개성화되고 독특해져가는 크리스천_ 59
(3) 생존 신앙에서 애호 신앙으로_ 60
(4) 고령화되어가는 성도들_ 61
(5) 핵크리스천의 연대 혹은 융합_ 63

3. 핵처치의 성경적 모델, 사도행전적 원형교회

1) 핵처치(사도행전적 원형교회)_ 70
(1) 핵처치는 예수 그리스도의 복음(말씀)의
    역동성이 이끌어가는 교회이다_ 71
(2) 핵처치는 성령 체험을 한 성도들이 공동체를 이룰 뿐만
    아니라 핸들링하는 교회이다_ 84
① 성도들이 성령 체험을 하여 신앙의 능력과 권능이
    나타난다_ 85
② 성령님을 어떻게든지 기쁘게 하려고 한다_ 86
③ 언제나 성령님과 의논하고 상의하며 목회한다_ 87
④ 성령의 감동이 오면 무조건 순종한다_ 89
⑤ 로드십 신앙으로 목회한다_ 93
(3) 핵처치는 흩어지건 모이건 하나의 진정한 공동체이다_ 95
(4) 핵처치는 한 사람, 한 영혼에 관심을 집중하는 교회이다_ 103

⑸ 핵처치는 작은 교회의 모습을 유지하려는 교회이다_ 105
⑹ 핵처치는 지역교회 혹은 선교적 교회이다_ 110
⑺ 핵처치는 현실에 안주하지 않고 끊임없이 성경적, 영적,
윤리적 개혁에 앞장서는 교회이다_ 115
⑻ 핵처치는 연합과 공적 사역을 선도하는 교회이다_ 116

4. 핵처치를 세우기 위한 목회 전략

1) 목회자 스스로 위기의식을 조장하며 성령의 은혜를 갈망한다_ 122
2) 이럴 때일수록 변함없는 진리와 복음의 가치를 지켜야 한다_ 124
3) 목회자가 옥시토신 하트를 가지고 생명력으로 승부를
걸어야 한다_ 148
4) 1인 1 맞춤형 케어 목회가 필요하다_ 160
5) 성도들로 하여금 긍정적인 핵신앙을 갖도록 해야 한다_ 163
6) 성도들의 핵신앙이 예수 그리스도 안에서 융합이 되도록
해야 한다_ 164
7) 성령께서 핵분열을 핵융합으로 역사하도록 간절함을 가지고
기도하고 맡겨야 한다_ 170

5. 핵처치를 세운 현장 이야기
   - 새에덴교회를 중심으로

   1) 먼저 담임목사가 교역자와 함께 위기의식을 조장하며 성령의 은혜를 갈망한다_ 176
   2) 변함없는 진리와 복음의 가치를 지킨다_ 179
   3) 목회자와 교역자들이 옥시토신 하트를 가지고 생명력에 승부를 건다_ 182
   4) 교회 각 기관이 1인 1 맞춤형 케어 사역을 한다_ 187
      (1) 1:1 맞춤형 설교_ 188
      (2) 1:1 맞춤형 전도_ 189
      (3) 1:1 맞춤형 양육_ 193
      (4) 1:1 맞춤형 메디컬처치 사역_ 202
      (5) 1:1 맞춤형 상담_ 209
   5) 성도들이 긍정적인 핵신앙을 갖도록 한다_ 214
   6) 성도들의 핵신앙이 예수 그리스도 안에서 융합이 되도록 한다_ 217
      (1) 1C모를 통한 소통과 참여_ 219
      (2) 예배 리커버리(Recovery)_ 220
      (3) 현미경 예배 관리_ 221
      (4) 소그룹 활동 활성화_ 221

⑸ 베이비 샤워_ 222
　　　⑹ 플라워 ME 더 스토리_ 223
　　　⑺ 젊은 부부 세우기 - 젊.은.가_ 224
　　　⑻ 커플 선데이_ 225
　　　⑼ 상추와 대파 성도 케어_ 226
　　　⑽ 생명 SOON 프로젝트_ 227
　　　⑾ 2040 프로젝트_ 228
　　　⑿ 뻔뻔한(Fun Fun) 모임_ 228
　　　⒀ 담임목사와 함께하는 춘계, 추계 1일 여행_ 229
7) One SaeEden, Great Church_ 231
8) 성령께서 핵분열을 핵융합으로 역사하도록 간절한 마음으로 기도하고 맡긴다 _ 241
　　　⑴ 신년축복성회_ 248
　　　⑵ 새에덴 장년여름수련회_ 249
　　　⑶ 금요철야기도회_ 250
　　　⑷ 사명자 기도회_ 250
　　　⑸ 교구별 성령 대망회 및 교제_ 251
9) 핵처치를 선도하는 교회를 꿈꾼다_ 251
10) 핵신앙의 폭발력으로 연합과 공적 사역을 선도한다_ 260

1.
한국교회가 예측하지 못한 시대 변화와 흐름

1.
한국교회가 예측하지 못한 시대 변화와 흐름

한국교회는 크리스텐덤(Christendom), 즉 부흥의 전성기를 경험한 때가 있었다. 1990년대까지만 해도 교인들이 교회의 양적 성장과 자신들의 영적 성장을 사모하며 부흥의 상승곡선이 이어졌다. 그리고 마침내 새천년을 맞게 되었다. 일류 대기업들은 연구소를 통해서 새천년의 시대가 어떻게 다가올 것인가를 예측하고 준비했다.

그런데 한국교회는 시대 변화를 전혀 예측하지 못하고 막연히 부흥할 것이라는 장밋빛 희망만 가지고 있었다. 아니, 과거의 관습과 통념에 사로잡혀 성장주의, 속도주의, 물량주의에 함몰돼 있었다. 세상이 우리를 어떻게 보고 지식인들이 어떻게 보든지 간에 우리의 길만 고집했다. 사회적 감수성과 공감능력을 잃어버린 채 종교적 카르텔을 쌓고 이너서클을 형성하는 모습을 보였다.

한국교회가 예측하지 못한 시대 변화와 흐름은 무엇일까? 아래의 내용은 저자의 책 《21세기 목회 뉴 트렌드》에 나오는 내용을 요약해서 재인용하였다.

1) 시대 변화를 예측하지 못했다

현대사회는 소비자 편익 중심, 소비자 경험 중심, 브랜드 인간화, 초연결 가치 중심의 시대가 되었다. 여기에 맞춰서 교회는 교인 중심, 교인들로 하여금 하나님의 은혜와 교회를 경험하도록 해야 했고, 교회 고유의 브랜드적 신앙과 성도들 간에 영적인 초연결 유기적 공동체를 이루어야 했다.

그런데 교회는 여기에 전혀 대비하지 못했다. 여전히 전통적이고 제도적인 교회로 머물러 있었고, 지금까지 해왔던 매뉴얼만 작동시켰다. 그러자 여기에 지루하고 식상해진 젊은이들과 지식인들이 교회를 떠나기 시작했다. 교회 안에서 진정한 은혜와 행복을 경험하지 못한 교인들, 아니 교회에 반감을 품었던 사람들 가운데 내부고발자가 생겨나기 시작했다.

이러한 시대 정서를 기반으로 하여 반기독교적인 정서와 세력의 공격도 감성과 참여, 연대성이 결부된 모습으로 변화하였다. 과거에는 안티 크리스천의 공격이 특정 개인과 교회를 향한 개별적인 비난이거나 일시적인 것이었다. 그런데 감성과 참여, 연대성이 결부된 반기독교적인 공격은 확증편향성과 선택적 지각으로 나타나면서 무차별적으로 교회를 공격하는 쏠림 현상을 보이기 시작했다.

특별히 2007년 아프가니스탄 피랍 사건을 계기로 이런 현상은 극에 달하기 시작했다. 2007년은 평양대부흥 100주년을 기념하는 뜻깊은 해였다. 그런데 그 기념집회를 마치고 얼마 후 아프가니스탄 피랍 사건이 터졌다. 물론 아프가니스탄 단기봉사와 선교는 좋은 일이며 당연히 해야 할 일이다. 그러나 한국교회가 그 사건에 대해 위기관리 시스템을 작동하여 기민한 대응을 했어야 하는데 골든타임을 놓치고 대처하지 못했다. 책임지는 사람이 아무도 없었다.

그래서 과거에는 교회나 목회자를 공격해도 특정한 한 교회, 한 목회자를 향해 공격했는데, 그때부터 전체 교회와 목회자를 향한 집단적 공격을 가하기 시작하였다. 그 결과, 개독교, 먹사, 똥경 등 입에 담기에도 부끄러운 빈정거림과 조롱의 대상이 되었다. 그리고 지금은 교회와 목회자들에 대한 부정적 시각이 선택적 지각과 확증편향성으로 응결되어 하나의 거대한 비토 프레임(veto frame)을 형성하게 된 것이다. 그래서 교회와 목회자에 대한 이야기만 나오면 무조건 비난하고 공격하고 싫어하며 거부하는 사회현상으로 나타나고 있다.

그러므로 앞으로 한국교회는 시대 상황 인식이나 시대 예보에 귀를 기울여야 한다.

첫째, 탈교회 현상은 사회, 문화, 가치관, 신념이 변하는 시대의 흐름임을 인식해야 한다. 둘째, 출생률 감소, 핵 개인화, 노령사회, 여가 문화 선호 현상을 대비해야 한다. 셋째, 종교다원주의, 포스트모더니즘, 페미니즘, 뉴 에이지를 분석해야 한다. 넷째, 온라인 가상세계를 즐기는 MZ세대와 그 이웃 세대에 집중해야 한다. 다섯째, 휴머니즘, 포퓰리즘, 유토피아 세계관을 기독교 가치관으로 바꿔야 한다.

2) 사람의 변화를 예측하지 못했다

80년대까지만 해도 사람들은 서바이벌의 삶을 살았다. 호랑이 즉 타이거 스타일이었다. 마치 호랑이 한 마리가 사슴 한 마리를 잡기 위해서 온 집중력을 발휘하여 달려드는 것처럼 성공, 목표, 번영 지향적이었다. 왜냐하면 그렇지 않으면 굶어죽기 때문이다. 성도도 은혜 받기 위해 목숨을 걸었다.

그러다가 사람들이 강아지 유형의 스타일로 바뀌었다. 강아지는 오로지 주인밖에 모르고 충성심이 대단하다. 옛날 사람들은 다 강아지 유형이었다. 의리와 신의를 지키며 공동체를 지향했다. 성도들도 얼마나 서바이벌한 삶을 살았고 하나님과 교회를 위해서 허리띠를 졸라매고 충성을 했는지 모른다. 교회를 건축할 때 죽기 살기로 헌신하고 충성했다.

그러나 지금 사람들은 고양이 유형으로 바뀌고 있다. 강아지는 훈련을 시키면 잘 따르지만 고양이는 훈련이 거의 안 된다. 동물조련사들이 제일 훈련하기 힘든 게 고양이라고 한다. 고양이는 철저하게 개인주의적이고 외부 영향에 대해서 완벽하게 거부하는 동물이다.

그런데 요즘 사람들이 고양이화되어 가고 있다는 것이다. 그런데 이런 고양이형 인간들이 늘어나다 보니까 오늘날 현대인은 자기중심의 감성을 갖게 되고 확증편향성과 선택적 지각에 빠져 살아간다. 그래서 자기가 보고 싶은 것만 보고 듣고 싶은 것만 듣는다. 그래서 교인도 애완견 스타일에서 고양이형으로 바뀌어 가고 있다.

그러므로 앞으로 고양이형 성도들을 이끌어가기 위해서는 가르치려고 하지 말고, 유혹하는 목회를 해야 된다. 고양이는 가르치려고 하면 도망가 버린다. 유혹을 해야 한다. 먹이나 신기한 것을 가지고 유혹해야 한다. 목회자의 설교도 무언가를 억압하고 가르치려는 것보다는 유혹하는 설교를 할 수 있어야 한다.

3) 목회환경이나 목회생태계 변화를 예측하지 못했다

한국교회는 급속한 성장을 이루었다. 그런데 사회 환경이 변하면서 점점 반기독교 세력의 배후인 네오마르크시즘(Neo-Marxism)이 유입되면서 충돌하기 시작했다. 가장 큰 공격의 대상은 대형교회였다. 게다가 소형교회와 대형교회 간의 생태계적 선순환이 깨져버렸다. 종교학자 닐 콜은 그의 책 《교회 3.0》에서 미래 사회는 종교 없음의 시대가 될 것이라고 예견했다. 한스 큉이라는 학자 역시 "미래로 갈수록 현대인은 하나님을 향한 신심과 종교적 욕구 또한 영성에 대한 갈망은 더 커지겠지만 기존 교회에 대해서는 저항하고 거부감을 갖는 경향이 많이 나타날 것"이라고 했다. 이들의 예측대로 노마드(Nomad·유목민) 신자들이 증가하면서 한국교회가 전체적으로 정체 내지는 감소 현상이 나타나고 있다.

급변하는 세계관과 알고리즘은 기독교와 한국교회에 심각한 위협을 주고 있다. 왜 사람들은 기독교에 대해 혐오감이나 공격적 태도를 보이는가? 심지어는 지난 3년간 코로나가 확산될 때 교회를 타깃으로 정부와 언론에서까지 적대적이 되었던 이유가 무엇인가? 이미 시대 변화에 따라 부상하는 문화이며 현상이라고 하지만 분석, 평가, 대책이 없으면 마치 조현병(schizophrenia)에 걸린 기독교로 왜곡된 시각과 비정상적 집단으로 취급될 수 있기에 대안을 마련해야 한다.

4) 교회 트렌드 변화를 예측하지 못했다

세계교회, 특히 미국교회가 변화하는 흐름을 보면 1970년대까지는 교단 중심의 전통적 교회가 대부분이었다. 그러나 1980년대부터는 커뮤니티 교회(개교회주의)가 중심이 되기 시작했다. 그래서 구도자 중심과 문화적인 예배를 드리려고 했다. 그리고 공동체 중심의 교회를 이루며 부흥 코드로 성장을 해 왔다. 그렇게 하다 보니 변형

교회나 3탈 현상(탈종교화, 탈기독교화, 탈교회화)이 나타나기 시작했다.

영국의 윌리엄스 변호사의 표현에 따르면 교회가 목회자의 개성과 취향에만 맞춘 클럽 교회화되었다는 것이다. 그녀가 말한 '클럽화된 교회'를 미국식으로 말하면 커뮤니티 교회라고 할 수 있다. 한국교회 역시 유럽과 미국교회를 따라갔다. 소위 말하면 카페 교회, 도서관 교회 등 이머징 교회로 변해 간 것이다.

전통교회(established church)는 일반적으로 더 변화가 어렵다. 그들은 너무 오랫동안 자신들만의 특정한 방식으로 교회를 다녔고 관성에 젖어 있어 어떤 새로운 시대의 문화적 변화에도 장애물이 된다. 기존 교회는 시대와 문화적 조류에 전혀 관심이 없을 뿐만 아니라 이미 고령화되었기 때문에 실제로 새로운 교회를 세우는 데 참여하지도 않게 된다.

시대 교회의 중심이나 흐름과 전혀 다른 시간(time), 다른 토양(soil), 다른 모습(type)이 되고 있다. 핵처치와 같은 새로운 교회 전략을 세우는 것은 기성교회에 대한 도전으로부터 시작되는 것이다. 변하지 않는 교회는 사라진다. 얼마 전만 해도 우리는 우리 시대와 주변 문화의 부도덕성에 대해 말했을지 모르지만 지금은 시대와 주변의 문화가 우리를 부도덕하다고 생각하는 것을 고민해야 한다. 권위적이고 전통적이고 낡고 근본주의적인 교회는 시대와 문화로부터 고립된다는 것을 알아야 한다.

후기 기독교 사회에 대한 인식과 위기의식

한국교회는 현재 '후기 기독교'(Post-Christianity) 시대에 머물고 있음을 직시해야만 한다. 후기 기독교 시대라 함은 서구 기독교에서 나온 개념으로서 기독교의 쇠퇴를 의미하는 용어이다. 서구 기독교는 과거에는 서구문화의 중심이었다. 과거 서구사회는 기독교 문화가 기초였던 사회였다. 그런데 후기 기독교 시대라 함은 기독교가 더 이상 그 사회의 기초가 되지 않음을 의미한다.

유럽은 이미 후기 기독교 시대가 무르익어서 기독교 시대가 저물었고, 미국 역시 후기 기독교 시대에 도달했다고 학자들은 평한다. 팀 체스터(Tim Chester)는 그의 책 《일상교회》(*Everyday Church*)에서 "우리가 후기 기독교 국가와 후기 기독교 상황으로 옮겨가고 있기 때문에 교회의 모델은 바뀌어야 한다"고 주장했으며, 기독교는 더 이상 이 시대의 사회나 사상의 중심부에 위치하지 않고 주변부에 위치함으로, 이제부터는 세상의 변두리에 위치하는 마이너의 자세로 교회를 세워나가야 한다고 주장했다.

사실 한국도 기독교 국가였던 적이 있었던가? 기독교 문화가 한국 문화의 중심부에 머물렀던 시대가 있었던가? 시대적 정황에 의해 때때로 영향력 있는 종교와 문화로 자리 잡았던 적은 있었으나 궁극적으로 기독교가 한국 사회의 중심이 되었던 적은 없다고 본다. 최고로 잡아도 인구의 25%가 기독교인이었던 적이 있을 뿐이다. 한국은 선교를 받은 나라이자 기독교 역사 140년에 불과한 나라로서 기독교는 언제나 후기 기독교 시대를 살아오며 주변부에 머물렀다.

그런데 문제는 교회와 목회자들이 후기 기독교 사회에 대한 인식과 위기의식을 느끼지 못하고 있다는 것이다. 지금도 많은 교회의 목회자와 교회 리더들이 1970-90년대 교회 부흥시대의 사고방식과 목회론에 매여 있다. 과거 부흥시대의 패러다임은 21세기 한국교회에 전혀 통하지 않는 사고방식이며 목회론이다. 과거처럼 시설 잘 갖춘다고 해서, 목사가 설교 좀 잘한다고 해서, 교회 내 프로그램이 좋다고 해서, 그럴듯한 행사를 치른다고 해서 사람들이 몰려드는 시대는 끝났다고 봐야 한다.

그런데도 대부분의 전통교회 목회자와 교회 리더들이 시대를 읽지 못하고, 이 시대 사람들을 이해하지 못하는 난독증(dyslexia)을 극복하지 못하고 있다. 시대 변화와 흐름에 대응하지 못하는 교회는 위기를 맞게 된다.

2. _____

코로나 이후 핵개인 시대의 등장

2.
코로나 이후 핵개인 시대의 등장

    한국교회는 시대 예보에 귀 기울이지 않았고 큰 역사의 변화를 보지 못했다. 그저 관성의 법칙 안에서만 교회 매뉴얼을 작동시켜 왔다. 그러다가 코로나의 재앙을 겪게 된 것이다. 코로나의 재앙이 아니더라도 시대는 변하고 역사도 변하게 되어 있다. 물론 복음의 진리와 성경적 진리는 변하지 않지만 시대와 역사는 변하게 되어 있다. 따라서 변하지 않는 복음의 진리를 변화하는 시대에 어떻게 전해야 할 것인가는 당연히 목회자의 몫이 아닐 수 없다. 그러므로 목회자는 시대의 변화와 역사 앞에 새로운 목회 전략을 세워야 한다.

    프랑스 역사학자인 페르낭 브로델은 역사를 세 단계로 보았다. 먼저는 국면사이고, 그 다음은 구조사이며, 그 구조사들이 모여 마침내 1000~2000년 만에 맞을 수 있는 문화사적 대변혁을 이룬다는 것이다. 그런데 코로나가 문화사적 대혁명을 더 앞당겨 버렸다.

코로나가 오기 전까지 한국교회는 정지 내지 퇴보하였고, 최윤식 박사의 말대로 잔치를 하다가 싸움을 하고 분열하게 되었다. 그러다가 코로나를 맞았다. 코로나가 왔을 때 나는 우리 교단의 부총회장이었다. 그래서 우리 총회와 한국교회 지도부에 자율 방역을 제안했다. 정부가 예배에 간섭하지 못하게 선제적으로 한국교회가 자율방역을 해야 한다고 말이다. 그런데 나의 의견이 받아들여지지 않았다.

일본의 기업가인 마스시타 고노스케라는 사람을 아는가. 그는 일본에서 경영의 신으로 불리는 사람이다. 한 마디로 그는 일본이 대동아 전쟁에 패전국이 되었을 때 일본을 세계 경제의 기관차로 달리게 하였던 사람이다. 그는 내셔널, 파나소닉이라는 세계 굴지의 기업을 이룬 사람이기도 하다.

더구나 그는 일본에서 돈벌이 사업가가 아니라 사람들의 행복에 기여하는 가치 있는 종합예술 사업가로 평가를 받는 경영인이다. 바로 그가 《마스시타 고노스케, 길을 열다》라는 책에서 이런 이야기를 하였다.

"변화에는 빨리 순응하고 변하지 않는 것을 소중하게 여겨라."

"격동의 세월을 살아가는 방법의 기본은 세월의 조류에 단순하게 휩쓸리기보다는 본연의 자세, 본연의 원칙과 태도를 지켜가면서 변하지 않는 가치 그 자체를 소중하게 여기는 것이다."

그는 또 이런 이야기를 하였다. "열린 시선으로 주위를 보라. 사람들의 시각은 일반적으로 10도에서 15도이다. 그러나 15도의 각도를 가진 사람은 20도로 넓히고 20도의 각도를 가진 사람은 계속해서 더 넓혀가라. 그러나 사람은 아무리 넓게 보려고 해도 한 방향으로 볼 수 있는 각도가 180도에 불과하다. 180도는 절반에 불과하다. 그러므로 필요할 때는 360도를 보아야 한다. 그러기 위해서는 한 바퀴를 돌아서 보아야 한다. 그런데 겨우 15도에서 20도의 시야로 사는 사람은 결코 남보다 앞설 수가 없다. 넓게 보고 멀리 봐야 남보다 앞설 수가 있는 것이다."

그에 의하면 진정한 자아 발전은 먼저 눈가리개를 벗어야 한다는 것이다. 눈가리개가 시야를 가리면 세상을 넓게 멀리 보지 못하기 때문이다. 시야가 좁은 사람은 어려울 때일수록 삐뚤어지게 보는 경향이 많을 수 있다. 시야는 아무리 넓혀도 지나친 법이 없다. 시야를 넓히면 넓힐수록 그 어떤 경우에도 삐뚤어지게 보지 않고 시대착오적인 판단을 하지 않는다는 것이다. 그러므로 시대를 보는 렌즈가 바뀌어야 한다.

🌱 칼빈의 쿼런틴 시스템과 보랏빛 소의 전략

코로나19 당시 나는 칼빈의 '쿼런틴 시스템'(quarantine system, 격리제도)에서 자율방역을 착안하였다. 유럽에 흑사병이 창궐할 때 중세 가톨릭 사제들은 자기들만의 좁은 시야로 공간의 권위를 지키기 위하여 믿음으로 이기자고 하면서 성당으로 모이라고 했다. 그걸 주도한 교황이 클레멘트 6세였다. 그 결과 성당이 집단 감염의 진원이 되어 수많은 사람들이 죽고 중세 가톨릭의 몰락을 자초한 것이다.

그러나 종교개혁자 존 칼빈은 넓은 시야를 가지고 창조적 발상의 전환을 했다. 그는 구빈원을 만들어서 사회봉사를 했고 제네바에 흑사병이 창궐할 때 쿼런틴 시스템을 도입했다. 그래서 노약자를 비롯하여 감염에 노출이 쉬운 사람일수록 절대로 교회 오지 말라고 했다. 대신 성직자들이 가서 예배를 드려 주었다. 한 마디로 칼빈은 예배의 존엄성을 끝까지 지키면서도 이웃 사랑과 생명 사랑을 실천한 것이다. 그래서 중세 가톨릭은 쇠락해갔지만, 칼빈의 종교개혁 운동은 제네바 시민들의 지지를 받으며 계속 발전을 거듭하였다.

그래서 나는 칼빈의 쿼런틴 시스템에서 착안하여 선제적 자율방역을 주장한 것이다. 다시 언급하거니와 내 안은 받아들여지지 않았다. 그래서 나는 이 쿼런틴 시스템을 새에덴교회에 적용을 하였다.

또한 세스 고딘이 쓴 《보랏빛 소가 온다》라는 책을 읽고 아이디어를 얻었다. 세계 최고의 마케팅 전문가 세스 고딘이 하루는 프랑스 시골을 여행하다 젖소들이 한가롭게 풀을 뜯는 모습을 보게 된다. 그 모습이 너무 평화롭고 아름다워 반해버리고 만다. 그러나 그것도 잠시, 계속 똑같은 풍경이 이어지자 지루해지기 시작했다.

그때 머릿속에 이런 생각이 스쳐 지나갔다. '누런 소들 가운데 보랏빛 소(Purple cow)가 있다면 어떨까.' 보랏빛 소가 단숨에 사람들의 시선을 사로잡고 황홀경에 빠지게 할 것이라는 생각이 든 것이다. 그는 그날의 경험을 바탕으로 《보랏빛 소가 온다》라는 세계적인 마케팅 저서를 썼다. 그 책을 통해서 코로나 기간에 창의적 목회 아이디어와 발상의 전환을 하는 데 큰 도움을 얻었다.

코로나 이전과 이후, 목회환경의 변화

코로나로 인해서 가장 피해를 본 곳이 한국교회이다. 《한국교회 트렌드 2024》에서 말한 대로 코로나를 통해서 비종교적 영성 즉 SBNR(Spiritual But Not Religious) 성도들이 많아졌다. 영적이지만 종교적이지 않다는 말이다. 또 하나는 홀로 서기가 가능한 성도들이 많아졌다. 한동안 한국교회 성도들은 외로움을 많이 겪었다. 왜냐하면 모이지 못하니까 한동안 외롭다가 나중에는 오히려 혼자가 편하게 된 것이다.

《한국교회 트렌드 2024》를 보면 이러한 교인들은 혼자가 편하다. 그래서 완전히 극단적 개인주의 삶을 살아간다. 그러니까 교회에 나오지 않고 혼자 집에서 성경을 읽고 기도하고 인터넷과 유튜브를 통해서 설교 들으며 자기 혼자 신앙생활을 한다. 이런 사람들을 《한국교회 트렌드 2024》에서는 OTT 크리스천이라고 한다.

OTT(Over The Top)는 인터넷을 통해 다양한 플랫폼으로 사용자가 원할 때 방송을 보여주는 서비스를 말한다. 어원은 'Over The Top' 으로 'Top(셋톱박스)을 넘어'라는 뜻이다. 셋톱박스라는 하나의 플랫폼에만 종속되지 않고 PC, 스마트폰, 태블릿 컴퓨터, 콘솔 게임기, 스마트 TV 등 다수의 플랫폼으로 서비스를 한다. 그러므로 OTT 크리스천은 한마디로 초개인화 시대를 말한다.

과거에는 자기가 섬기는 하나의 교회를 정해놓고 교회 중심적인 신앙생활을 하였다면 지금은 꽤 많은 노마드 신자들이 2~3개 이상의 가상 교회를 정해놓고 온라인을 통해 듣고 싶은 설교를 취사선택하여 듣는다. 물론 예배도 온라인으로 드린다. 이거야말로 초노마드 시대요, 악노마드 시대라고 할 수 있다. 그런 의미에서 오늘날 목회자들은 초위기를 맞고 있다고 할 것이다.

사실 지난날을 돌이켜보면 코로나 때에 목회가 더 힘들었는가? 지금이 더 힘든가? 나는 지금이 더 힘들다고 고백하겠다. 코로나 때가 왜 덜 힘들었을까? 그때는 지금보다 간절함이 몇 배가 더 있었다. 나는 한국교회에서 최초로 화상 줌을 도입하고 라이브 톡을 하였다. 그러니까 매 예배 때마다 몇 사람을 등장시켜서 라이브 톡을 했다. 또 화상 줌에 보이는 사람들의 이름을 부르면서 기도했다.

특별히 송구영신예배 같은 경우는 아침부터 화상 줌을 통해서 9번을 인도했는데, 화상 줌에 나오는 사람마다 이름을 다 불러주면서 축복을 해주고 기도했다. 그러니까 성도들이 감동을 받고 감격해서 교회로 와서 줄을 서서 기도를 받았다. 헌신의 행렬이 이어지며 기도를 받았다. 그때가 재정적으로도 가장 풍요했다. 정말 영적 역설적 부족 공동체를 이뤘다. 다 모이지는 않았지만 온라인으로 가장 강력한 부족 공동체, 영적 역설적 슈퍼 처치를 이루었다.

그래서 내가 총회장으로 섬길 때 총회의 모든 행사를 우리 교회가 다 감당했다. 미자립교회 목사님들 1천 200명을 초청해서 100만 원씩을 나눠주고, 또 두 번째는 600명을 초청해서 100만 원씩을 드렸다. 또 유튜브를 하지 못하고, 화상 줌을 하지 못하는 목사님들을 몇 차례에 걸쳐서 초청해서 수천 명에게 기자재를 다 사주고 교통비도 드렸다. 코로나 때 이런 일을 하는 교회는 유일하게 우리 교회밖에 없었다.

그러면서 또 한국교회 연합활동을 했다. 나는 한국교회가 연합하지 않으면 희망이 없다고 생각했기 때문이다. 앞으로 끊임없는 반기독교 악법들이 밀려올 텐데 우리가 일단 뭉쳐야 된다고 확신했다. 그러면, 왜 코로나 때보다 지금이 더 힘들까? 지금은 교인들이 제정신을 차린 것이다. 그때는 완전히 감동을 받고 거의 미칠 지경이었는데 지금은 맨 정신이 됐다. 특별히 코로나가 끝나고 나니까 코로나 후유증이 나타났다. 그런데 그 후유증이 새로운 괴물 인간을 만들어 내었다. 그게 바로 핵개인의 등장이다. 그러면 핵개인은 어떤 존재인가? 아래의 내용은 송길영 작가의 책 《시대예보: 핵개인의 시대》(교보문고)와 유튜브 인터뷰를 참조하였다.

1) 핵개인의 정의

송길영 작가는 《시대예보: 핵개인의 시대》라는 책에서 극단적 개인주의 현상에 대해 좀 더 정확하게 짚어주었다. 송길영 작가는 초개인주의 사회 현상을 핵 개인화되어 간다고 표현했다. 옛날에는 핵가족이라는 말이 있었다. 사실 핵가족이라는 말은 익숙하다. 핵가족이라는 말은 미국의 사회학자 머독이 처음으로 쓴 말인데, 1950년대에 미국 사회가 3대 가족에서 2대 가족으로 간다고 예견을 하였다. 그래서 가족의 단위가 더 이상 안 쪼개지니까 핵가족이라고 정의한 것이다.

그런데 우리나라는 1970년대쯤에 핵가족이라는 말을 수용하고 배웠다. 왜냐면 우리나라는 70년대부터 산업화가 되었기 때문이다. 농촌 지역에서 도시로 이주하면서 젊은 사람들이 부모님을 떠나서 가족을 이루면서 할머니, 할아버지 없이 엄마 아빠하고 아이들로 구성된 핵가족이 이루어진 것이다. 그런데 출생률이 더 급감하지 않았는가. 1960년대는 출생률이 6.0, 1970년대는 4.5, 1980년대는 2.86, 그런데 지금은 0.7이 되었다. 그리고 사회가 고령화되고 지능화되었다. 그래서 핵가족 시대에서 이제는 핵개인 시대가 온다고 예견한 것이다.

그렇다면 핵개인이라는 의미는 무엇인가? 더 이상 가족이나 타인에게 의지하지 않고 스스로 독립하여 주체적으로 자신의 애호를 즐기며 살아가는 개인 혹은 개인사회를 의미한다. 혼자 있어도 결코 외롭지 않은 사람, 자기 혼자 독립적으로 자기 결정권을 가지고, 자기 애호식으로 자기를 쪼개고 분리하고 분열을 시킨다. 물리적으로가 아니라 자기 스스로 애호를 따라서 그렇게 하는 것이다.

예를 든다면 일주일에 3~4일은 가족끼리 살다가 서울 근교에 별장이나 집을 지어놓고 혼자 가서 2~3일을 보내는 현상을 말한다. 꼭 그렇지 않더라도 하루에 2-3시간은 자기만의 시간을 가지려고 한다. 그만큼 삶의 모든 기준이 자기중심적이고 애호중심적이며 독립적이고 주체적인 인간형을 말한다.

2) 핵개인의 특징

(1) 핵처럼 분열하는 개인

핵개인의 가장 큰 특징은 쪼개지고, 흩어지고, 홀로 서게 되는 분열현상이다. 가(家)는 있으나 족(族)은 없는 현상을 말한다. 집 가에, 가계 족 아닌가? 그러니까 가는 있지만 족이 없어진 형태를 말한다. 그런데 그것이 물리적으로 이루어지는 게 아니라 애호를 따라 분열을 한다. 그렇다고 가족이 아예 없어진 게 아니고 가족은 있는데 자기 혼자만 있는 시간을 갖게 된다는 것이다. 그게 새벽이 됐든지 밤이 됐든지 아니면 주말이 됐든지 자기 애호를 따라서 자기만의 시간을 갖는다.

맨스 케이브(Man's Cave), 우먼스 케이브(Woman's Cave), 즉 자기만의 동굴, 자기만의 공간을 필요로 한다. 물론 남자는 공간적인 동굴을 원하지만 여자는 정서적인 동굴의 공간을 원한다. 아무튼 공동체 중심, 관계 중심 사회에서 자립 중심, 애호 중심의 새로운 개인의 시대가 되었다. 기존의 제도와 관념이 쪼개지고 흩어지고 분열하면서 새롭고 다양한 형태의 개인들이 출현한다. 일례로 효도의 종말과 협력 가족의 진화, 동친 그룹 현상이 나타나기 시작한다.

(2) 갈수록 개성화되고 독특해져가는 개인

옛날에는 사람들이 죽자 살자 매달리며 서바이벌하게 살았다. 가족과 조직을 위해서 개인의 삶을 희생했다. 무조건 돈을 벌고 승진하고 가족과 조직을 위해서 헌신하는 것을 미덕으로 여겼다. 그런데 요즘은 개인의 삶과 행복을 최우선으로 여긴다. 오죽하면 안티 나탈리즘(anti natalism)과 같은 사상이 나타나겠는가.

안티 나탈리즘은 인간이 태어나는 것은 긍정적인 면보다 부정적인 면이 크기 때문에 자녀를 낳아서는 안 된다는 반출생주의 사상을 의미한다. 이 사상의 풍조로 비혼 선언과 '딩크(DINK)족'이 탄생했다. 안티 나탈리즘은 데이비드 베너타가 《태어나지 않는 것이 낫다》라는 책에서 주장했는데 그 책에는 '존재하게 되는 것의 해악'이란 부제가 달렸다.

이 책의 골자는 아이가 태어나면 잠시 또는 순간은 행복을 누릴지 모르지만 고통의 시간이 더 많기에 아이를 출산하지 말자는 것이다. 출산과 존재는 해악이며 존재의 사라짐만이 최고로 좋은 것이라고 말한다. 이러한 사상의 흐름으로 인해 비혼 선언과 딩크족 문화가 나타나게 된 것이다. CBS와 CTS가 공동으로 저출산 대책을 위해 출산운동을 하고 있는데 한국교회가 참여해야 된다. 그래서 나도 출산 장려에 대한 설교를 한 적이 있다. 설교 전문을 게재하면 다음과 같다.

하염없이 흐르고 있는 저 세태 (창 1:27-28)
[2023년 1월 29일 주일예배]

댄 브라운이 쓴 《인페르노》라는 소설이 있습니다. 내용의 골자는 한 생물공학자가 세계 인구 절반을 바이러스로 감염시켜 인구를 줄이려는 스토리입니다. '킹스맨'이라는 영화에서도 마찬가지이지요. 한 미치광이 사업가가 인구 문제를 해결한다며 사람들의 머리에 칩을 심어 수많은 살상을 저지르는 내용입니다. 모두 인구 과잉을 저지하기 위한 황당한 설정들입니다.

우리나라에서도 한때는 가족계획과 산하제한 운동을 극성맞게 하던 때가 있었습니다. 1960년대에는 한 여자가 평균 6.6명을 출산했다고 합니다. 그래서 그때 당시의 시각으로 볼 때는 이대로 가면 한반도는 인구 폭발로 초만원을 이루고 망하게 될 것이라고 예측을 한 것입니다.

그래서 가족계획 캠페인을 벌였습니다. 그러면 1960년대 가족 캠페인으로 가장 유명했던 문구가 무엇인지 아십니까? "덮어놓고 낳다보면 거지꼴 못 면한다." 1970년대에는 "아들 딸 구별 말고 둘만 낳아 잘 기르자" 1980년대에는 두 문장이 주를 이루었습니다. "아들 딸 구별 말고 하나만 낳아 잘 기르자" "잘 키운 딸 하나 열 아들 부럽지 않다."

이런 캠페인을 벌였던 우리나라는 지금 인구 절벽의 재앙을 맞고 있습니다. 얼마나 인구가 급격히 감소되고 있는지 1년에 군 단위 하나가 없어져 가고 있습니다. 조금 있으면 1년에 중소도시 하나가 문을 닫게 될 것이라고 예측합니다. 그리고 100년이 지나면 한민족이 사라져버릴 것이라고 합니다. 그래서 우리나라도 이민청을 설립하자는 주장도 제기되고 있습니다.

그런 의미에서 최연혁 교수님은 《우리가 만나야 할 미래》라는 책에서 우리의 상황을 준전시 상황이라고 말했습니다. 그런데 이 책도 몇 년 전의 책이란 말이죠. 그러니까 지금은 전시 상황이 아닐 수가 없습니다. 100년 후에 한민족이 사라진다는 사실이 실감 안 나실지 모르겠습니다마는.

요즘 시골동네에서 실제로 있었던 이야기라고 합니다. 초등학교에

한 반이 9명이었는데 한 아이가 완전히 왕따를 당했다는 것입니다. 왜 그런가 봤더니 한 아이만 순수한 한민족의 혈통을 가졌고 다른 8명의 아이들은 국제결혼을 통해서 태어난 다문화권 아이들이었다는 것입니다. 그러니까 100년 후가 되면 한민족이 사라진단 말이 맞는 말이죠. 게다가 이슬람까지 허용된다면 그 속도는 훨씬 **빨라지게 될 것입니다**.

지금까지 정부는 저출산 대책을 막기 위해 225조 이상을 쏟아 부었습니다. 그럼에도 불구하고 전혀 실효를 보지 못하고 이제는 출산율 0.8도 유지하지 못하고 0.75로 추락을 하였습니다. 100쌍이 결혼하면 75명만 낳는다는 것입니다. 그러니 전시 상황이 아닐 수가 없습니다. 지금 학교들마다 이대로 가면 몇 년 안 돼서 문을 닫아야 된다고 합니다. 그렇게 되면 우리 주일학교도 마찬가지가 됩니다. 우리가 왜 이렇게 되었을까요? 저는 이것이야말로 심는 대로 거둔다는 말씀의 법칙을 우리 시대에 철저하게 거두어들이고 있다고 봅니다. 하나님은 인간을 창조하신 후에 생육하고 번성하라고 말씀을 하셨습니다.

> 창 1:28 하나님이 그들에게 복을 주시며 하나님이 그들에게 이르시되 생육하고 번성하여 땅에 충만하라, 땅을 정복하라, 바다의 물고기와 하늘의 새와 땅에 움직이는 모든 생물을 다스리라 하시니라

노아 홍수 이후에도 하나님은 인간에게 생육하고 번성하라고 말씀하셨습니다.

> 창 9:7 너희는 생육하고 번성하며 땅에 가득하여 그 중에서 번성하라 하셨더라

바로 이것은 하나님이 우리에게 주신 거룩한 문화명령이었습니다. 이 문화명령은 전도명령 못지않게 중요한 명령입니다. 그리고 전도명령보다도 훨씬 오래전에 주어진 명령입니다. 그런데 우리나라는 이 하나님의 문화명령을 감히 대적하고 맞섰던 것이 아닙니까? 하나님의 거룩한 생명의 문화명령을 산아제한의 문화와 시스템으로 대적을 하였습니다. 새로운 형태의 바벨탑을 쌓았던 것이죠. 그렇게 산아제한과 가족계획의 씨를 심고 뿌렸더니 지금은 인구 절벽의 재앙을 맞고 있습니다.

그런 때 한국 교회는 뭘 하고 있었을까요? 과연 어느 교회가 나서서 하나님의 문화명령을 외쳤습니까? 정부의 캠페인에 맞서서 생육하고 번성하라는 하나님의 명령을 전한 목회자와 교회가 얼마나 있었을까요? 대부분의 교회는 꿀 먹은 벙어리 역할을 하였습니다. 아니, 산아제한에 의식화가 되고 세뇌화가 되어 버리고 만 것입니다.

정금성 권사님처럼 기도 많이 하고 성령 충만한 분이 얼마나 계실까요? 정 권사님은 저의 영원한 사표가 되고 모델이 되고도 남으실 만

한 분입니다. 그런데 이분도 가족계획에 의식화가 되고 세뇌화가 되어 버렸습니다. 이분이 과거에 어떤 말을 자주 한 줄 아세요? "주의 종들이 자식을 너무 많이 낳으면 안 된다"는 것입니다. "너무 구차하게 보일 뿐만 아니라 교인들도 부담이 된다"는 것입니다.

그러더니 저와 의논도 안 하고 집사람과 함께 산부인과에 가서 집사람의 나팔관을 쫌매 버렸습니다. 성경에 보면 땅에서 매이면 하늘에서도 매인다고 했는데 얼마나 기가 막힐 노릇입니까? 제 DNA가 얼마나 좋은데요. 제가 지난 화요일 체감 온도가 영하 25도가 넘는다는 밤에 산행을 했습니다. 얼마나 추운지 눈썹이 얼어버렸고 땀을 흘리면 턱의 양쪽에 고드름이 생겨 버렸습니다. 그리고 가지고 간 생수가 꽁꽁 얼어버렸습니다. 그런 걸 보면 제가 얼마나 도전 정신이 강한 사람입니까?

또한 저의 아들, 딸을 보세요. 얼마나 얼마나 야무지고 똑똑하고 잘 생겼습니까? 만약에 제 딸 현이 밑으로 하나만 더 낳았어도 집사람과 저는 젊은 날 그렇게 많이 싸우지는 않았을 것입니다. 과거에 집사람이 자식들 다 키워놓고 할 일이 없으니까 얼마나 저에게 관심이 지나친지, 끄덕하면 생트집을 잡고 얼마나 많이 다퉜는지 모릅니다. 하나만 더 낳았더라도 그 아이에게 관심을 갖고 저에게 싸움을 걸어오지는 않았을 텐데요. 산아제한과 가족계획 캠페인이 가져다 준 재앙인 것이죠.

그러면 왜 이렇게 우리는 저출산과의 전시 상황을 맞고 있을까요?

전문가들에 의하면 대체로 이런 이유를 꼽습니다.

(1) 산업화를 거치며 핵가족 제도를 이루었기 때문이라는 것입니다.

옛날에는 아이를 낳으면 주로 할아버지 할머니들이 다 봐줬습니다. 그런데 지금은 아이를 낳으면 부부가 키워야 합니다. 그러니까 아이를 낳은 부모는 양육에 대한 부담이 크지 않을 수가 없는 것입니다.

(2) 직업이 안정되지 못하기 때문이라는 것입니다.

많은 사람들이 비정규직으로 일을 하고 언제 실직을 당할지 모르는 위기 속에 살고 있다는 것입니다. 그러니까 결혼이 부담이 될 수밖에 없고 결혼을 하더라도 출산율이 떨어질 수밖에 없다는 것입니다.

(3) 결혼에 대한 가치관이 변화되었기 때문이라는 것입니다.

옛날에는 나이가 들면 결혼은 필수라고 생각했습니다. 그런데 요즘은 결혼은 필수가 아니라 선택이라고 생각합니다.

(4) 양육과 교육에 대한 부담 때문이라는 것입니다.

한 통계에 의하면 한 아이를 대학교까지 졸업시키는 데 필요한 돈이 최하 3억 9천만 원이라는 것입니다. 거기다가 여러 가지를 합치면 더 많은 돈이 들어갑니다. 그러니까 아이를 안 낳는다는 것입니다.

그뿐일까요? 아이를 낳고 싶어도 임신이 되지 않는 불임 부부가 있습니다. 참 가슴 아픈 일이죠. 이런 부부 역시 정부가 적극적으로 나서서 최첨단 의학 시설의 혜택을 받도록 하고 경제적 지원도 해주어야 할 것입니다.

그런데 저는 그보다 더 중요한 원인을 다시 한번 지적하고 싶습니다. 그것은 과거 우리나라 정부가 국가적으로 산아제한과 가족계획 캠페인을 벌인 것에 대한 열매를 그대로 따먹고 있다는 사실을 말입니다. 그 산아제한과 가족계획 캠페인은 우리 민족 전체에 집단적 무의식화를 이루어냈고, 우리는 지금 그 쓰디쓴 열매를 따먹고 있는 것입니다. 다시 말하면 하나님의 문화명령을 대적했던 무서운 결과를 그대로 거두고 있다는 것입니다.

물론 직업이 안정화되지 못하고 늘 실직 위험에 놓인 분들은 어느 정도 이해가 됩니다. 이런 구조적인 문제는 국가가 해결을 해줘야 되겠죠. 그런데 우리 시대의 사회 구조와 시스템, 그리고 경제 기반보다 더 중요한 것이 있습니다. 그것은 우리 가운데 하염없이 흐르고 있는 의식구조와 세태입니다. 그것은 바로 비혼 선언과 딩크족의 탄생입니다.

정말 직장이 안정되지 못하고 실직 위기에 놓인 사람들이 비혼 선언을 한다고 하면 조금은 이해할 수 있을 것 같습니다. 그러나 안정된 직장을 갖고 있고 미래가 보장되어 있는 사람들이 비혼 선언을 한다는 것은 도대체 있을 수 없는 일이 아니겠습니까? 또한 안정된 직장을 가진 사람들끼리 결혼을 했는데도, 스스로 부모이기를 포기하는 부부도 있습니다. 아이를 절대로 낳지 않겠다고 선언하는 것입니다. 이런 사람들을 바로 딩크족이라고 합니다. 그러니 이게 하염없는 세태가 아니고 무엇이겠습니까?

사람은 누구나 성인이 되면 이성 간에 사랑을 느끼게 되어 있습니다. 누군가를 사랑하기를 원하고 결혼을 하고자 합니다. 그리고 자기를 닮은 사람 혹은 자기가 사랑하는 배우자를 닮은 아이를 낳고 싶어 하는 것이 정상입니다. 자신의 제2의 생명을 잇고자 하는 것이 하나님이 주시는 본성입니다. 이것을 다른 말로 하면 생명권이고 행복추구권이라고 표현할 수 있습니다.

그런데 우리 사회의 구조와 시스템은 결혼을 생각하지도 못할 만큼 힘든 상황이라는 것입니다. 또 결혼을 하더라도 출산을 접으려고 하는 것입니다. 아이를 낳는 것도 문제지만 이 아이를 어떻게 키울 것인가, 한 아이를 낳아서 대학까지 졸업시키려면 돈이 얼마가 들어갈 텐데 그걸 계산하니까 아이를 선뜻 낳지 못한다는 것입니다. 앞으로 이런 문제는 국가가 나서서 해결해 주어야 할 것입니다.

그러나 더 하염없이 기가 막힌 사연은 안정된 직장을 가진 사람들

중에서도 아이를 낳지 않겠다는 딩크족들이 생겨나고 있다는 것입니다. 왜 이런 딩크족들이 생겨난지 아세요? 욜로 풍조 때문이라고 합니다. '욜로'라고 하는 것은 'You Only Live Once'(당신은 한 번뿐인 인생을 산다)라는 말의 첫 글자를 딴 내용인데, '한번 사는 인생이니 즐기면서 살자'라는 의미입니다. 다시 말하면, 지금 당장 내가 좋고 행복하면 되는 트렌드를 말합니다.

예컨대 맞벌이 부부가 안정된 직장에서 안정된 삶을 살고 있는데 아이를 낳으면 한 아이당 몇 억 이상씩 들어가잖아요? 그리고 그 아이를 키우는 데 고통스러운 부담을 지불해야 되니까 차라리 그 돈을 가지고 부부가 서로 젊음을 만끽하고 엔조이만 하는 삶을 살자는 것입니다.

바로 이런 세태를 바라보면 우리는 하염없는 한숨과 비통함을 느끼지 않을 수 없습니다. 창세기 1장 28절을 보면 뭐라고 말씀을 합니까? 하나님이 인간에게 복을 주셨습니다. 그런데 그 복의 내용이 뭐냐면, 생육하고 번성하고 충만하여 땅을 정복하고 다스리라는 것입니다.

> 창 1:28 하나님이 그들에게 복을 주시며 하나님이 그들에게 이르시되 생육하고 번성하여 땅에 충만하라, 땅을 정복하라, 바다의 물고기와 하늘의 새와 땅에 움직이는 모든 생물을 다스리라 하시니라

생육하라는 말은 자식을 많이 낳으라는 말입니다. 출산을 장려하라는 의미입니다. 그리고 번성하라는 말씀은 다산으로 인해 인류가 더 번영하라는 말입니다. 그리고 충만하라는 말은 사람들로 하여금 이 땅에 바글바글하도록 가득하라는 말입니다.

물론 우리 하나님은 한꺼번에 인류를 수십억 명 만들어낼 수도 있었습니다. 그러나 하나님께서는 그렇게 하지 않으시고 아담과 그 후손들을 통하여 생육하여 번성하라는 명령을 주셨습니다. 하나님이 한꺼번에 인류를 다 창조해 버리면 인간은 존재의 행복도 모를 뿐만 아니라 가정을 이루고 자녀를 생산하는 기쁨을 누리지 못하게 될 것입니다.

그래서 하나님은 인간이 자라서 사랑을 하고 결혼을 하여 행복한 가정을 이루게 하셨습니다. 그리고 자녀를 낳고 기르는 최고의 행복과 보람과 가치를 누리게 하셨습니다. 부부가 자녀를 낳지 않고 부부 둘이서만 살아가면 얼마나 삶이 단조롭겠습니까? 그런데 자녀를 출산하면 부부관계에서는 누릴 수 없는 고상하고도 깊은 행복을 누리게 되는 것입니다.

인간은 누구나 두 가지의 사랑을 느낍니다. 어릴 때는 부모의 보호를 받는 사랑을 느끼게 됩니다. 그러다가 그 아이가 성숙하고 자라게 되면 자기가 부모 입장이 됩니다. 그러면 그때 하나님이 숨겨 놓으신 모성애와 부성애의 본능이 발동되어 자녀를 키우고 양육하는 사랑을 더 뼈저리게 느끼는 것입니다.

그 과정에서 힘든 일이 있고 아픔이 있을 수도 있습니다. 그러나 그 고통과 아픔은 더 많은 사랑을 느끼고 더 많은 행복을 느끼게 합니다.

'아낙'(Anak)이라는 노래를 아십니까? 어느 부모가 아들을 낳아서 얼마나 사랑스럽게 키워놨는데 이놈이 사춘기가 되어 부모에게 반항을 하는 것입니다. 이때 부모의 마음은 얼마나 아프겠습니까? 그런데 그 아픔을 통하여 자녀에 대한 사랑이 더 커져간단 말입니다. 가사는 이런 내용입니다. "사랑하는 나의 아들아, 네가 태어난 그날 밤 우린 너무 기뻐서 어쩔 줄 몰랐지. 사랑스런 나의 아들아 천사 같은 너의 모습을 우린 언제나 보고 있었지. 밤새 엄마는 우유를 따뜻하게 데워 주었지…."

물론 이렇게 키운 자식이 커서 힘들게 할 수도 있습니다. 그러나 그 고통과 아픔을 통해 자녀의 소중함을 깨닫게 됩니다. 그러니 얼마나 감사합니까? 그러므로 결혼은 하나님의 축복이고 출산 역시 하나님이 주신 최고의 축복입니다. 그래서 고대 근동에서는 복 중의 복이 다산의 축복이라고 했습니다.

> 시 127:3-5 보라 자식들은 여호와의 기업이요 태의 열매는 그의 상급이로다 젊은 자의 자식은 장사의 수중의 화살 같으니 이것이 그의 화살통에 가득한 자는 복되도다 그들이 성문에서 그들의 원수와 담판할 때에 수치를 당하지 아니하리로다

그런데 다산의 축복은 문화명령에 순종할 때 누릴 수 있는 것입니다. 이 문화명령에 순종함으로써, 인간이 땅을 정복하고 다스리게 되는 것이죠. 그리고 이러한 명령은 개인적으로도 순종해야 되지만 민족적, 국가적으로 지켜야 하는 명령입니다. 결코 정부가 주도하여 가족계획을 세우거나 산아제한 운동을 해서는 안 된다는 것입니다. 그래서 요한계시록을 보면 종말에 이 하나님의 문화명령의 결실을 민족적으로 국가적으로 다 거두어들인다고 하지 않았습니까?

> 계 21:24 만국이 그 빛 가운데로 다니고 땅의 왕들이 자기 영광을 가지고 그리로 들어가리라

그런데 하염없이 통탄할 사실은 이런 하나님의 명령이 우리에게서 잊혀져가고 있다는 사실입니다. 아니 인간이 쌓은 사유의 바벨탑이 하나님의 명령에 도전하는 거지요. 그래서 요즘 젊은이들 가운데 비혼 선언을 자랑하고 딩크족이 된 것을 자랑스럽게 여기는 사람이 많아져 간다는 겁니다. 또 이러한 세태를 부추기고 조장하는 기업들도 있습니다.

요즘 대기업들이 결혼할 때 주는 휴가와 지원금을 비혼 선언을 하는 직원에게도 동일하게 준다는 것입니다. 그러니까 안티 나탈리즘(anti natalism)이라고 하는 바벨탑이 세워지게 된 것이죠. 안티 나탈리즘이 어떤 말인 줄 아십니까? 인간이 태어나는 것은 긍정적인

면보다 부정적인 면이 크기 때문에 자녀를 낳아서는 안 된다는 반출생주의 사상을 의미합니다.

그런데 이러한 안티 나탈리즘의 사상적 근원이 누구에게서 출발한지 아십니까? 데이비드 베너타라는 사람이 과감하게 주장하기 시작한 것입니다. 이 베너타라는 사람은 《태어나지 않는 것이 낫다》라는 책을 썼는데요. 그 책의 부제를 뭐라고 한 줄 아세요? '존재하게 되는 것의 해악'이라고 삼았습니다. 이 책의 골자는 아이가 태어나게 되면 순간순간 잠시는 행복을 누릴지 모르지만 고통의 시간이 더 많다는 것입니다. 그러므로 태어나지 않으면 고통을 안 당하게 될 것이니 아이를 출산하지 말자는 것입니다.

출산과 존재는 해악이기 때문이라는 거죠. 아니 존재의 사라짐만이 최고로 좋은 것이라고 말하고 있습니다. 이렇게 무책임한 주장이 어디 있단 말입니까? 물론 이 사상을 좀 더 거슬러 올라가면 쇼펜하우어의 염세주의나 염인주의로 가게 됩니다마는. 쇼펜하우어는 인생을 고통이라고 했지요. 우리의 삶은 눈물의 골짜기, 슬픔으로 가득한 감옥이라는 것입니다. 이러한 사상에 기인을 해서 데이비드 베너타는 안티 나탈리즘을 주장하는 것입니다.

기독교는 이러한 사상을 성경적으로 반박할 수 있어야 합니다. 교회가 나서서 이런 사람들의 논리를 사정없이 박살내야 합니다. 이러한 사상은 일부 철학자의 오만과 편견이요, 타락한 사유의 바벨탑에 불과한 논리입니다. 인간이 태어나는 것은 하나님이 결정할 문제입니다. 그건 인간의 영역이 아닌 절대자의 영역이에요.

그러므로 인간이 이래라 저래라 하는 것 자체가 잘못된 것입니다. 그리고 존재하는 것이 해악이 아니라 존재하는 것은 행복인 거죠. 우리 기독교는 윤회를 믿지 않습니다. 그러나 많은 생명 가운데 우리가 소나 돼지로 태어나지 않고 하나님께서 인간으로 태어나게 한 것을 생각하면 얼마나 감사하고 행복합니까? 그러니까 인간으로 태어난 것이 행복할 뿐만 아니라 존재하는 것이 행복한 것이죠.

그러므로 인간으로 태어나게 하신 하나님 앞에 우리는 가치 있는 삶을 살아야 합니다. 우리의 삶에 고통이 있다고요? 그렇습니다. 우리 삶에는 고통과 슬픔이 있습니다. 그러나 그 고통과 슬픔을 통해서 자기 존재를 발견하고 진정한 사랑의 본질과 가치를 알게 되는 것입니다. 낮에 별을 볼 수 있습니까? 아무리 눈이 좋아도 낮에는 별을 볼 수 없습니다. 어두운 밤하늘이 되어야 별을 볼 수 있습니다. 저녁이 되어 어두움이 깔릴 때 그 어두움을 통해서 빛나는 별을 바라볼 수 있는 거지요.

그런 것처럼 우리도 고통과 슬픔을 통해 자기 존재를 발견하고 진정한 사랑의 본질과 가치를 알게 됩니다. 그리고 고통이 아무리 많아도 고통보다 사랑과 기쁨과 행복이 더 많습니다. 아니, 그 고통을 통하여 사랑이 얼마나 가치가 있고 행복이 얼마나 고귀한가를 깨닫게 되는 것입니다.

비록 고통과 슬픔이 있다 하더라도 그것들을 통해서 삶의 기쁨과 행복이 참으로 소중하다는 걸 깨닫게 됩니다. 더구나 우리 예수 믿는 사람은 하나님을 섬기고 감사하며 살다보면 얼마나 행복한 삶을 사는데요. 얼마나 깊은 행복을 누리며 살아가는데요.

♪ 화려하지 않아도 정결하게 사는 삶
　가진 것이 적어도 감사하며 사는 삶
　내게 주신 작은 힘 나눠주며 사는 삶
　이것이 나의 삶의 행복이라오…(중략)
　이것이 행복 행복이라오 / 세상은 알 수 없는 하나님 선물
　이것이 행복 행복이라오 / 하나님의 자녀로 살아가는 것
　이것이 행복이라오

이 말씀을 들으면서 어떤 생각이 드십니까? 우리가 사는 이 사회 구조와 현상이 얼마나 하염없는 세태인가가 느껴지지 않습니까? 그리고 우리는 하염없이 흐르고 있는 이 바벨탑 사상과 세태를 보고만 있어야 하겠습니까? 그냥 탄식만 하고 있어야 하겠습니까? 아닙니다. 우리가 일어나야 합니다. 한국교회가 일어나야 합니다. 근대화와 산업화가 낳은 오늘의 사회 구조와 시스템은 정부와 국가가 나서서 해결해야 할 일이겠죠. 그러나 정신을 계몽하고 출산을 장려하는 의식 운동은 교회가 앞장서야 합니다.
특별히 데이비드 베너타가 주장하는 안티 나탈리즘 운동은 교회가

나서서 정면으로 반박하고 거룩한 계몽운동을 해야 합니다. 그래서 제가 오늘 이러한 설교를 하고 있는 것입니다. 그러면서 거룩한 하나님의 문화명령 운동을 전개해 나가야 합니다. 국가는 다시 출산장려 운동을 위한 공익광고를 전개해야 합니다.

"가가호호 아이둘셋, 하하호호 희망한국."

"이집저집 아기웃음, 행복풍풍 희망쑥쑥."

교회는 국민들의 의식을 바꾸는 사상적 정신적 영적 캠페인을 벌여야 합니다.

"하나님의 문화명령 교회가 앞장서자."

"문화명령 순종하면 한반도는 생육번성."

특별히 우리 젊은 교인들은 무조건 다시 아이들을 한 명 이상씩 더 낳아야 합니다. 모두 늦둥이를 하나씩 낳아야 합니다.

"너도 나도 늦둥이로 인생청춘 일생회춘."

또한 청년들은 결혼운동을 벌여야 합니다. 비혼반대 운동을 벌여야 되고 안티 딩크족 운동을 벌여야 합니다. 하나님이 가장 기뻐하시는 운동은 생명운동입니다. 사상보다 중요한 것이 생명이고, 또 사회구조와 시스템, 경제 기반보다 중요한 것이 생명입니다.

불신자들이 결혼 늦게 하고 아이 낳지 않으려 하는 이 때에 우리 믿음의 자녀들이 빨리 결혼하고 아이들을 많이 낳으면 자동적으로 복음화가 될 거 아닙니까? 너무 인간적으로 계산하지 마십시오. 여러분이 무조건 아이를 낳으면 하나님이 다 책임져 주십니다. 하나님이 다 먹이시고 다 길러주시고 훌륭한 인물로 키워주십니다.

우리 교회 연구목사이신 신성욱 교수님이 계십니다. 그분은 자녀를 넷이나 낳으셨는데, 애들이 다 똑똑해서 하버드, 버클리 등 명문대를 장학금 받고 졸업을 하더니, 돈도 잘 번대요. 이번에 따님이 결혼하는데 의사와 결혼한답니다. 하나님이 다 책임져 주시잖아요.

이슬람교도들을 보십시오. 자녀들을 그냥 무조건 낳고 보지 않습니까? 그런데 우리는 전능하신 하나님이 함께하시는데 왜 자녀를 안 가지려고 합니까? 우리 기독교가 나서서 하나님의 문화명령 운동을 전개해야 합니다. 아이 낳는 운동, 생명사랑 운동을 전개해야 합니다. 이렇게 생명운동을 해야 되는데, 무슨 포괄적 차별금지법을 만들어 동성애를 지지하고 조장해 주려고 합니까? 한 사람이라도 더 결혼해서 아이를 낳아야 될 판국에 말입니다.

유럽을 보세요. 기독교 정신으로 나라를 융성하게 세워 놓고 출산을 안 하니까 이슬람에 나라를 다 내주고 있지 않습니까? 우리나라도 그런 꼴이 나면 어떻게 되겠습니까? 우리 모두 아이 낳는 운동에 앞장섭시다. 생명사랑 운동에 앞장섭시다. 하나님의 문화명령을 순종하는 데 앞장섭시다.

그런데 고민이 하나 있어요. 나이가 너무 많으신 분들은 이미 가임기가 지나서 불임기가 되어버렸습니다. 어떻게 할 것입니까? 자녀들을 일찍 결혼시켜서 애를 많이 낳으라고 하면 됩니다. 애만 낳으면 우리가 다 키워준다고 하세요. 그러면서 3대가 함께 예배드리고 찬양하며 하나님을 섬기는 아름다운 꿈들을 꿔 보십시오. 이것이 하나님의 문화명령에 충성하는 것이고 이 역시 품격 있는 애국운동이라고 할 수 있습니다.

♪ 우리 집 3대가 예배드린다 / 이 세상 부러움 그 무어냐
  우리 집 3대가 / 예수님의 사랑을 전수한다
  할렐루야(할렐루야) / 할렐루야(할렐루야)
  얼씨구나 좋다 / 지화자 좋네 / 사랑이 전수된다

우리 모두 일부 잘못된 철학자들의 편견과 사유의 바벨탑에 놀아나지 맙시다. 그런 사상으로 인하여 비혼주의, 딩크족들이 늘어가는 하염없는 세태를 바라보며 우리는 거룩한 분노를 느껴봅시다. 그러면서 생명사랑을 하고 생명을 존중히 여기는 아이 낳는 운동을 많이 하도록 합시다. 대한민국 땅에 아이들이 "응애 응애" 우는 소리와 까르르 웃는 소리가 많이 울려 퍼지도록 합시다. 그래서 대한민국 안에 생육하고 번성하는 축복이 가득하게 합시다. 그리고 하나님께서 그런 운동을 하는 교회마다 더 부흥의 전성기, 곧 크리스텐덤을 이루게 해줄 겁니다. 우리 모두 이러한 축복의 주인공이 되시기 바랍니다.

또한 비혼 선언이나 딩크족은 욜로(YOLO)라는 풍조의 영향 때문이기도 하다. 이는 '당신은 한 번뿐인 인생을 산다(You Only Live Once)'는 말의 첫 글자를 딴 내용인데 '한 번 사는 인생이니 즐기면서 살자'는 의미다. 다시 말하면 지금 당장 내가 좋고 행복하면 되는 트렌드를 말한다. 직장생활에서도 연봉이나 승진보다도 근무 여건이나 환경을 더 우선시한다. 그래서 돈을 벌면 차부터 바꾸고 최신 스마트폰을 사고 주말이면 캠핑을 가고 연휴나 휴가 때면 해외여행을 다닌다. 자기 애호에 따라서 살아간다. 그러니까 돈을 많이 벌지 않아도 자기 애호에 맞으면 행복하다.

송길영 교수는 이러한 현상에 대해 인간의 지능화를 이야기했다. 로봇, 인공지능, 플랫폼 등 4차혁명시대가 오면서 인간의 노동 시간이 줄어들고 개인의 시간이 늘어나게 되었다. 특별히 코로나를 거치면서 사람들이 혼자가 편하다는 것을 알게 되었다. 당연히 직장에 출근해야만 되는 줄 알았는데 원격근무, 재택근무를 해 보니까 회사가 돌아가는 것이다.

그런데 지능화 사회가 되어도 기계가 제공하는 혜택은 결국 수단이고 평균적인 삶을 살게 해 주는 것이다. 하지만 핵개인은 갈수록 독특해져간다. 개인이 개성화되고 초개인화되고 초독특화된다. 그러므로 인공지능화가 되면 될수록 인간은 튀어야 산다는 것이다. 우리 어린 시절에는 친구들도 많고 사람들도 많았다. 그래서 가장 많이 들은 말이, "조용히 해! 떠들지 마! 튀지 마! 중간에만 있어!" 이런 말들이었다.

그런데 핵개인의 시대는 생존이 아니라 자기의 특성과 애호를 기반으로 해서 펼쳐지는 시대이다. 그래서 일반적이고 평균적인 것은 AI나 기계가 대체를 하고 각자의 특성과 애호를 중심으로 한 사회가 된다. 그래서 요즘은 튀어야 산다는 말이 나온다.

(3) 생존에서 애호로

옛날에는 먹고 살기에 바빴다. 그러나 지금은 근근이 먹고 사는 것도 좋다고 생각한다. 자기가 좋아하는 일을 하고 살면 된다. 예전에는 결혼을 당연하게 생각하고 생애의 당연한 단계로 보았다. 그런데 지금은 선택으로 바뀌었다. '굳이 결혼을 해야 되는 건가?'라고 생각하는 세대가 늘어났다. 그러면서 1인 가구가 폭증하고 있다.

예전 같았으면, 부모들이 아이들 학교 문제 때문에 이사를 가지 못했다. 그런데 지금은 아예 결혼을 안 하거나 결혼을 해도 아이를 낳지 않는 딩크족들이 있다. 심지어 아이들은 안 가지면서 반려견, 반려묘는 키우는 펫팸족들이 늘어나고 있다. 펫팸족이라는 말은 반려동물을 뜻하는 펫(pet)과 가족을 의미하는 패밀리(family)가 합쳐진 신조어이다.

그래서 이런 사람들은 학군을 생각하는 것이 아니라 집 근처에 동물병원이 있는지를 먼저 생각한다는 것이다. 그만큼 생존에서 애호의 시대가 된 것이다. 특별히 로봇, 인공지능, 플랫폼 등 4차혁명시대가 오면서 인간의 노동 시간이 줄어들고 개인의 여가 시간이 늘어나게 되었다. 그리고 코로나를 거치면서 사람들이 혼자가 편하다는 것을 알게 되었다. 그래서 더욱더 가정과 직장을 중심으로 한 생존이 아닌, 개인의 독립적 자유를 즐기는 애호 중심의 사회로 변하고 있다.

⑷ 고령화되어가는 인간

사람들의 수명이 늘어나면서 죽지 않고 계속 살아간다. 예전에는 할머니, 할아버지들을 짧은 시간 동안 돌봤다. 그런데 지금은 자녀들도 하나 아니면 둘밖에 없을 뿐만 아니라 인간 수명이 엄청 길어졌다. 그래서 더 이상 N분의 1이 안 된다. 이제는 효도를 사람에게만 의지하는 시스템이 아니라 로봇이 효도를 하는 시대가 될 것이다.

앞으로는 핵개인의 삶을 살다가 나중에는 초핵개인의 시대라는 말이 나올지도 모른다. 핵이라고 하는 건 계속 분열을 시키지 않는가. 그런데 이건 세대의 문제가 아니다. MZ세대가 그런 게 아니라, 젊은 사람이든 나이 든 사람이든 다 핵개인의 시대가 되어 버렸다. 나이 드신 분들도 이걸 이미 알아차리고 있다. 옛날에는 효도, 효도 하지만 지금은 효도 받을 생각도 안 한다. 제발 자식들이 와서 돈 달라는 소리만 안 하면 다행이라고 생각한다.

그래서 송길영 작가는 "효자는 없고 임영웅만 있다"는 것이다. 한동안 일본 여자들이 욘사마를 좋아한 것처럼 요즘 할머니, 할아버지들이 임영웅을 그렇게 좋아한다는 것이다. 임영웅이 콘서트를 하는 올림픽체조경기장이 1만 5천 석을 수용할 수 있는데 6일치가 1분 만에 다 나가버렸다. 요즘 어른들도 자식들에게 기대를 안 한다. 그냥 임영웅만 좋아한다는 것이다. 사람과 시대가 초고령화로 진입하고 있다.

(5) 핵개인의 연대 혹은 융합

핵개인도 연대를 하고 융합을 하는 특징이 있다. 옛날에는 가족만 서로 하나 됐는데 핵개인의 시대에는 동친 그룹이 형성된다. 그리고 협력 가족이 생겨난다. 이런 일은 옛날에도 있었다. 동질 그룹 집단 원리가 있지 않은가? 이와 맥이 상통한 흐름이기도 하다. 그런데 이러한 사실을 미리 감지한 진보 국회의원들은 '생활동반자보호법', '건강가족기본법'이란 걸 만들라고 했는데 큰일 날 일이다. 왜냐하면 이런 법이야말로 유사차별금지법으로서 동성애 합법화로 가는 길을 여는 단초가 되기 때문이다.

그런데 우리는 이걸 긍정적으로 사용해야 한다. 핵이 계속 분열하는 것이 특징일 수 있는데, 그 분열하는 핵을 다시 새로운 방식으로 융합시킬 때 핵폭탄이 만들어지지 않는가. 그걸 다룬 영화가 '오펜하이머'라는 영화다.

오펜하이머는 천재 과학자이면서 미국의 맨해튼 프로젝트를 총책임졌던 사람이다. 제2차 세계전쟁 때에 히틀러가 핵폭탄을 만들고 있었다. 아인슈타인의 편지로 이것을 알아차린 미국의 루스벨트 대통령은 맨해튼 프로젝트를 세운다.

맨해튼 프로젝트는 1941년부터 1946년까지 수천 명의 과학자가 동원되었고 당시 20억 달러가 사용되었다. 그런데 여기에 총책임자가 오펜하이머였고 아인슈타인이 고문을 하고 자문을 해주었다. 그런데 오펜하이머 같은 천재 과학자도 많은 것을 공부하면 공부할수록 정서가 불안하고 우울함이 가득하게 된다. 너무 내면이 예민해지고 불면증을 겪게 된다. 그러니까 그런 불안을 극복하려고 때로는 바람을 피우기도 하고 이상심리를 겪게 된다.

그는 핵폭탄을 만들면서도 불안과 초조를 겪는다. 그리고 핵폭탄을 만드는 데 성공하면서도 큰 고뇌와 갈등을 하게 된다. 나중에 미국 의회에서 청문회를 할 때 미국을 떠나버릴 수도 있지만 그는 계속 앞으로 지구의 안전과 인류의 미래를 위해서 스스로 불안해하며 고뇌하고 갈등한다.

처음에는 물리학을 공부했을 때 마치 신세계에 빠진 것처럼 탐구력이 강하였지만 많은 지식을 쌓아가면 쌓아갈수록 더 불안하고 고뇌에 찬 모습을 보여준다. 그래서 원자폭탄 실험에 성공하고서도 파멸의 연쇄 작용이 일어날 것을 우려하고 걱정한 것이다. 그런데 결국 그 모든 불안을 극복하고 원자폭탄 실험에 성공한다.

핵개인도 마찬가지다. 계속 자기를 분열하고 쪼개고 분리시킨 것처럼 보이지만 그런 사람들끼리 모여서 협력 가족을 이루고 동친 그룹을 이뤄낸다. 그리고 그 그룹이 위대한 폭발력을 이루게 된다. 그러기 위해서 먼저 핵크리스천의 특징부터 알아야 한다.

3) 핵크리스천의 정의

송길영 작가의 핵개인이라는 말에서 핵크리스천이라는 단어를 착안하였다. 핵개인이 등장하는 시대 변화에 따라 교회 안에도 핵크리스천 현상이 나타날 수 있다. 핵크리스천의 일반적인 정의는 기존의 교회 제도와 시스템, 신앙관을 탈피하여 자기 스스로 의사결정을 하고 주체적 독립성을 갖기를 원하는 새로운 형태의 크리스천이라고 규정짓고 싶다. 일명 노마드(유목민) 신자라고 부른다. 또 경우에 따라서는 OTT 신자라고도 부를 수 있다.

이런 핵크리스천 현상을 부정적으로 방치하면 교회는 더욱 침체되고 종국에는 유럽교회의 역사를 따라갈 것이다. 그러나 이럴 때 우리는 성경적 핵크리스천을 만들어야 한다.

> 행 1:8 오직 성령이 너희에게 임하시면 너희가 권능을 받고 예루살렘과 온 유대와 사마리아와 땅 끝까지 이르러 내 증인이 되리라 하시니라

여기서 초대교회 성도들이건, 오늘의 크리스천이건 성령이 임하면 권능이 임한다고 했지 않는가. 그 권능은 두나미스라는 말인데 두나미스라는 말에서 다이너마이트라는 단어가 나왔다. 이 말의 현대적인 용어가 바로 핵(nuclear)이 아닌가. 그래서 우리는 정말 성령 충만한 핵크리스천들을 양산해야 한다. 그렇게 해서 각각의 핵크리스천들을 성령으로 그리스도 안에서 융합되도록 만들면 초대교회 시대의 사도행전적 폭발력을 가진 핵처치를 이룰 수 있다. 그러므로 한국교회는 핵개인 시대의 등장과 더불어 나타나는 핵크리스천 현상을 성령으로 융합하여 강력한 핵처치를 이루어야 한다.

그러면 핵처치는 무엇인가? 핵처치는 핵파워처치의 줄임말이다. 서문에서도 말한 것처럼 성도 한 사람 한 사람이 성령 충만하면 그들에게 권능이 임하지 않는가. 이런 권능을 받은 성도들이 모이는 교회와 흩어지는 교회가 융합된 교회가 바로 핵처치이다. 핵처치의 원리와 모델은 사도행전 1장과 2장에 있다고 할 것이다.

물론 용어만 새로울 뿐이지 교회의 표지는 하나이며 거룩하고 보편적이고 사도적이다. 교회는 사도신경 고백과 웨스트민스터 신앙고백을 따라야 한다. 이러한 교회는 그리스도가 반석이 되시고 성령에 의해 세워졌으며 언제나 변함없이 성경만을 유일한 하나님의 말씀으로 삼고 성례전을 행해야 한다.

4) 핵크리스천의 특징

(1) 핵처럼 분열하고 흩어지려는 크리스천

핵개인이 쪼개지고 흩어지고 홀로 서려는 특징이 있는 것처럼, 핵크리스천도 쪼개지고 흩어지고 홀로 서려고 분열을 한다. 옛날에는 삶의 센터가 교회였는데 이제는 자기 애호를 따라서 자기중심적으로 신앙생활을 하려고 한다. 교회가 하나의 주변이 되어 간다. 교회 생활도 성도들과 함께 교제하고 관계를 맺는 신앙이 아닌 혼자 쪼개고 흩어져서 외로운 크리스천이 될 수 있다. 신앙 역시 극단적 개인주의 신앙으로 변모해 간다. 이렇게 핵처럼 분열하는 핵크리스천을 어떻게 케어하고, 온라인이 됐건 오프라인이 됐건 관계망을 만들어서 네트워크를 형성하는 것이 목회의 과제라고 할 수 있다. 칼빈이 말한 대로 선택받은 자들의 총화나 공동체가 될 수 있도록 이끌어야 한다.

(2) 갈수록 개성화되고 독특해져가는 크리스천

전술했지만, 현대인은 개보다는 고양잇과에 속한다. 그래서 좀처럼 관계 맺기가 쉽지 않고 독립적인 시공간을 갖기를 원한다. 획일화된 교회 프로그램이나 모임에 적응을 못한다. 그것을 강요하면 따르지 않거나 소리도 없이 이탈해 버린다. 신앙생활 역시 고양이처럼 자기 개성에 맞게 하려고 한다.

교회도 얼마나 자기 생각들이 많아져 가는지 모른다. 자기 생각이 많으니까 신앙도 개성화되고 독특해져 간다. 그래서 같은 공간에서 같은 설교를 들어도 사람에 따라 듣고 싶은 것만 듣고 듣기 싫은 건 듣지 않는다. 선택적 지각과 확증 편향성의 현상이 뚜렷하다. 그래서 성도들 중에서도 자기만 알아주기를 원하는 관종 현상을 보이는 사람들이 나오기도 한다. 지금도 교회 안 나오는 사람은 끝까지 안 나온다. 누가 나오라 한다고 나오는 게 아니다. 헌금 안 하는 사람은 끝까지 안 한다. 이게 핵크리스천의 특징이다.

(3) 생존 신앙에서 애호 신앙으로

사실 한국교회는 코로나 때 사느냐 죽느냐의 기로점이 있었다. 그때는 생존의 시대, 서바이벌 시대였다. 그런데 코로나가 끝나고 나니까, "뭐 교회를 안 나가도 되네? 안 나가면 벼락 맞을 줄 알았더니 그렇지도 않네?" 그리고 유튜브나 방송과 인터넷을 통해서 얼마든지 좋은 설교를 듣고 자기가 하고 싶은 대로 OTT 신앙생활을 행복하게 할 수 있다. 한마디로 스칸디 스타일이 되어 버렸다. 스칸디 스타일은 북유럽 사람들처럼 인생을 관조하고 엔조이하며 살아가는 삶의 방식을 말한다. 생존 중심의 서바이벌 시대에서 애호 중심의 스칸디 스타일이 되어 버린 것이다.

코로나가 이런 재앙을 갖다 주었다. 옛날에는 죽자 살자 은혜 받고 교회에 충성하고 헌신하는 것이 최고의 신앙모델이었는데 지금은 개인의 애호 중심으로 신앙생활을 하려고 한다. 목사의 설교와 지시라면 무조건 권위에 압도되고 순종하였는데 지금은 자기가 좋은 것만 받아들이고 이해되지 않거나 자기 생각과 맞지 않으면 따르지 않는다. 설교도 확증 편향성으로 자신이 듣고 싶은 것만 듣고, 듣고 싶지 않으면 거부해 버린다.

(4) 고령화되어가는 성도들

한국교회가 1970-80년에 급속하게 부흥할 수 있었던 것은 1950-60년대 주일학교 부흥기가 있었기 때문이다. 1960년대만 하더라도 시골뿐만 아니라 교회에 어른 숫자보다 어린이 숫자가 훨씬 더 많았다. 그때 어린 아이들이 자라서 어른이 되어 1970-80년대 한국교회 부흥기의 주역들이 된 것이다.

하지만 지금은 교회에 가면 어린이 숫자보다 어른 숫자가 훨씬 많다. 1970년대 말만 해도 여름성경학교 한다고 하면 어린이들이 구름떼처럼 몰려왔는데, 지금은 아무리 교회에서 행사를 해도 아이들이 오지 않는다. 그래서 장년이 수천 명 모이는데 주일학생은 몇백 명이 모이고, 장년이 수만 명이 모이는데 주일학생이 고작 천여 명이 모이는 곳이 많다. 보통 심각한 문제가 아니다. 한국교회는 지금 주일학교 학생들이 급격하게 감소하면서 심각한 가분수 현상을 보이고 있다.

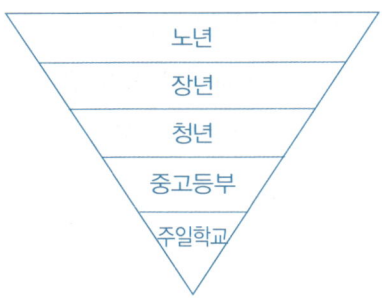

우리 교회 주일학교 출석이 우리나라에서 서너 번째 되리라고 보는데, 언제부턴가 주일학교가 조금씩 줄어들었다. 그래서 알아보았더니 인구 출산율이 줄어들면서 영아부, 유아부 숫자가 많이 줄었다는 것이다. 우리 교회도 서서히 고령화 현상이 나타나고 있다는 반증이다. 한국교회의 고령화를 방치하면 언젠가 유럽교회들처럼 유령화되고 말 것이다. 아니, 연령적으로 고령화만 될 뿐 아니라 정신적으로도 고령화가 되고 신앙적으로도 노령화 현상이 나타날 것이다.

이렇게 되면 교회 안에서도 신앙의 꼰대가 생길 수가 있다. 이런 신앙의 꼰대들을 두고서 어떻게 목회를 하겠는가. 그러므로 이러한 때일수록 우리는 경직된 꼰대 신앙을 순정적 어릿광대 신앙으로 변화시키고 한 공동체로 엮어서 한 방향으로 가게 하는 게 앞으로 목회의 과제일 것이다.

(5) 핵크리스천의 연대 혹은 융합

아무리 분열하고 쪼개지고 나누어지는 특성과 자기 애호를 따라서 신앙생활을 하려는 성향을 보여도 그들에게 성령이 임하고 운행하시면 그들에게 영적인 권능이 나타난다. 그리고 핵크리스천들끼리 거룩한 연대와 융합이 이루어진다. 흩어진 모래알에 시멘트가 부어지는 것처럼 말이다.

핵개인 시대의 사람들도 애호 중심으로 협력 가족, 동친 그룹을 이루는 것처럼 교회 안에서도 유유상종의 분위기가 있다. 그런데 핵도 분열하는 힘을 잘 융합할 때 엄청난 파괴력을 갖는 것처럼 핵크리스천의 연대 혹은 융합의 길을 탐구해야 한다. 코로나 이후 맞게 될 핵개인 시대에 대처하여 쪼개지고 흩어지고 홀로 서려는 핵크리스천들을 어떻게 연대하고 융합을 시키는가가 현 시대 목회자의 역할이고 평신도 리더의 역할이다.

골드오션이라는 말을 아는가? 골드오션은 모든 시장과 경쟁을 초월하여 독보적인 자신만의 콘텐츠와 브랜드를 가지고 초격차를 이룬 황금시장을 말한다. 존재 자체가 브랜드이고 창의적 생명력이 철철 넘쳐서 스스로 나만의 시장을 넓혀가는 세계를 말한다. 그런데 골드오션 이전의 세계가 있다. 먼저는 블랙오션이다. 블랙오션은 한마디로 검은 바다, 죽음의 바다와 같은 시장이다. 너무 과다 출혈을 하여 시장 자체가 자정력을 잃고 완전히 몰락하게 되는 것을 말한다.

우리 신앙 세계에도 블랙오션의 단계가 있다. 이 단계의 신앙은 죽은 신앙이나 마찬가지다. 형식적으로 믿음 생활, 교회 생활은 하지만 생명력이 전혀 없다. 껍데기만 남아 있다. 이런 사람은 언제든지 신앙생활이 스톱될 수 있는 사람이다. 핵크리스천도 잘못된 길로 가면 블랙오션에 머무를 수 있다.

그런데 바로 그 위 단계가 레드오션이다. 레드오션은 경쟁이 매우 치열하고 붉은 피를 흘려야 하는 경쟁 시장을 말한다. 경쟁자의 수도 많기 때문에 같은 목표와 같은 고객을 대상으로 치열하게 경쟁을 해야 하는 세계이다. 한마디로 경쟁하는 시장을 의미한다.

우리 신앙 세계도 신앙이 한참 자라면서 남과 비교하고 경쟁을 한다. 교회뿐인가? 교계마저도 서로 시기하고 질투하며 분열의 카르텔을 쌓고 있다. 연합과 화해는커녕 자기 동질집단의 권력화를 이루고 트러스트화 되어가고 있다. 너무 비참한 현상이 아닐 수 없다.

바로 그 다음 단계가 블루오션의 단계이다. 블루오션은 현재 존재하지 않거나 알려져 있지 않아 경쟁자가 없는 유망한 시장을 가리키는 용어다. 따라서 블루오션은 아직 시도된 적이 없는 광범위하고 깊은 잠재력을 가진 시장을 비유하는 표현이다.

우리 신앙 세계에도 블루오션의 단계가 있다. 다른 사람이 전혀 보지 못하는 신앙의 세계, 다른 사람이 하지 못하는 신앙생활과 사명, 헌신을 창의적으로 창출하며 개척해 나가는 삶을 살아간다. 예수 그리스도 안에서 스스로 창의적 감동을 받는 신앙을 말한다. 그래서 스스로 자원제를 드리고 낙헌제를 드리는 삶을 산다.

그런데 블루오션보다도 더 창의적이고 독보적인 세계가 있다. 그게 바로 골드오션이다. 앞에서 언급했듯이 골드오션은 모든 시장과 경쟁을 초월하여 독보적인 자신만의 콘텐츠와 브랜드를 가지고 초격차를 이룬 황금 시장을 말한다. 이 단계가 되면 다른 것과 경쟁도 필요 없고 다른 것과 비교할 필요도 없고 추격자가 존재하지 않는 세계다. 존재 자체가 브랜드이고 창의적 생명력이 철철 흘러넘치는 세계를 말한다. 핵크리스천의 연대와 융합을 잘 이뤄내면 골드오션의 세계와 같은 핵처치를 이룰 수 있다.

바로 핵처치 방향성에서 한국교회는 총체적으로 겪고 있는 슬럼프와 역경을 이겨내고 열정과 끈기로 목표를 끝까지 이뤄낸 사람들과 공동체인 그릿 처치(grit church)가 되도록 처치 플랜팅을 해야 한다.

3.

핵처치의 성경적 모델, 사도행전적 원형교회

3.
핵처치의 성경적 모델, 사도행전적 원형교회

　핵처치가 실현된 성경적 모델은 사도행전적 원형교회다. 사도행전적 원형교회는 사도를 중심으로 해서 모이고, 흩어지고, 흩어지고, 모였다. 그들은 흩어지면 복음을 전했고, 모이면 기도가 폭발했다. 흩어지고 쪼개지고 나뉘어지는 것처럼 보이지만 다시 모이면 핵폭탄처럼 놀라운 퍼펙트 스톰을 경험했다.

　행 2:42-47 그들이 사도의 가르침을 받아 서로 교제하고 떡을 떼며 오로지 기도하기를 힘쓰니라 사람마다 두려워하는데 사도들로 말미암아 기사와 표적이 많이 나타나니 믿는 사람이 다 함께 있어 모든 물건을 서로 통용하고 또 재산과 소유를 팔아 각 사람의 필요를 따라 나눠 주며 날마다 마음을 같이하여 성전에 모이기를 힘쓰고 집에서 떡을 떼며 기쁨과 순전한 마음으로 음식을 먹고 하

나님을 찬미하며 또 온 백성에게 칭송을 받으니 주께서 구원 받는 사람을 날마다 더하게 하시니라

행 4:31 빌기를 다하매 모인 곳이 진동하더니 무리가 다 성령이 충만하여 담대히 하나님의 말씀을 전하니라

필자는 핵처치의 성경적 모델을 사도행전적 원형교회를 중심으로 기술하려 한다. 아래의 내용은 저자의 책《미래교회 서바이벌》에 나온 내용을 핵처치 패러다임에 맞게 적용하였다.

Church Acts 29

사도행전 29장은 성경이 없다. 사도행전의 저자 누가는 갑자기 28장에서 쓰기를 멈추었다. 신약성경 다른 모든 책들과는 달리 사도행전은 이 책이 끝나거나 끝나는 것을 암시하지 않았다. 누가는 성령의 행위에 끝이 없다는 것을 알았다. 사도들이 죽은 지 한참 후에도 성경의 정경이 닫힌 지 수 세기가 지난 후에도 하나님의 영은 여전히 세상에서 움직이고 있다. 그리고 사도행전 29장 교회는 오늘날에도 여전히 활발하게 활동하고 있음을 인식할 뿐만 아니라 우리가 하나님의 영이 부어지는 일부가 되겠다는 굶주림과 결의를 다지는 믿는 자들의 교회이다.

> 사도행전 29장 처치 플랜팅의 핵심은 성경의 진리와 오순절의 은혜로 돌아가는 것이다. 그것은 우리가 하나님 말씀과 하나님의 영 없이는 아무것도 할 수 없다는 것을 인식하는 것으로 사도행전의 미래 메시지와 영으로 충만하고 다시 세워지며 열정에 다시 집중하고 영적 확산과 성령의 인도를 따르는 교회를 세우는 것이다.
>
> 모든 교회는 사도행전 처치 플랜팅을 이행하여 얻은 도시와 지역의 복음 전파와 교회 세움을 통해 하루속히 하나님 나라가 실현되고 확장되어 더 이상 죄악의 지배가 아닌 하나님의 은혜로 강화되는 새로운 교회 시대를 열어야 한다. 주님의 명령은 그의 교회를 세우는 것이다(마 16:18; 엡 4:12). 그래서 다시 사도행전의 교회 개혁으로 한국교회를 살려야 한다.
>
> – 출처: 김두현 저, 《성경적 교회 세움》에서 발췌

1) 핵처치(사도행전적 원형교회)

핵처치를 다른 말로 한다면 사도행전적 원형교회라고 할 수 있다. 21세기 한국교회가 1세기 팔레스타인의 초대교회로 돌아갈 수 없음은 당연한 이치이다. 실제로 오늘 우리는 예루살렘 교회의 원시공산주의 교회로 되돌아갈 수는 없다. 왜냐하면 분명 시대와 문화가 다르기 때문이다. 만약 그대로 돌아갈 수만 있다면 그 교회는 사도행

전적 원형교회가 아니라 사도적 교회일 것이다.

그럼에도 불구하고 1세기 교회들은 오늘 우리 시대 핵처치 모델이다. 1세기 교회의 목회 원리, 성도들의 교제, 복음에 대한 그들의 열정, 그리고 사회에 대한 그들의 영향력은 유효하며 오늘날 우리가 추구해야만 하는 핵처치의 모델이다. 그렇다면 구체적으로 핵처치, 사도행전적 원형교회는 어떤 교회인가?

(1) 핵처치는 예수 그리스도의 복음(말씀)의 역동성이 이끌어가는 교회이다

사도행전을 보면 사도들이 선포한 메시지는 십자가와 부활이었다. 그러므로 그리스도의 교회는 복음이 교회의 기초가 되고, 무빙(moving)의 원동력이 되어야 한다. 여기서 복음이란 십자가 중심의 복음을 말한다. 한국의 초대교회도 오직 십자가 복음 중심이었다. 그런데 지금은 자본주의, 세속주의가 교회에 들어와서 맘몬의 복음뿐만 아니라 유사복음이 들어왔다. 그래서 요즘은 십자가도 힐링의 수단이 되어 버렸다.

사도 바울도 사도행전 18장을 보면 아덴에서 철학적인 설교를 하다가 한계에 직면한다. 소수의 몇 사람만 전도할 뿐이었다. 그래서 그 후 그는 절대로 십자가 외에는 자랑하지 않겠다고 고백한다. 오직 예수 그리스도의 십자가만 알고 십자가만 전하겠다고 말이다.

고전 1:18 십자가의 도가 멸망하는 자들에게는 미련한 것이요 구원을 받는 우리에게는 하나님의 능력이라

고전 2:2 내가 너희 중에서 예수 그리스도와 그가 십자가에 못 박히신 것 외에는 아무 것도 알지 아니하기로 작정하였음이라

그러므로 사도행전 교회는 십자가 중심 복음의 역동성이 이끌고 가야 한다. 십자가가 무엇인가? 주님이 저주를 당하고 고난 받은 곳이요, 우리의 죄 사함과 구원을 주는 수단이다. 그러므로 십자가 중심으로 돌아간다는 말은 우리의 신앙이 항상 회개와 참회를 우선으로 한다는 의미다. 그러기 위해서 우리 자신을 돌아봐야 한다. "나는 어떤 사람인가, 물질과 죄로 때 묻은 사람이고 세속적인 사람은 아닌가. 나는 얼마나 죄의 흑암 중에 살아가고 있는가…."

역대 기독교 역사를 보면 항상 부흥은 죄에 대한 회개로부터 출발했다. 그러므로 오늘날 우리도 죄에 대한 두려움을 가지고 회개의 삶을 살아야 한다. "내가 얼마나 세상과 죄에 때 묻은 사람인가…." 매일매일 십자가 앞에서 내 자신이 피 뿌림의 은혜를 받고 주님의 피로 새로워지고 갱신해야 한다.

그러면 십자가로 돌아간다는 말은 무엇인가? 우리의 신앙이 항상 회개와 참회를 우선으로 한다는 의미다. 또한 날마다 옛사람의 죽음을 경험하고 새롭게 주님을 만나는 것이다. 그리고 죄와 싸워서

승리하는 삶을 사는 것이다. 사도행전적 원형교회를 세우기 위해서는 십자가 복음 중심의 역동성을 통하여 우리 자신부터 새로워지고 강단이 새로워지고 한국교회가 새로워져야 한다. 그럴 때 시대를 변화시키고 재탄생시키는 거룩한 동력이 생기고 영향력을 발휘할 수 있다.

복음이 이끌어간다는 말의 또 다른 의미

그런데 복음이 이끌어간다는 말을 또 다른 말로 하면 하나님의 말씀이 교회를 이끌어가야 한다는 말이기도 하다. 사도행전 20장 32절을 보면, 사도 바울이 밀레도 항구에서 떠나면서 성도들을 주와 및 그 은혜의 말씀에 부탁한다고 말한다.

> 행 20:32 지금 내가 여러분을 **주와 및 그 은혜의 말씀에 부탁하노니** 그 말씀이 여러분을 능히 든든히 세우사 거룩하게 하심을 입은 모든 자 가운데 기업이 있게 하시리라

바울은 지금 교회를 성도들 자신이 주인이 되어 끌고 가려고 하지 말고, 은혜의 말씀에 붙들려, 오직 그 말씀이 끌고 가는 교회로 만들어갈 것을 강조하는 것이다. 그래서 은혜의 말씀께 교회를 부탁한다. 핵처치는 말씀이 중심이 되고 모든 동력이 되어야 한다. 핵처

치의 생명성과 역동성을 가장 잘 보여주는 핵크리스천 중의 한 사람이 바로 마리아다.

🌱 더메스틱 어페어(domestic affair)를 초월한 마리아의 지혜

예수님께서 예루살렘에 올라가실 때마다 항상 들르시는 곳이 있었다. 그곳은 바로 베다니에 있는 나사로의 집이었다. 예수님은 나사로를 유달리 사랑하셨다. 나사로에게는 두 여동생이 있었다. 그런데 두 여동생은 서로 전혀 다른 면이 있었다. 주님께서 나사로의 집에 가실 때마다 언니 마르다는 언제나 음식 장만하기에 바빴고 동생 마리아는 언제나 주님 말씀을 듣는 일에 전념하였다.

누가복음 10장에서도 주님이 그 집을 방문했을 때 마르다는 부지런히 음식 장만을 하고 있었다. 이번에야말로 더 많은 음식을 장만하여 예수님께 칭찬을 받으려고 한 것 같았다. 그러나 동생 마리아는 예수님의 발아래 앉아서 진지하게 말씀을 듣고 있었다. 마리아는 예수님의 말씀이 꿀보다도 더 달았고 꿀송이보다 더 달게 느껴졌기 때문이다.

> 눅 10:39 그에게 마리아라 하는 동생이 있어 주의 발치에 앉아 그의 말씀을 듣더니

그런데 마르다가 부엌에서 가만히 생각해 보니 괘씸하기 그지없었다. 언니는 뼈가 빠지게 음식 장만을 하느라 바빠 죽겠는데 동생이 되어 가지고 부엌에 와서 언니 하는 일을 거들어주지 않으니 말이다.

당시 사회에서 여자들의 더메스틱 어페어(domestic affair)는 집안일만 하는 것이었다. 청소하고 밥하고 설거지 등을 하는 것이 일반적인 관습이었다. 그래서 손님이 오면 여자는 청소를 하고 식사 준비를 하지만 남자는 손님과 대화하고 말씀을 들었다. 그런데 마리아는 언니와 함께 집안일을 하지 않고 사회적 통념을 벗어나 남자들과 함께 손님을 맞이하고 말씀을 들었다. 언니 마르다가 볼 때 환장할 노릇이다.

그래서 마르다가 심중에 생각하기를 '하긴 동생이야 아직 나이가 어려 속이 없어서 그런다고 하지만 예수님은 너무하지 않은가? 내가 이렇게 바쁜 줄을 알면 동생을 내보내서 나를 돕게 하실 일이지, 세상에 예수님 앞에서 설교나 듣도록 내버려 두신단 말인가?'라고 의문을 품고 은근히 주님께 반항하기 시작한다.

그래서 마르다는 동생을 향한 괘씸한 마음과 예수님을 향한 불평의 어조로 예수님께 가서 항의투의 말을 던졌다. "주님, 제 동생을 왜 저렇게 내버려 두십니까? 제가 주님을 대접하고자 정성스럽게 음식 준비하느라 바빠서 죽겠는데 동생은 안방에서 예수님 설교나 듣고 있게 내버려 두시깁니까? 당장 나와서 바쁜 저를 돕게 하옵소서."

상황적으로 마르다의 말은 옳은 말이다. 마르다의 일이 반드시 필요하다. 그것이 그 당시 여자들이 해야 할 일이었기 때문이다. 예수님이 자기 집에 오시는데, 식사하실 공간도 마련하고, 식사도 준비하고, 또 식사하시고 말씀하실 장소도 준비하고, 쉬었다가 가실 공간도 마련해야 하지 않겠는가. 그래서 마르다는 반드시 이 일을 해야 한다.

오늘날 교회도 마찬가지다. 말씀 듣고 은혜 받는 것만이 교회가 아니다. 마르다처럼 매니지먼트도 하고 경영도 하고 여러 가지 교회 본질을 위해서 뒤에서 섬기고 허드렛일을 하는 것도 필요하다. 그런데 중요한 것은 그렇게 하나님 일을 하면서 불평을 하고 원망을 해선 안 된다. 그런데 마르다는 그런 실수를 저지른다. 그래서 마르다는 자기 편에서 괜히 동생이 은혜 받고 있는 것을 잘했느니, 잘못했느니 따지기 시작하다가 결국에는 주님마저도 선악 판단의 대상으로 삼아버린다. 왜 가만히 은혜를 끼치고 있는 주님을 잘했느니, 잘못했느니 불평하고 반항을 하는 마음을 갖는 것인가? 그러니까 주님께서 이렇게 대답하신다.

"마르다야 네가 많은 일로 혼자 바쁘고 혼자 염려하며 근심하고 있지만 몇 가지만 하든지 혹은 한 가지만 장만해서 대접해도 좋단다. 나는 바쁘다고 불평으로 준비한 많은 음식보다는 단 한 가지만 준비하더라도 고운 마음으로, 정성스런 마음으로 대접한 음식이 좋단다. 그런데 마리아는 너보다 더 좋은 편을 선택했단다. 그러니 마리아는 영원히 영원히 이 좋은 편을 빼앗기지 아니하리라."

> 눅 10:41-42 주께서 대답하여 이르시되 마르다야 마르다야 네가 많은 일로 염려하고 근심하나 몇 가지만 하든지 혹은 한 가지만이라도 족하니라 마리아는 이 좋은 편을 택하였으니 빼앗기지 아니하리라 하시니라

이렇게 예수님은 파격적인 말씀을 하셨다. 그 당시로서는 엄청난 말씀을 하셨다. 하나님의 말씀을 받고 은혜를 받는 것이 가장 중요하기 때문이다. 이때 마르다는 엄청난 충격을 받았어야 했다. 그러나 마르다는 끝까지 예수님의 그 깊은 뜻을 발견하지 못하고 실수를 연발한다.

아무튼 이렇게 마리아는 먼저 좋은 편, 다시 말하면 예수님의 말씀을 선택했다. 언니 마르다와는 달리 먼저 봉사하고 일하기 전에 마리아는 은혜 받는 일을 선택했다. 왜냐하면 아무리 봉사를 잘하고 일을 많이 하다가도 은혜 받지 못하면 어느 순간이든지 마르다처럼 불평할 수 있고 넘어질 수 있기 때문이다.

우리가 교회생활을 할 때, 예수님을 믿고 먼저 주님의 말씀을 받아야 한다. 그래야 비로소 우리가 하나님의 일을 제대로 하는 것이

다. 우리가 예수님을 믿고 그 말씀의 은혜가 우리 안에 동력이 되어야 진정으로 하나님을 섬기고 봉사하는 것이지, 그러지 않으면 우리는 옛 사람의 열정과 종교적인 공명심이 앞서게 된다. 그러다 보니까 내 주장이 앞서야 되고, 내 생각대로 교회를 끌어가고, 담임목사도 움직이려고 하다가 교회가 다투고 분열하게 된다.

그러므로 핵처치(사도행전적 원형교회)는 언제나 복음의 역동성이 왕성해야 한다. 주님의 말씀이 이끌어가는 교회가 되어야 한다. 그러나 오늘날 그리스도인은 이상하게 먼저 주님을 만나고 주님의 말씀을 들으려고 하지 않는다. 먼저 은혜 받고 생명을 추구하는 것보다 먼저 자신의 본성과 정의감과 열심으로 일하려고 한다. 그 정의감은 항상 윤리와 도덕을 앞세우며 개혁의 기치를 들곤 한다.

그러나 아무리 그것이 옳은 것이라 할지라도 하나님의 은혜와 생명의 힘으로 해야지, 선악의 힘으로 해서는 절대로 안 된다. 아무리 정의감을 앞세우고 윤리성과 도덕성을 앞세운다 할지라도 그 정의감과 윤리와 도덕이 선악의 도구와 노예로 쓰임을 받으면 안 된다.

대체로 개혁 성향이 많고 정의감이 많은 사람일수록 사랑이 부족하고 포용력이 부족한 모습을 볼 수 있다. 바로 거기에는 말씀의 은혜와 생명의 역동성이 없기 때문이다. 그러니까 허다한 죄를 덮을 수 있는 사랑의 힘을 발휘하지 못한다. 그래서 나는 목회하면서 성도들에게 먼저 말씀에 은혜부터 받으라고 권면한다.

왜냐하면 은혜 받지 않고 봉사부터 하다 보면 반드시 말썽을 일으키고 문제를 일으키게 되어 있기 때문이다. 그러기 때문에 우리 장로님들에게도 맨 앞자리에 앉아서 말씀부터 들으라고 한다. 모든 중직자들에게도 먼저 은혜부터 받으라고 강조하고 또 강조한다. 신앙생활의 기본은 먼저 말씀을 듣고 은혜 받는 것이다. 그래서 구약성경에서도 말씀을 잘 들으라고 강조한다.

> 신 6:4-5 이스라엘아 들으라 우리 하나님 여호와는 오직 유일한 여호와이시니 너는 마음을 다하고 뜻을 다하고 힘을 다하여 네 하나님 여호와를 사랑하라

> 사 44:1-2 나의 종 야곱, 내가 택한 이스라엘아 이제 들으라 너를 만들고 너를 모태에서부터 지어 낸 너를 도와 줄 여호와가 이같이 말하노라 나의 종 야곱, 내가 택한 여수룬아 두려워하지 말라

다윗 역시 주의 말씀이 꿀과 꿀송이보다 더 달다고 고백하며 말씀을 사모하였지 않는가.

> 시 19:10 금 곧 많은 순금보다 더 사모할 것이며 꿀과 꿀송이보다 더 달도다

🌱 옥합을 깨트린 마리아의 향기

핵크리스천의 모델인 마리아는 신앙의 깊은 신비를 잘 알았다. 그래서 그녀는 만사를 제치고 먼저 말씀 듣는 편을 선택했다. 주님의 발아래 엎드려 주님의 말씀을 꿀송이처럼 아멘 아멘하면서 단 말씀으로 받았다. 이처럼 말씀을 사모하였던 마리아는 마침내 복음의 역사 가운데 찬란하게 빛나는 위대한 헌신을 하게 된다.

예수님께서 십자가를 지시기 위하여 예루살렘에 가는 길에 베다니를 방문하셨을 때, 그 발아래 엎드려 주님의 장사를 미리 기념하고 감사하는 의미에서 자신이 가장 아껴 오던 옥합을 깨뜨려 주님께 드린다. 당시는 귀한 손님이 오면 대야물에 향유를 몇 방울 떨어뜨려 발을 씻겨 주었다. 혹은 사랑하는 사람이나 은인이 죽으면 그 시체에 향유를 발라주었다.

그런데 마리아가 이 일을 예수님께 미리 해드린 것이다. 그래서 300데나리온이나 되는 옥합을 깨뜨려 주님의 머리 위와 주님의 발 아래 부었다. 아낌없이 모든 것을 쏟아 부었다. 행여 옥합 속에 있는 향유를 붓다가 보면 조금이라도 아까운 마음이 들었을지 모르기 때문에 그녀는 뚜껑을 열지 않고 깨트렸다. 그리고 하나도 남김없이 다 부어버리고 말았다.

요 12:3 마리아는 지극히 비싼 향유 곧 순전한 나드 한 근을 가져

다가 예수의 발에 붓고 자기 머리털로 그의 발을 닦으니 향유 냄새가 집에 가득하더라

그리고 나서 마리아는 주님의 발아래 다시 엎드린다. 눈물을 흘리며 길게 드리운 머리를 풀어서 향유로 주님의 발을 씻겨드린다. 귀한 향유와 순결한 여인의 눈물이 범벅이 되어 마침내 향유와 눈물은 주님을 향한 절대 사랑의 향기가 되었다. 그때 마리아는 주님께 엎드려 이렇게 고백하지 않았겠는가? 머리털로 주님의 발을 씻기면서 마음속으로 이런 노래를 부르고도 남았을 것이다.

♪ 내 주님 계신 발 앞에 옥합을 깨뜨린 후에
　향유를 부어 드리니 주 받으옵소서
　내 마음 내 정성 주 받으옵소서
　날 위해 돌아가실 주 날 받으옵소서

그러자 제자들이 수군수군거린다. "저 돈이 얼마인데 저렇게 비싼 것을 허비하느냐? 저것은 사치가 아니냐?" 하며 아까워 통분히 여긴다. 모르긴 몰라도 아마 마르다도 이 불평의 대열에 끼었을지 모른다. "마리아야, 또 유난을 떠는구나. 너만 주님을 사랑하냐? 그래서 옥합을 깨트리고 이 난리를 피우고 있는 거야? 그렇게 한다고 해서 그것이 진짜 큰 믿음인 줄 아느냐? 차라리 저것을 팔아 가난한

사람을 도우면 얼마나 좋았을까?"

> 요 12:4-6 제자 중 하나로서 예수를 잡아 줄 가룟 유다가 말하되 이 향유를 어찌하여 삼백 데나리온에 팔아 가난한 자들에게 주지 아니하였느냐 하니 이렇게 말함은 가난한 자들을 생각함이 아니요 그는 도둑이라 돈궤를 맡고 거기 넣는 것을 훔쳐 감이러라

가룟 유다는 돈궤에 손을 대고 훔친 도둑이었다. 그런데도 옥합을 깨트린 마리아를 보면서 힐난하고 조롱하는 것을 본다. 이것은 오늘날도 마찬가지다. 교회를 건축하고 선교를 하며 교회 자체 운영을 하는 경우가 있지 않는가? 이런 교회를 향하여 왜 구제를 안 하느냐, 왜 복지를 안 하느냐, 교회가 왜 소외되고 어두운 환경에 놓인 사람들을 돌보지 않느냐고 하는 사람들이 있다. 그런데 그런 사람들 가운데 오히려 진정성 없이 교회를 헐어 내리려고 하는 도둑심보가 있을 수 있다는 것을 경계해야 한다. 마리아를 힐난하는 자들에게 주님이 뭐라고 말씀하시는가?

> 마 26:10-13 예수께서 아시고 그들에게 이르시되 너희가 어찌하여 이 여자를 괴롭게 하느냐 그가 내게 좋은 일을 하였느니라…이 여자가 내 몸에 이 향유를 부은 것은 내 장례를 위하여 함이니라 내가 진실로 너희에게 이르노니 온 천하에 어디서든지 이 복음이 전파

> 되는 곳에서는 이 여자가 행한 일도 말하여 그를 기억하리라 하시
> 니라

    이 얼마나 주님이 기뻐하시는가? 얼마나 주님께서 마리아를 칭찬하시고 마리아 때문에 만족해하시는가? 한마디로 마리아는 전 역사적인 축복과 전 세계적인 명예를 얻게 된 것이다. 왜냐면 먼저 말씀의 은혜를 사모하고 옥합을 깨트리는 눈물의 헌신을 하였기 때문이다.

    참으로 그녀는 세상의 그 어떤 것보다 귀한 절대 사랑과 절대 헌신을 담은 순전한 나드 한 근의 향유를 한 방울도 남김없이 주님께 쏟아 부었던 것이다. 이것이 그녀가 선택한 말씀의 은혜요, 옥합의 헌신이었다. 그래서 그녀는 주님의 교회를 세우는 최고로 큰 일꾼, 주님이 인정하시고 칭찬해 주셔서 시대를 뛰어넘어 그 이름이 기억되는 최고로 아름다운 여인으로 전해지게 되었다. 주님의 복음이 증거되면 교회가 설립되고 거기에 많은 일꾼들이 세워지게 될 텐데 그때 마리아의 봉사 행위가 역사를 초월하여 모든 교회 성도들의 표준이 되고 모범이 되게 해 주셨다. 결국 말씀이 교회를 이끌어가야 한다는 교훈을 준 것이다.

    그러므로 핵처치(사도행전적 원형교회)는 말씀이 이끌어가야 한다. 아무리 AI시대가 온다 할지라도 복음의 역동성이 이끌어가는 교회를 세워가야 한다. 그 어떤 4차산업의 기술과 과학발전도 인간의 죄

문제와 죽음의 문제를 해결할 수가 없기 때문이다. 그래서 미래 교회일수록 더 복음의 역동성, 말씀의 은혜가 이끌어가는 교회의 모델, 핵처치(사도행전적 원형교회)를 세워가야 한다.

(2) 핵처치는 성령 체험을 한 성도들이 공동체를 이룰 뿐만 아니라 핸들링하는 교회이다

아무리 복음의 역동성을 강조하고 말씀을 가르쳐도 성령이 역사해야 한다. 복음서에 나오는 제자들은 인류 최고의 스승인 예수님께 교육을 받았다. 그런데 그들이 예수님의 가르침을 머리로만 받고 사변적이 되어서 말씀과 삶이 분리되었다. 그러다가 결국 예수님이 로마 군병에게 잡히고 십자가를 지고 죽음의 길을 가시니까 모두 다 도망가 버리고 말았다. 그런데 오순절 성령을 받으니까 말씀과 자신이 하나 되고 예수님과 하나가 되고 가르침과 하나 된 것이다. 그래서 위대한 핵처치(사도행전적 원형교회)의 역사를 만들었지 않는가.

그러므로 오늘날 성도들도 성령의 임재와 운행하심, 그리고 권능을 반드시 경험해야 한다. 그리고 그들의 신앙의 현장에 있어서 강력한 성령의 임재와 운행하심의 역사가 나타나야 한다. 바로 그런 교인들이 모여 성령이 역사하고 핸들링하는 핵 처치를 이루어야 한다. 그것이 신본주의 교회고 사도행전적 원형교회다. 그러면 우리는 어떻게 해야 성령이 핸들링하는 핵처치(사도행전적 원형교회)를 세울

수 있는가.

성령이 핸들링하는 핵처치(사도행전적 원형교회)를 이룰 때 다음과 같은 특징이 생긴다.

① 성도들이 성령 체험을 하여 신앙의 능력과 권능이 나타난다

> 행 1:8 오직 성령이 너희에게 임하시면 너희가 권능을 받고 예루살렘과 온 유대와 사마리아와 땅 끝까지 이르러 내 증인이 되리라 하시니라

우리 교회 평신도 사역자들은 성령 대망의 집회를 통해서 거의 모두 성령 체험을 한 사람들이다. 이런 분명한 영적 체험이 있기 때문에 일대일 양육을 할 때에도 상대의 영적 상태를 예민하게 파악하여 먼저 상한 심령부터 치유한다. 그리고 귀신들림이 보일 때에는 영적 축사도 한다.

나는 이러한 훈련을 가락동 교회 초창기부터 시켜왔다. 그러다 보니 지금은 그것이 문화요 관습이 되어버렸다. 물론 축사 행위를 한다고 해서 베뢰아적 축사 행위를 하는 건 아니다. 나는 단 한 번도 베뢰아를 가본 적도 없고 또 사람들을 쓰러뜨리는 능력과 은사도 없다. 다만 성경에 나타난 대로 먼저 기도하고 영적 능력을 무장한

후에 축사 사역을 하도록 가르친다. 혼자 할 때도 있지만 대부분 생명순이 모이거나 그룹으로 모여서 합심으로 기도하고 축사를 하도록 한다. 그러니 어찌 핵교회가 아닐 수 있겠는가.

② 성령님을 어떻게든지 기쁘게 하려고 한다

성령이 핸들링하는 핵처치는 항상 성령님의 눈치를 보며 그분의 마음과 기분을 맞춰 드리려고 노력한다. 목회가 무엇인가? 먼저 하나님의 기분, 하나님의 마음을 맞춰 드리는 것이다. 항상 하나님의 눈치를 보며 그분이 좋아하는 것을 맞추어 드려야 한다. 그래서 사도 바울도 갈라디아서 1장 10절에서 고백하지 않는가.

> 갈 1:10 이제 내가 사람들에게 좋게 하랴 하나님께 좋게 하랴 사람들에게 기쁨을 구하랴 내가 지금까지 사람의 기쁨을 구하는 것이었더면 그리스도의 종이 아니니라

성령이 핸들링하는 핵처치는 목회의 우선순위를 가장 먼저 어떻게 성령님을 기쁘게 할 것인가에 둔다. 그러면 목회가 평안하고 형통할 수밖에 없다. 사람 눈치 보려고 할 필요가 없다. 하나님의 눈치를 보려고 애써야 한다. 그러면 하나님께서 알아서 목회를 승승장구하게 하시고 만사형통케 해 주신다.

그럴 때 하나님의 목회, 성령님의 목회를 할 수 있다. 하나님께서 기본적으로 목회자에게 바라시고 기뻐하는 것은 성결과 겸손이다. 성령께서는 늘 성결과 겸손을 강조한다. 그러므로 목회자는 성령님의 눈치를 보면서 성결, 겸손의 인프라를 구축해야 한다.

③ 언제나 성령님과 의논하고 상의하며 목회한다

목회자는 언제나 성령의 감동을 앞세워야 한다. 자신의 생각과 뜻, 판단을 의지하면 안 된다. 항상 오버하지 않고 성령님을 앞세우며 그분을 먼저 모시고 가려고 해야 한다. 그러기 위해서 언제나 엎드려 기도하는 마음을 가져야 한다. 사울과 다윗의 가장 큰 차이는 사울은 자기중심이었고 다윗은 하나님 중심이었다. 그리고 사울은 하나님과 의논하지 않고 자기 멋대로 행동했지만 다윗은 언제나 하나님과 의논하였다. 그는 왕이 된 후에만 아니라 왕이 되기 전에도 하나님과 의논하고 상의하였다.

> 삼상 23:2 이에 다윗이 여호와께 묻자와 이르되 내가 가서 이 블레셋 사람들을 치리이까 여호와께서 다윗에게 이르시되 가서 블레셋 사람을 치고 그일라를 구원하라 하시니

> 삼상 23:4 다윗이 여호와께 다시 묻자온대 여호와께서 대답하여

이르시되 일어나 그일라로 내려가라 내가 블레셋 사람을 네 손에 넘기리라 하신지라

그뿐인가? 다윗이 왕이 되기 전에는 당연히 하나님과 의논할 수 있다. 그런데 왕이 되고 나면 자기 마음대로 하는 것이 권력의 습성이다. 그런데 다윗은 왕이 된 후에도 항상 하나님과 의논했다.

삼하 5:17-19 이스라엘이 다윗에게 기름을 부어 이스라엘 왕을 삼았다 함을 블레셋 사람이 듣고 다윗을 찾으러 다 올라오매 다윗이 듣고 요새로 나가니라 블레셋 사람이 이미 이르러 르바임 골짜기에 가득한지라 다윗이 여호와께 여쭈어 이르되 내가 블레셋 사람에게로 올라가리이까 여호와께서 저희를 내 손에 넘기시겠나이까 여호와께서 다윗에게 말씀하시되 올라가라 내가 반드시 블레셋 사람을 네 손에 넘기리라 하신지라

삼하 5:22-24 블레셋 사람이 다시 올라와서 르바임 골짜기에 가득한지라 다윗이 여호와께 여쭈니 이르시되 올라가지 말고 그들 뒤로 돌아서 뽕나무 수풀 맞은편에서 그들을 기습하되 뽕나무 꼭대기에서 걸음 걷는 소리가 들리거든 곧 공격하라 그때에 여호와가 너보다 앞서 나아가서 블레셋 군대를 치리라 하신지라

그러나 사울을 보면 전혀 하나님과 의논하지 않고 오히려 신접한 여인을 찾아가는 것을 볼 수 있다.

> 삼상 28:7-8 사울이 그의 신하들에게 이르되 나를 위하여 신접한 여인을 찾으라 내가 그리로 가서 그에게 물으리라 그의 신하들이 그에게 이르되 보소서 엔돌에 신접한 여인이 있나이다 사울이 다른 옷을 입어 변장하고 두 사람과 함께 갈새 그들이 밤에 그 여인에게 이르러서는 사울이 이르되 청하노니 나를 위하여 신접한 술법으로 내가 네게 말하는 사람을 불러 올리라 하니

그래서 나도 항상 하나님과 의논하며 목회하려고 한다. 개척 준비 시절부터 눈물로 기도하며 하나님과 의논하였고 가락동 개척 시절과 분당시대, 죽전 프라미스 콤플렉스 시대에 이르기까지 항상 먼저 하나님께 기도하고 의논하며 성령님의 감동을 따라 움직였다. 그랬을 때 하나님께서 목회를 형통케 해 주시고 매 순간마다 성령님께서 핸들링해 주시는 것을 경험할 수 있었다.

④ 성령의 감동이 오면 무조건 순종한다

다윗과 사울을 비교해 보면, 사울은 성령의 감동에 불순종하여 정욕적인 삶과 자기중심적인 삶을 살았다. 그러나 다윗은 항상 성령

의 감동이 오면 무조건 순종하며 하나님 중심적인 삶을 살았다.

> 삼상 15:22 사무엘이 이르되 여호와께서 번제와 다른 제사를 그의 목소리를 청종하는 것을 좋아하심같이 좋아하시겠나이까 순종이 제사보다 낫고 듣는 것이 숫양의 기름보다 나으니

> 삼상 22:5 선지자 갓이 다윗에게 이르되 이 요새에 있지 말고 떠나 유다 땅으로 들어가라 다윗이 떠나 헤렛 수풀에 이르니라

하나님은 이처럼 순종하는 다윗을 높여 주시고 복 주셨다. 이스라엘의 전무후무한 왕이 되게 해주셨다. 신약에서도 마찬가지다. 바울과 바나바는 안디옥 교회를 잘 섬기고 있었다. 그리스도인도 많아지고 교회도 점점 부흥하고 있었다. 그런데 성령께서 그들로 하여금 이방인 선교를 하도록 감동하셨지 않은가. 그때 바울과 바나바뿐만 아니라 안디옥의 교인들은 순종을 하였다.

> 행 13:1-3 안디옥 교회에 선지자들과 교사들이 있으니 곧 바나바와 니게르라 하는 시므온과 구레네 사람 루기오와 분봉 왕 헤롯의 젖동생 마나엔과 및 사울이라 주를 섬겨 금식할 때에 성령이 이르시되 내가 불러 시키는 일을 위하여 바나바와 사울을 따로 세우라 하시니 이에 금식하며 기도하고 두 사람에게 안수하여 보내니라

그래서 바울은 이방인들에게 부지런히 복음을 전하였다. 먼저 그는 아시아에서 복음을 전하는데 복음 전파도 잘 되고 교회들이 순조롭게 잘 세워졌다. 그런데 이번에는 하나님께서 아시아에서 복음 전파하는 걸 방해하시는 것이다. 그리고 바울을 유럽으로 보내셨다. 당시 유럽은 복음이 전해지기 전 오이로파라고 하는 여신이 헬라의 신화와 철학, 가치관과 세계관으로 지배하였던 곳이다.

그리스 신화의 최고 우두머리 신인 제우스가 크레타섬에 살고 있는 오이로파의 여신에게 구라파 대륙을 선물로 주었다는 데서 기인한 것이다. 그래서 유럽은 헬레니즘이 깊이 뿌리 박혀 있었다. 그런 유럽을 향해 하나님은 바울을 보내려고 하신 것이다. 그래서 바울은 난항 끝에 마게도냐 사람들의 환상을 보고 하나님께 순종하고 유럽으로 가서 복음을 전했지 않는가.

> 행 16:6-10 성령이 아시아에서 말씀을 전하지 못하게 하시거늘 그들이 브루기아와 갈라디아 땅으로 다녀가 무시아 앞에 이르러 비두니아로 가고자 애쓰되 예수의 영이 허락하지 아니하시는지라 무시아를 지나 드로아로 내려갔는데 밤에 환상이 바울에게 보이니 마게도냐 사람 하나가 서서 그에게 청하여 이르되 마게도냐로 건너와서 우리를 도우라 하거늘 바울이 그 환상을 보았을 때 우리가 곧 마게도냐로 떠나기를 힘쓰니 이는 하나님이 저 사람들에게 복음을 전하라고 우리를 부르신 줄로 인정함이러라

오늘 우리도 마찬가지다. 우리가 하나님께 순종하고 성령의 감동에 순종한 만큼 성령이 핸들링하며 형통하고 승승장구한 목회를 할 수 있다. 그러기 위해서는 우리가 성령의 감동을 받으려고 노력하고 엎드려 기도해야 한다. 우리 영혼의 안테나와 사이클이 주님께 향하도록 맞추어져 있어야 한다. 성령의 감동에 순종하는 가장 좋은 방법이 주님 앞에 엎드리는 눈물의 기도이다.

하나님께서는 나에게 애초부터 성령의 감동에 순종하게 하는 훈련을 시켜 주셨다. 유교적 가풍이 강한 불신 집안에서 갖은 고난과 핍박을 당하다가 성령의 감동에 순종하여 집을 나와 한 번도 가 본 적이 없는 광주로 갔다. 그곳에서 고학으로 신학교를 다녔다. 그리고 또 성령의 감동에 따라 도저히 교회가 세워질 수 없는 악조건 속에서 시골 벽지에 교회를 개척하였다.

그리고 또다시 성령의 감동에 순종하여 서울 가락동에 개척하고 분당시대를 거쳐 오늘의 죽전시대 목회를 하고 있다. 매 순간순간 오직 성령의 감동에 순종하며 걸어왔다. 목회가 무엇인가? 먼저 목사가 하나님께 순종하는 것이다. 성령의 감동과 영감에 먼저 순종하는 것이다. 그럴 때 성령께서 핸들링하는 핵처치를 이룰 수 있다.

교회는 언제나 성령의 통치 안에 존재해야 하며 복음 전파와 교회 세움을 계속해야 한다. 오늘도 하나님은 교회를 통해 세계에 복음을 전파하여 믿는 자들의 수가 완성되는 그날까지 교회 세움의 사역을 멈추시지 않을 것이다. 그러므로 하나님의 일, 성령의 사역에 가장 큰 일은 처치 플랜팅이다. 그러기 위해서라도 우리의 교회는 핵파워 처치를 이루어야 할 것이다. 그러므로 한국교회가 사는 길은 성령의 이행으로 세워진 핵파워처치 즉 사도행전적 원형교회로 교회 중심을 바꾸는 일일 것이다.

⑤ 로드십 신앙으로 목회한다

로드십 목회를 하라는 말은 하나님을 왕으로 인정하고 모시고 섬기는 목회를 해야 한다는 것이다. 우리는 똑같이 주님이라고 부르지만 영어로는 두 가지 표현이 있다. 첫 번째는 Savior, 즉 나의 구세주라는 뜻이다. "하나님, 나를 이 어려움에서 구원해주세요 나를 이 환난 속에서, 나를 이 죄악 가운데서 용서해 주시고 구원해 주세요." 이런 주님을 Savior라고 한다. 주님은 똑같지만 어느 부분을 강조하느냐에 따라서 Savior로 부를 수가 있다.

두 번째, 또 하나 주님의 이름이 있다. 바로 Lord, 나의 왕이라는 뜻이다. 나의 왕이요, 나의 임금이요, 나를 다스리시는 분이라는 말이다. "왕이신 나의 하나님, 내가 주를 높이고 영원히 주의 말씀에 순종하리이다." 이럴 때 부르는, 주님이 왕이신 주님이다. 나를 환난에서 구원해 주시는 Savior로서 주님을 붙잡는 신앙도 중요하지만, 나의 삶 속에 오셔서 나를 다스리시고 나의 통치자가 되시는 Lord로서 주님을 인정하고 고백하는 것은 더 가치 있는 일이다.

신앙생활의 목표가 무엇인가. 날마다 주님을 Savior로만 부르는 게 아니라 주님을 Lord로 부르게 하는 것이다. 그래서 언제 어느 때 어떤 환난과 역경을 당하여도 흔들리지 않고 주님만 사랑하고 주님이 내 안에 오셔서 왕 노릇하셔서 나의 모든 정욕, 나의 모든 욕심, 나의 고집을 주님께 다 반납하여 버리고, 주 나의 삶 속에 오셔서 나를 다스려 주옵소서라고 고백하는 삶을 살게 하는 것이다. 또 "내 안에 하나님의 나라를 이루어 주옵소서, 내 안에 거룩한 신주주의가 이루어지게 하옵소서"라는 고백을 주님께 드리게 하는 것이다.

이것은 교회도 마찬가지다. 교회의 운영, 교회의 정치 형태, 교회의 모든 경영 방법…이게 Savior 주님만 생각하면 안 된다. 주님과 상의하지 않고 모든 걸 '우리'가 결정한다. 자기들 원대로 다 결정해 놓고 교회나 성도가 어려움을 당하면 통성기도하고 합심기도하고 어려움을 해결해 달라고 주님께 매달려 아우성을 친다. 이건 어디까지나 Savior 주님밖에 모르는 교회다.

진정한 핵처치는 주님을 Lord로 모시는 교회다. "주님이 우리 교회의 왕이십니다. 주님이 우리 교회의 진정한 주인이십니다"라고 고백하는 교회다. 다시 말해서 Lordship에 의해서 교회가 움직여야 한다는 말이다. 주님이 주가 되시고 주님이 왕이 되시는 곳! 이 로드십에 의해서 통치되는 핵처치는 주님의 headship, 머리 되심이 회복된 교회다. 교회는 사람의 생각으로 운영되는 것이 아니다. 하나님의 말씀에 의해서, 말씀이 가는 데까지 가고, 멈추는 곳에서 멈추고, 말씀이 시키는 대로 교회가 움직이는 것! 이것이 바로 성령이 핸들링하는 핵처치의 모습이다.

(3) 핵처치는 흩어지건 모이건 하나의 진정한 공동체이다

핵처치(사도행전적 원형교회)의 세 번째 특징은 교회가 단지 조직으로서가 아니라 진정한 공동체로서 교회라는 점이다. 사도행전적 원형교회는 교회를 공간이란 개념에서 공동체라는 개념으로 전환했다. 모였을 때는 수천 명이 되었지만 쪼개졌을 때는 가정교회를 이루고 소그룹이 되었다. 그래서 사도행전 교회는 모여도 공동체고 흩어져도 공동체가 되었다.

핵처치는 흩어지건 모이건 진정한 공동체가 되도록 목회적 총력을 쏟는 교회이다. 그렇다면 진정한 공동체 교회란 어떤 교회인가? 두 가지로 특징지을 수 있는데, 첫째는 교회론 정립이요, 둘째는 공동체 구성원들 간의 연합과 융합이다. 즉 몸으로서의 교회를 잘 세우고 성도들 간에 유기적 네트워크를 잘 이룸으로써 유기적 공동체를 이루어야 한다.

그래서 성경은 교회를 그리스도의 몸이요 우리는 그 몸의 지체라고 한 것이다. 발과 손이 다르다고 걷지 않고 물건을 잡지 않는다면 어떻게 되겠는가. 귀와 눈이 다르다고 소리를 듣지 않고 앞을 보

지 않으면 어떻게 되겠는가. 다 손이고 발이고 귀와 눈이면 어떻게 되겠는가. 눈이 손더러 아무 쓸데가 없다고 하면 어떻게 되겠는가. 몸의 각 기관들이 서로 다르지만 각자의 역할을 하며 한 몸을 이루는 것처럼 주님의 몸 된 교회도 유기적 공동체를 이루어야 한다는 말이다.

> 고전 12:14-17 몸은 한 지체뿐만 아니요 여럿이니 만일 발이 이르되 나는 손이 아니니 몸에 붙지 아니하였다 할지라도 이로써 몸에 붙지 아니한 것이 아니요 또 귀가 이르되 나는 눈이 아니니 몸에 붙지 아니하였다 할지라도 이로써 몸에 붙지 아니한 것이 아니니 만일 온 몸이 눈이면 듣는 곳은 어디며 온 몸이 듣는 곳이면 냄새 맡는 곳은 어디냐

> 고전 12:21-27 눈이 손더러 내가 너를 쓸 데가 없다 하거나 또한 머리가 발더러 내가 너를 쓸 데가 없다 하지 못하리라 그뿐 아니라 더 약하게 보이는 몸의 지체가 도리어 요긴하고 우리가 몸의 덜 귀히 여기는 그것들을 더욱 귀한 것들로 입혀 주며 우리의 아름답지 못한 지체는 더욱 아름다운 것을 얻느니라 그런즉 우리의 아름다운 지체는 그럴 필요가 없느니라 오직 하나님이 몸을 고르게 하여 부족한 지체에게 귀중함을 더하사 몸 가운데서 분쟁이 없고 오직 여러 지체가 서로 같이 돌보게 하셨느니라 만일 한 지체가 고통을

받으면 모든 지체가 함께 고통을 받고 한 지체가 영광을 얻으면 모든 지체가 함께 즐거워하느니라 너희는 그리스도의 몸이요 지체의 각 부분이라

🌱 베드로의 리빙스톤 처치

그런데 베드로는 교회 공동체를 신령한 집으로 이야기한다. 어느 날 가이샤라 빌립보 지방에서 예수님께서 제자들에게 물어 보셨다. 사람들이 나를 누구라고 생각하느냐고 말이다. 그때 제자들이 이렇게 대답했다.

"어떤 사람은 엘리야라고 하더이다."

"아닙니다. 주님, 예레미야라고 하더이다."

"아닙니다. 주님, 주님은 너무나 정의로운 분이시기에 세례 요한이라고 하더이다."

그러자 주님께서 제자들에게 다시 물으셨다.

"그렇다면 너희들은 나를 누구라고 생각하느냐?"

그때 주님의 수제자였던 베드로가 이렇게 대답한다.

"예, 주님, 주님이야말로 그리스도시요 살아계신 하나님의 아들이 아니시겠습니까?"

그러자 이 베드로의 고백에 주님께서 얼마나 만족을 하셨던지 이렇게 말씀하신다.

"시몬아, 네가 복이 있도다, 이렇게 고백한 것은 네 자신이 고백을 한 것이 아니요, 하늘에 계신 내 아버지가 은혜를 주셔서 너로 하여금 그렇게 고백을 하게 한 것이니라." 그러면서 이렇게 말씀하신다.

"시몬아, 이제 내가 너의 이름을 바꾸어 주겠다, 너의 이름을 시몬이 아니라 베드로라고 해라. 내가 너를 반석 위에 올려 내 교회를 세우리니 음부의 권세가 이기지 못하리라."

여기서 주님이 지어주신 베드로라고 하는 이름은 헬라어로 '페트로스'라는 말인데 특별히 작은 돌이라고 하는 뜻이다. 그리고 반석은 '페트라'라고 하는데 큰 돌, 혹은 반석이라는 뜻이다. 그러니까 이 말씀을 정확하게 풀이하면 다음과 같다.

"베드로야, 너는 하나의 작은 돌이다. 그리고 큰 돌이요 산 돌이요 성전의 모퉁잇돌인 내 반석 위에 너라고 하는 돌을 올려 내 교회를 세우게 될 것이다. 그리고 나를 그리스도요 살아계신 하나님의 아들이라고 했던 수많은 고백의 돌들을 통해서 말이다. 그럴 때 이 교회는 음부의 권세가 결코 이기지 못하게 되리라."

그래서 바로 이 말씀을 들었던 베드로는 훗날 이 말씀을 상기하고 기억하면서 주님의 몸 된 교회를 세우는 산 돌의 신앙을 정립하여 고백을 하게 된다. "보배로운 산 돌이신 예수께 나아가 너희도 산 돌같이 신령한 집으로 세워지고…"

벧전 2:4-6 사람에게는 버린 바가 되었으나 하나님께는 택하심을 입은 보배로운 산 돌이신 예수께 나아가 너희도 산 돌같이 신령한 집으로 세워지고 예수 그리스도로 말미암아 하나님이 기쁘게 받으실 신령한 제사를 드릴 거룩한 제사장이 될지니라 성경에 기록되었으되 보라 내가 택한 보배로운 모퉁잇돌을 시온에 두노니 그를 믿는 자는 부끄러움을 당하지 아니하리라 하였으니

길가에 버려진 돌을 귓돌로 삼아 주신 주님

베드로의 이야기는 이런 것이다. 자신이 주님을 알기 전에는 한낱 길가에 버려진 돌이었다. 길가에 버려졌으니 사람들에게 잊혀진 돌이요, 버려진 돌이었다. 이어령 교수의 표현처럼 비가 오면 풀보다 먼저 젖고 서리가 내리면 강물보다 먼저 어는 그런 길가에 버려지고 잊혀진 돌이었다.

그런데 어느 날 먼 곳을 지나가던 행인이 걸음을 멈추고 버려진 돌을 발견했다. 여기 귓돌이 있다고, 나의 집을 지을 꽤 괜찮은 귓돌이 여기 하나 있다고 말씀을 하셨다. 그리고 그 행인께서는 그 돌을 베드로라고 하셨다. 그러더니 마침내 영원한 산 돌이요, 모퉁잇돌이라는 거대한 자신의 반석 위에 베드로라고 하는 귓돌을 하나하나 올려 당신의 집을 지었다는 것이다.

바로 그 집이 주님의 거룩한 집이요 하나님의 교회였다. 처음에는 귓돌이라고 하였지만 나중에는 살아있는 돌이라고 불러 주셨다. 그

래서 이 귓돌은 영원한 산 돌이 되어 하나님의 집을 짓는 재료로 사용되어졌다는 말이다. 이것이 베드로의 산 돌 신앙의 고백이다.

그런데 여기서 베드로는 건축공학적인 면에서 의도적인 모순, 혹은 역설기법을 사용하고 있다. 돌은 무생물이지 않은가? 숨을 쉬지 않고 생명이 없는 존재다. 그런데 이런 돌을 가리켜서 산 돌, 리빙스톤이라고 했다. 왜 그런가? 건축 자재로서의 견고한 돌과 생명 개념을 연결시켜서 산 돌이라고 했다. 그러니까 예수 그리스도는 언제나 견고하신 분이요, 변함이 없는 반석과 같은 분이다. 동시에 그에게는 생명이 충만하고 우리에게 생명을 주시는 분이라고 했다. 그래서 산 돌이라고 한 것이다.

미국의 제임스 어윈(James Irwin)이 아폴로 15호를 타고 달에 착륙했을 때 그의 미션 가운데 하나는 달에서 달의 표면을 연구하는 일에 아주 소중한 흰 돌을 찾는 것이었다고 한다. 첫날은 실패하고 둘째 날 드디어 그는 산기슭 바위 옆에서 그 문제의 하얀 돌을 채취할 수 있었다. 어윈은 이 보석을 찾아 가지고 지구로 귀환했고, 그는 영웅이 되었다.

귀환 후에 선교사가 된 어윈은 간증할 때마다 그 돌의 모형을 갖고 다니며 이렇게 증언하곤 했다. "제가 달에서 찾아낸 이 보석은 저를 영웅으로 만들어 주었고, 저의 인생을 보람 있고 행복하게 만든 요인이 되었습니다. 그러나 다행히 저는 우주 비행선을 타기 30년 전 어린 시절에 이보다 더 중요한 보석을 이 땅에서 찾을 수가 있었습니다. 성경은 이 보석을 산 돌이요 보배로운 모퉁잇돌이라고 부릅니다. 그의 이름은 예수 그리스도이십니다."

그런데 베드로는 예수님만 산 돌이라고 한 것이 아니라 자신과 예수님을 믿는 성도들까지 산 돌이라고 했다. 여기서도 역설기법이 나온다. 구약 성전의 건축 자재는 비록 단단하고 썩지 않는 돌이지만 생명이 없다. 그러나 신약시대 하나님의 집을 짓는 건축 자재는 신령한 산 돌이라는 것이다.

왜냐하면 하나님의 집을 짓는 건축 자재나 재료로서 돌은 돌이지만 동시에 이들은 신령한 중생자 한 사람의 인격체라는 말이다. 그러니까 이런 거대한 주님이라고 하는 반석 위에 예수를 믿는 거룩한 성도들이 산 돌들이 되어서 신령하고 거룩한 하나님의 집을 지어가게 했다는 말이다. 그게 바로 주님의 몸 된 교회라는 것이다.

우리 인생도 길가에 버려진 돌이었다. 버려진 돌일 뿐만 아니라 영영 잊혀진 돌이었다. 그러던 어느 날, 웬 은혜요 웬 사랑인지 길을 지나가던 주님의 눈에 띄고 발견되었던 것이 아닌가? 바로 그 주님께서 우리를 귓돌이라고 하셨고 베드로라고 하셨다. 그래서 우리를 산 돌로 만들고 바꾸어주시고 주님의 거룩한 집을 짓는 재료로 사용해 주셨다. 얼마나 놀라운 은혜요, 축복인가. 얼마나 기가 막힌 표현이고 스토리가 있는 사랑이고 내러티브가 있는 하나님의 은혜인가.

그러므로 베드로의 산돌신학이 무엇인가? 먼저 반석이신 예수 그리스도가 모퉁잇돌이 되어주셨다. 그리고 그 위에 베드로라는 작은 산 돌이 놓여졌다. 그뿐만 아니라, 당시의 성도들도 작은 산 돌들이 되어 차곡차곡 쌓여졌다. 그렇게 해서 신령한 주님의 집, 몸된 교회가 세워지게 된 것이다. 바로 이 교회를 리빙스톤 처치라고 하는 것이다. 이 리빙스톤 처치는 주님이 모퉁잇돌이 되는 교회다. 그리고 성도들이 작은 돌들이 되어 모퉁잇돌 위에 쌓여진 공동체 교회다.

그러므로 진정한 공동체 교회는 그 구성원들 간의 연합이 또 하나의 특징이다. 진정한 공동체 교회에서는 교인 한 사람의 환경, 상황, 사건이 전체 교회의 환경, 상황, 사건이 된다. 진정한 교회 공동체 안에서는 한 사람이 겪는 경험이 단순히 그 개인의 것만이 아니라 공동체 구성원 전체의 경험이다. 따라서 각 구성원은 공동체의 다른 구성원에 대한 헌신도가 매우 높을 수밖에 없다. 프랭크 비올라(Frank Viola)는 이러한 진정한 공동체를 유기적 공동체라고 표현했는데, 얼굴과 얼굴을 마주 대하며 교제하는 친밀한 공동체로 규정했다.

물론 그렇다고 형제교회와 같은 공동체를 가리키는 것은 아니다. 공동체 자체가 목적도 아니다. 핵처치(사도행전적 원형교회) 공동체는 예수 그리스도를 머리로 하고, 우리가 지체가 된 공동체다. 그렇기 때문에 이 공동체는 항상 예수 그리스도를 중심으로 한 유기적이면서도 조직이 있는 영적 공동체다.

사람에게 본성이 중요한 것처럼 교회는 본질이 중요하다(엡 1:23; 딤전 3:15). 바로 주님이 세우라고 하신 본질적 교회가 연합, 일치, 하나 됨의 공동체가 아니겠는가. 한국교회는 빠른 속도로 이념적, 사상적, 종교적으로 분쟁, 분열, 이질적 생태계로 변해가고 있다. 갈수록 사막화되고 정형화되고 기형화되어가는 모습을 본다. 우리는 그런 잘못된 악순환의 고리를 끊기 위해서라도 주님이 말씀하신 그 교회, 사도행전적 원형교회(핵파워처치)를 세워야 한다.

(4) 핵처치는 한 사람, 한 영혼에 관심을 집중하는 교회이다

핵처치(사도행전적 원형교회)의 네 번째 특징은 성장시대의 패러다임을 따르지 않는다는 점이다. 사실 물량적 성장에만 집중하다 보면 아이러니하게도 한 영혼이 보이지 않는다. 다만 성장의 수단으로써 하나의 머리가 보일 뿐이다. 따라서 머릿수가 보이는 성장이냐 아니면 한 영혼이 보이는 본질적 목회이냐를 교회들은 결정해야만 한다. 핵처치는 한 영혼에 집중하는 교회이며, 숫자보다는 방향에 중점을 두는 교회이다.

안타깝게도 오늘날의 한국교회는 아직까지도 숫자 늘리기에 몰두하고 있다. 박영돈 교수의 말처럼 한국교회는 여전히 교회성장을 교회의 핵심가치로 보고 성장이 멈추어 버린 것을 위기로 생각하는 구태의연한 교회론의 패러다임에 갇혀 있다. 이는 마치 컴퓨터 하드웨어가 고장 났는데 새로운 소프트웨어만 갈아 끼워서 프로그램을 작동하려는 것과 같은 어리석은 패러다임이다.

사실 인구가 줄어들 것이라는 대한민국의 현실을 보면, 물량적 성장 패러다임은 더 이상 작동하지 못할 패러다임임이 분명하다. 머릿수로는 더 이상 교회를 채울 수 없는 현실이 조만간 우리 앞에 펼쳐질 것이다. 아니 이미 도래했다.

따라서 핵처치는 한 영혼에 관심을 갖는다. 한 영혼의 구원에 온 열정을 쏟는다. 기존 신자들의 수평이동보다는 이 땅 사람의 81%에 해당하는 불신자들의 구원에 목회 역량을 집중한다. 신자들의 수평이동은 하나님의 오른쪽 주머니의 동전이 왼쪽 주머니로 옮겨지는 것으로서, 하나님 입장에서는 아무 이득도 없다. 현실적으로 19%에 해당하는 기존 신자들을 나누는 것보다는 81%에 해당하는 비신자야말로 핵처치(사도행전적 원형교회)의 블루오션이다.

핵처치는 한 영혼을 구원하여 부흥이 되면 할 수만 있으면 흩어지고 쪼개지고 나뉘어지며 많은 교회를 개척하는 교회이다. 이는 사람이 장성하면 결혼을 하고 가임기에 자녀를 낳아 양육하는 창조원리와도 부합되는 모습이다. 교회비대와 교회성장은 서로 다른 개념이다. 한 교회가 비대해지는 것이 교회성장이 아니다. 자녀를 많이 낳는 것이 바로 가문이 번창하는 방법이다. 자녀 교회를 개척하는 교회야말로 성경적인 교회이며, 하나님의 나라 확장을 위해 공헌하는 길이다.

하나님께서 당신의 나라를 이 땅에서 확장하기 위해 택하신 유일한 전략은 새로운 교회를 세우는 것이다. 그러므로 현대교회는 성장 코드보다 플랜팅 코드(planting code)를 추구해야 한다. 핵처치는 한 영혼에 집중하기에, 당연히 건물 중심이 아니라 사람 중심이다. 하드웨어 개선으로 교회성장의 한계선을 끌어 올리는 것은 더 이상 작동하지 않는 교회성장 이론이다.

오늘날 교회당을 새로 건축했다고 하여 자동적으로 성장하지 않는다. 오히려 부도가 나서 경매에 나오는 교회가 부지기수이다. 핵처치는 교회 건축과 같은 하드웨어에 몰입하지 않는다. 오히려 사람과 소프트웨어에 집중하는 교회이다. 하드웨어에 집중하는 것은 복음전도를 통해 비신자를 구원하려는 의도보다는, 이미 구원받은 자들의 수평이동을 목적으로 하는 의도가 분명하다. 그러므로 핵처치를 세우기 위해서는 목회자와 교인들의 눈에 영혼이 보여야 한다.

(5) 핵처치는 작은 교회의 모습을 유지하려는 교회이다(작은 교회 정신을 지키려는 교회)

핵처치(사도행전적 원형교회)의 다섯 번째 특징은 작은 교회를 유지하려 한다는 점이다. 그렇다고 사도행전 교회가 작은 교회 우선주의를 말하는 건 아니다. 그때는 매머드급 예배당을 짓고 수천, 수만 명이 모일 수 있는 상황이 안 되었다. 당시에는 어쩔 수 없이 가정교회나 작은 교회를 유지할 수밖에 없었다.

그러므로 오늘날 핵처치(사도행전적 원형교회)가 작은 교회를 유지하는 모습이라고 해서 작은 교회만이 아름답다는 말은 아니다. 그러나 교회가 크든 작든 간에 규모를 떠나서 연대와 융합, 소통의 측면에서 의도적으로 작은 교회를 유지하려고 하는 정신을 가져야 한다. 핵처치는 실제로 작은 교회 규모를 애써 의도적으로 유지하지는 않을지라도 최소한 작은 교회 정신을 구현하려고 애쓰는 교회다.

성경에서 규모 면에서 대형교회 모델은 찾아보기 힘들다. 예수님이 의도하시고 세운 교회는 분명 작은 교회였다. 성경에서 대형 지상 교회를 뒷받침하는 교회론을 발견하기란 쉽지 않다. 물론 대형교회가 나쁘다는 말이 절대 아니다. 대형교회는 현대 사회와 문화가 만들어낸 특별한 양상이고, 또 하나님이 특별하게, 예외적으로, 시대적으로 주신 교회라고 할 수 있다. 사도행전에서 베드로가 설교할 때 3천 명, 5천 명이 구원받을 때를 대형교회라고 하기에는 무리가 있다. 그 당시는 가정교회의 모습으로 존재했기 때문이다.

나도 과거에는 교회 성장주의에 편승을 해서 잘 몰랐다. 그러나 지금은 시대 제약의 한계가 있다. 과거 지하철 주변 8천여 평의 땅을 사서 교회를 다시 지으려고 당회 결정을 하고 PF까지 다 완료했지만 기도 중에 멈추었다. 왜냐면 지금은 큰 것이 능사가 아니다. 어느 대형교회가 서는 게 중요한 게 아니라, 반기독교적인 정서를 막아내고 연합운동을 하는 게 중요하다고 생각했다. 대신 나는 오프라인보다는 온라인이나 방송선교에 초점을 맞췄다.

❦ 작은 교회 정신을 지켜라

핵처치는 작은 지상 교회를 세우고 그 정신을 유지하는 교회이다. 오늘날 대형교회를 작은 교회로 분할하는 것은 참으로 이상적이다. 그러나 나 자신도 큰 교회를 섬기지만 지금 당장 여러 개의 교회로 분리한다는 것은 현실적으로 상당히 어려운 점이 많이 있다. 물론 학교 강당 같은 곳에서 모이는 예배당이 없는 교회는 조금 더 쉬울 수 있을지 모르지만.

그래서 나도 더 큰 예배당을 지을 수 있는 계기가 있었는데도 더 이상 큰 예배당을 안 지었다. 이상적인 면에서는 점차 분리를 하는 연습을 하는 것이 좋다. 그러나 분리만이 능사가 아니라고 본다. 남이 분리하니깐 우리도 한다는 식의 분리 소형화는 바람직하지 않다. 그것은 교회의 상황과 형편에 따라 순리적으로 진행해야 하고, 그렇지 않더라도 구역이나 소그룹을 교회 안의 작은 교회로 정착시키면 된다.

구역이나 소그룹을 단순히 교회 조직을 위한 도구로만 사용한다면 결코 핵처치(사도행전적 원형교회)라 할 수 없다. 물론 현실적으로 대형을 유지하면서 작은 교회 정신을 구현하기란 쉽지 않은 일이다. 이제는 성장지상주의보다는 서로 나누고 공유하며 개척교회도 살려야 한다.

어쨌든 핵처치는 주변의 다른 작은 교회들과 연합하고 상생한다. 이것은 사도행전적 원형교회들의 매우 중요하고 현실적인 공존 방법이다. 작은 교회는 생존의 어려움을 겪을 위험성이 매우 높다. 따라서 경제적으로 자립한 교회들은 그보다 더 작은 교회들을 돌보는 역할을 감당해야만 한다. 사실 이 땅에는 생존이 어려운 개척교회나 미자립 교회들이 무수히 많다. 그러한 교회들은 목회자의 영력이나 능력이 부족한 교회가 아니다. 그러므로 큰 교회일수록 작은 교회를 세워야 한다. 우리 모두 함께 핵파워처치를 세우는 일에 하나가 되고 일치가 되고 연합이 되어야 한다.

작은 교회가 망하면 큰 교회도 망한다

특별히 작은 교회들이 너무 많기에 없어질 교회는 없어져야 한다는 시각으로 보아서도 안 된다. 풀뿌리 교회들이 사라지면 그 땅의 기독교는 반드시 쇠퇴하게 된다(중소기업이 취약한 나라의 경제 구조는 위험하다는 원리와 같다.). 그렇기 때문에 생존의 위협을 벗어난 교회들은 주변에 생존의 위협을 받고 있는 교회들을 반드시 살려야 한다. 그것이 곧 자신을 보호하는 길이다.

특별히 대형교회는 소형교회들의 생존을 책임져야 한다. 미래 한국교회의 새로운 교회시대는 풀뿌리 교회들, 즉 작은 풀뿌리 교회들이 마을마다, 동네마다 굳건히 자리잡을 때 가능하기 때문이다. 문제는 이 땅의 작은 교회들이 문을 닫고 있음에도 불구하고, 대형교회는 그 점에 대해 별 관심을 쏟지 않는다는 사실이다.

일반적으로 대형교회들은 해외선교에 수억 원씩 섬긴다. 물론 해외선교는 정말 중요하다. 그러나 이제는 우리 땅의 작은 교회를 살리는 데 조금 더 집중해야 한다. 궁극적으로 이것이야말로 대형교회가 사는 방법이다. 왜냐하면 작은 교회들이 생존해야만 대형교회들을 위한 인적자원들이 현실적으로 공급될 수 있기 때문이다.

오늘날 기이한 하나의 현상은 전체 교인 수는 줄고 있음에 비하여, 대형교회는 부흥하고 있다는 사실이다. 그러나 만약 작은 교회들을 살리지 못한다면 이 현상은 오래가지 못할 것이다. 과거엔 작은 교회의 신자들이 대형교회로 빠져나가도 작은 교회의 빈자리가 다시 채워졌다. 그러나 오늘날 소형교회는 그 빈자리를 채울 능력을 잃어버렸다. 그러므로 중대형교회들은 생존을 어려워하는 주변의 작은 교회 목사들의 생계를 도와주어야 할 책임이 있다.

거듭 이야기하지만, 나는 코로나 때 교단 총회장을 한 사람이다. 그래서 총회긴급자금을 출연하여 코로나로 생활고에 빠진 교단 산하 미자립교회 2,160명의 목회자 가정에 100만 원씩 총 21억 6000만 원을 긴급 지원하였다. 또한 코로나로 인하여 귀국한 500명의 선교사들에게 100만 원씩을 지원하였다. 그것으로 끝나지 않았다. 우리 교회가 자발적으로 '위드 코로나, 우리 함께 갑시다' 세미나를 열어서 1000여 명의 목회자를 초청하여 100만 원씩 총 13억 원의 후원금을 전달하기도 하였다. 그리고 포스트 엔데믹을 맞는 2022년 10월에도 600여 명의 목회자들을 초청하여 '2023 ReStart 목회 컨퍼런스'를 열고 100만 원의 후원금을 전달하였다.

그뿐만 아니라 수천 명의 목회자들을 초청해서 여러 차례에 걸쳐서 방역물품을 전달하고 화상 줌과 유튜브 교육을 하고 기자재를 후원하였다. 그런데 이런 선한 나눔 사역에 대해서 특정 정당 집회를 위한 거라고 가짜 뉴스를 양산하고 퍼뜨리는 사람들도 있었다. 이건 정말 망조다.

이런 가짜 뉴스를 생산하는 사람도 문제지만 그걸 퍼 나르는 사람도 문제다. 그런데 나중에 사실이 아니라는 걸 알고 단톡방에도 공개 사과를 하고 신문지상에도 사과하는 것을 보았다. 도대체 왜 이런 말도 안 되는 일이 일어나는가. 우리가 남을 도와주지는 못할망정 이렇게 가짜 뉴스를 만들어 음해하고 말도 안 되는 공격을 해야 하겠는가.

그래서 삼성 이건희 회장이 조직 행동이론으로 볼 때 월급을 주고 해고를 할 수 있는 조직문화에서도 변화가 더디게 되는 걸 봤다. 그래서 오죽하면 "변화하지 않아도 좋다. 뒷다리만 잡지 마라" 이런 말을 했겠는가. 우리도 함께 힘을 모아서 핵폭탄보다 위대한 교회연합의 힘을 발휘해야 된다.

(6) 핵처치는 지역교회 혹은 선교적 교회이다

핵처치(사도행전적 원형교회)의 여섯 번째 특징은 지역교회, 즉 동네교회가 되려 한다는 점이다. 이를 다른 말로 표현하면 선교적 교회(missional church)이다. 미래 한국교회는 새로운 교회시대의 개막을 위해서 모든 교회들이 그들이 위치한 그 동네의 교회가 되어야만 한다. 성경에 기록된 교회들은 모두 지역교회로서의 정체성을 버리지 않았다. 지역교회라 함은 의도적으로 교회가 커버하는 거리를 제한하고 영향력의 범위를 제한하는 것이다. 즉 동네의 범위를 규정하는 것이다. 대한민국 전체를 교구로 삼는 교회는 결코 지역교회라 할 수 없다.

교회가 동네를 통해 성장했으면서도 성장 후에 그 동네로부터 분리되고 있는 현실은 모순이다. 어떤 교회들은 더 큰 성장이란 명목으로 그동안 교회를 살찌게 한 모판이었던 동네를 너무 쉽게 떠나고 만다. 오늘날 많은 교회들의 지도자들이, 심지어 담임목회자조차도 자신들의 교회가 위치한 동네에서 살지 않는다. 교회의 결정권자들이 그 동네에 살고 있지 않음은 교회가 동네로부터 분리되는 결정적 원인이 된다.

지역교회가 됨은 선교적 교회가 됨을 의미한다. '해외 선교하는 교회'가 되는 것도 중요하다. 그러나 새로운 시대에 살아남는 교회가 되기 위해서는 '동네 안에서 선교적 교회'가 되어야 한다. 이는 교회 자체가 동네 안으로 '보냄을 받은 선교사'가 되는 것이다. '마을 속 교회'가 되어야 하고 동네 친화적 교회(구제, 봉사), 선한 이웃으로서의 교회(주는 자와 수혜자의 관계가 아닌)여야 한다. 가난한 자들과 함께 일하는 교회가 아니라 가난 그 자체인 교회로 나아가는 교회가 선교적 교회요 지역교회이다.

핵처치는 지역(동네)교회가 되기를 고집한다. 사역에 있어서 핵처치는 교회 안 성도들 중심 사역에서 벗어나 교회 밖 동네 사람들을 위한 사역으로 전환한다. 그러므로 교회는 지역사회와 긴밀하게 연결돼야 한다. 작은 교회는 동사무소와 연결돼야 한다.

개척교회 시절, 동사무소와 함께 연 경로잔치

나도 가락동 개척교회 시절, 장년 성도가 50~60명 되었을 때 교회 홍보를 위해 동사무소 동장님을 찾아갔다.

"동장님! 동을 위해 일하시느라 얼마나 수고가 많으십니까? 제가 동사무소와 연합해서 경로잔치를 한 번 해볼까 해서 왔습니다."

모든 경비는 교회에서 부담하고 장소와 노인들을 초청하는 것만 동사무소에서 담당하면 어떻겠냐고 제의했다. 동장님이 너무 좋아하시는 것이었다. 그래서 날짜를 정해서 약 200여 명의 노인들을 초청해서 경로잔치를 벌였다. 그 자리에는 구청을 비롯해 많은 기관과 정당의 유명인사가 와 계셨는데 사무장님이 사회를 보고 제가 인사 겸 설교를 하게 되었다. 저는 그때 동장님을 한껏 칭찬해드렸다.

"할머니, 할아버지! 여러 어르신들을 뵈니 고향에 계신 저희 어머니 아버지를 뵙는 것 같습니다. 여러 어르신들을 모시게 된 것을 너무나 영광스럽게 생각합니다. 그러나 오늘 이런 자리를 마련하게 된 것은 저보다도 동장님이 더 많은 애를 쓰시고 수고를 하셨습니다. 저희는 돈만 냈을 뿐 동장님께서 모든 것을 다 하셨습니다. 저는 목사이기에 팔도를 다 유람해보았지만 우리 동장님같이 효 사상과 경로 사상이 투철하신 분은 처음 보았습니다. 우리 동장님 너무 훌륭하십니다. 이런 동장님이 가락동의 동장님으로 계심을 너무나 감사합니다. 우리 다같이 박수 한번 쳐드릴까요?"

어르신들은 물론 내빈들까지 일제히 박수를 쳤다. 그러자 동장님 얼굴은 홍당무가 되어 헛기침을 하며 어쩔 줄 몰라 했다. 경로잔치는 성대하고 즐겁게 끝났다. 잔치가 다 끝나자 동장님이 저를 부르셨다. "아이고, 목사님! 이 은혜를 어떻게 갚아야 할지요. 내가 목사님께 도와드릴 것 없습니까?" 그때 저는 도리어 제가 동장님을 도와야지 무슨 말씀이냐고 하였다.

그런데 그 후부터 동사무소의 홍보와 후원이 이어졌으며, 동사무소와 연합하여 소년소녀 가장 돕기, 극빈자 돕기 등을 많이 진행하게 되었다. 이처럼 목회자가 솔선수범하여 지역과 관계를 잘 맺으면 교회에 대한 좋은 소문이 나고 자연히 전도문이 열리면서 부흥하게 된다.

지금은 주로 시청과 연결 사역을 한다. 교회 행사 때마다 지역민들을 초청하고 해마다 6월이 오면 해외에서뿐만 아니라 용인시, 성남시, 광주시, 오산시 지역에 사는 참전용사들을 초청하여 선물과 소정의 사례비를 드리며 감사의 마음을 표한다. 또 성탄절이나 연말이 되면 독거노인들과 소년소녀 가장, 시각장애인 등 지역의 소외된 이웃들을 찾아다니며 쌀을 전달하고 장학금을 준다. 무슨 언론 홍보를 하기 위해서 사진도 찍지 않는다. 그냥 조용히 한다. 그냥 의례상 하는 게 아니라 진심을 담아 한다.

물론 언론에 홍보를 한 경우도 있다. 경기도기독교연합회회장을 할 때 취임식을 하지 않고 당시 경기도 도지사 남경필 지사님과 함께 쌀 5천 포를 경기도 시각장애인자들에게 후원하며 전달식을 한 적이 있다. 그리고 교단 총회장이 되고 한교총 대표회장이 될 때도 화려한 취임식 대신에 쌀 5천 포와 김치를 쪽방촌 독거 어르신들에게 전달한 적이 있다. 이런 행사를 부득이하게 언론에 홍보한 적이 있다.

그렇지만 지역사회에서는 우리 교회가 정말 이름 없이 빛도 없이 조용하게 섬김 사역을 한다. 그뿐인가? 코로나 팬데믹 기간에는 어려움을 당하고 있는 소상공인을 돕기 위하여 선한소통상품권 나눔 운동을 하였다. 5천 원짜리 상품권을 수만 장 발행해서 당시 백군기 용인시장님과 함께 지역 상가를 돌며 선한소통상품권을 직접 나누었다. 어찌 교인들이 5천원 권만 썼겠는가? 3배, 4배 이상을 쓴 것이다. 그러니까 지역 경제가 활성화되었다. 그러자 지역 내 교회에 따뜻한 사랑이 전달되고 교회의 문턱이 낮아지며 서로 소통하고 교감

하는 것을 볼 수 있었다. 실제로 선한소통상품권 나눔운동을 통하여 우리 교회를 직접 찾아오거나 등록을 하는 분들도 있었다.

(7) 핵처치는 현실에 안주하지 않고 끊임없이 성경적, 영적, 윤리적 개혁에 앞장서는 교회이다

과거에는 많은 목사와 성도가 성령 체험을 하였다. 그런 목회자와 성도들이 모여 액츠적이고 두나미스적 핵처치를 이룬 건 사실이다. 그러나 많은 경우가 끊임없는 성경적, 영적, 윤리적 개혁운동에 앞장서지 못하다 보니까 현실에 안주를 해버렸다. 그리고 교회 운영에 도덕적, 윤리적 흠을 보이며 사회의 지탄을 받는 경우가 많았다. 그러므로 우리는 성경적 개혁과 자기 갱신 그리고 높은 윤리성과 도덕성을 갖추어야 한다. 그리고 교회가 커지면 커질수록 투명한 교회 운영을 해야 한다.

우리 교회도 한국에 몇 안 되는 대형교회 중에 하나다. 사람을 세울 때도 항상 인사위원회를 만들어서 절차를 통해서 세우고, 재정을 운영하는 것도 어느 선 이상으로는 반드시 당회를 통하여 집행하고 또 그 이상으로는 공동회의를 통하여 집행한다. 그래서 하나님 은혜로 아직까지는 필자의 도덕성과 윤리성 그리고 재정의 투명 운영에 있어서 단 한 번도 마찰을 가져본 적이 없다.

(8) 핵처치는 연합과 공적 사역을 선도하는 교회이다

핵처치의 여덟 번째 특징은 연합과 공적 사역을 선도하는 것이다. 마가의 다락방에 모인 120문도가 강력한 성령의 임재를 경험한 후에 핵크리스천, 핵처치를 이룰 수 있었다. 그런데 그들은 자기 개인만을 위한 삶을 살지 않았다. 개교회만을 위한 교회가 아니었다. 그들은 예루살렘을 떠나 온 유대와 사마리아와 땅 끝까지 이르러 복음을 전하고 교회를 세우는 폭발력을 일으켰다.

> 행 1:8 오직 성령이 너희에게 임하시면 너희가 권능을 받고 예루살렘과 온 유대와 사마리아와 땅 끝까지 이르러 내 증인이 되리라 하시니라

또한 핵처치를 이루었을 때 모든 물건을 서로 통용하고 재산과 소유를 팔아 각 사람의 필요에 따라 나누고 날마다 마음을 같이하여 성전에 모이기를 힘썼다. 오늘날로 말하면 개인의 삶이 아닌 공적 삶을 살았다는 것이다. 개교회가 아닌 공적 교회를 이루었다는 것이다.

> 행 2:44-47 믿는 사람이 다 함께 있어 모든 물건을 서로 통용하고 또 재산과 소유를 팔아 각 사람의 필요를 따라 나눠 주며 날마

> 다 마음을 같이하여 성전에 모이기를 힘쓰고 집에서 떡을 떼며 기쁨과 순전한 마음으로 음식을 먹고 하나님을 찬미하며 또 온 백성에게 칭송을 받으니 주께서 구원 받는 사람을 날마다 더하게 하시니라

핵처치(사도행전적 원형교회)를 이루었을 때 나타난 결과는 어떠했는가? 온 백성에게 칭송을 받으며 구원 받는 사람들이 날마다 더하게 되었다. 오늘날로 말하면 교회에 성도들이 몰려오고 부흥을 하게 되었다는 말이다.

⚘ 개교회 대형화를 넘어서 연합과 공적 사역으로 전환

내가 처음 개척할 때 목회의 방향은 두 가지였다. 첫째는 신학과 신앙의 순결을 지키는 것이었다. 무엇보다 나는 정통 보수신학과 개혁신학을 공부하였기에 신학의 퓨리티(purity)를 지키려고 노력했다. 그래서 목회를 하면서 한 번도 외도를 한 적이 없다. 한동안 한국교회를 강타했던 빈야드 운동이나 다락방 운동, 또는 신사도 운동 등 근처에도 가 본 적이 없다. 오직 개혁신학적 토대 위에서 목회를 하려고 노력했다.

또한 내 자신의 순혈주의적 신앙과 영적 순결을 위해서 오직 기도하고 성경 보는 일만 했다. 그래서 강단에서 기도하며 자고 설교 준

비도 강단에서 했다. 오직 하나님과 나와의 관계, 즉 내면적 영성에만 몰입하며 나름대로의 독창적 성결을 추구하였다. 그러니 무슨 연합활동이나 대외 사역 같은 것은 꿈에도 생각하지 못했다.

둘째로, 성장 지상주의, 곧 교회의 부흥과 성장만을 추구하였다. 오로지 앉으나 서나 생각하는 것이 교회 성장이었다. 어떻게 하면 교회를 성장시킬 것인가, 밥을 먹어도 교회성장, 잠을 자도 교회성장, 꿈을 꿔도 교회성장이었다. 그래서 개척 멤버 한 명이 없이 개척을 했지만 7년 만에 1,100평 예배당을 짓고 2천 명, 3천 명의 성도들을 모았다. 그리고 계속 부흥하여 다시 7년 후에 1만 평이 넘는 예배당을 짓고 해를 거듭하여 2만, 3만, 5만 명의 성도로 교회 부흥을 했다.

그래서 교계 언론의 주목을 받으며 나름대로 교회성장의 이정표를 세웠다. 그때까지만 해도 그것이 전부인 줄 알았다. 그러다가 어느 날 법무부장관과 국정원장을 지내신 김승규 장로님을 만나게 되었다. 물론 그분을 진작부터 알았지만 그때는 한국교회 사역을 위한 만남이었다. 그날 김승규 장로님이 이슬람이 몰려온다는 이야기를 강의하시면서 관련 영상을 보여주었다. 그때가 아침 일찍이라 선배 목사님들이 다 졸고 있었다. 그러나 나는 젊은 목사였기에 머리와 가슴이 확 열리면서 결심을 했다. "맞아, 지금 이것을 막아야 돼, 그렇지 않으면 큰일 난다."

그래서 당장 한기총의 허락을 받고 이슬람의 실체와 위험성을 알리는 영상을 제작했다. 그리고 한기총의 이름으로 전국교회에 다 뿌렸다. 그뿐만 아니라 김승규 장로님과 함께 각 교단을 방문했다. 그렇게 한 결과 한국교회의 각 교단마다 이슬람 대책위원회를 만드는 계기가 되었다. 그런 방어와 대책으로 우리나라에 이슬람 스쿠크법이 입법되는 것이 무산되게 되었다. 이슬람에서 한국을 전교화시키려고 했던 목표도 저지를 당한 것이다.

그때부터 이슬람과 동성애 등 반기독교 세력들의 전략과 공격, 사상적 배후에 대해 알게 되었고 교회 생태계를 지키기 위해서는 무엇보다 교회들이 연합해야 한다는 것을 깨달았다. 그래서 수많은 시간과 물질을 투자하면서 이 일에 올인했다. 사실 그때 당시 더 큰 대형교회를 꿈꾸며 교회의 외연 확장과 성장에만 올인했다면 지금쯤 다시 더 큰 예배당을 짓고 지금보다 훨씬 큰 교회로 부흥했을 것이다.

그러나 반기독교 세력의 공격으로부터 한국교회를 보호하고 목회 생태계를 지키는 선도적 개척자, 즉 창조적 퍼스트 무버(First Mover)가 되기로 결심했다. 그리고 대형화 목회의 방향을 선회하여 한국교회의 공익과 생태계를 지키는 사역에 앞장서게 되었다. 종교개혁자 칼빈도 철저하게 교회를 위한 신학을 구축했다. 그는 구약을 주석할 때도 기독론과 교회론을 중심으로 주석을 하였다. 그는 항상 구약 이스라엘 백성들을 언약공동체와 나아가 신약의 교회로 설명하였다. 특별히 이사야서 주석을 보면 더 교회론적으로 주석을 하였다.

그러다가 로마서 주석 서문에서 그는 이렇게 명시하였다. "나는 공적인 교회의 유익을 위한 열정을 주체할 수 없는 마음(자막)으로 로마서를 주석하였다." 존 칼빈도 교회를 새롭게 개혁할 뿐만 아니라 공교회를 세우며 지켜내는 것이 성경 해석의 주안점이고 신학을 세우는 목적이라고 하였다.

나 역시 개교회 대형화를 넘어서 연합과 공적 사역으로 전환하였다. 나 스스로 신앙의 핵분열을 한 것이다. 아니, 우리 교회가 핵처치를 이루며 연합과 공적 사역의 핵분열을 일으킨 것이다. 그래서 서울 강남이나 여의도도 아닌 변방의 교회가 한국교회 연합과 공적 사역의 한 중심에서 리더십을 발휘하고 있다. 지금 한국교회는 후유증과 위기를 극복하는 핵심 역량으로 회복 탄력성(resilience) 리더십이 필요하다.

4. _____

핵처치를 세우기 위한 목회 전략

4.
핵처치를 세우기 위한
목회 전략

1) 목회자 스스로 위기의식을 조장하며 성령의 은혜를 갈망한다

목회자가 현실에 안주하면 반드시 정형화되고 화석화되게 되어 있다. 그리고 시스템에 의해서만 교회가 운영될 수 있다. 그러므로 목회자부터가 스스로 위기의식을 조장하며 성령의 은혜를 갈망해야 한다.

칼 필레머 교수가 쓴 《내가 알고 있는 걸 당신도 알게 된다면》이라는 책이 있다. 죽음을 앞둔 평균 80대 연령의 천여 명의 노인들과 인터뷰를 하고 쓴 책으로, 성경으로 말하면 전도서와 같다고 할 수 있고, 인생 예습서라고 말할 수 있다. 이 책은 인류 유산 프로젝트의 일환으로 쓰여졌다. 이 책을 크게 세 가지로 요약한다면 80대 이상의 노인들이 세 가지를 후회하더라는 것이다.

첫째, 도전하지 않았던 것이었다. "왜 나는 도전하지 않았을까? 왜 도전의 기회를 놓치고 말았을까?" 그들은 고통 없는 달콤함은 없다고 말한다. 대부분 고개턱마다 다른 기쁨이 준비되어 있다는 사실을 깨달았다는 것이다. 그래서 아직 젊음을 살아가는 사람들에게 기회가 오면 무조건 예스를 하라고 권면한다.

둘째, 사랑하지 않았던 것이었다. "왜 나는 사랑하지 않았던가." 지금이라도 늦지 않았으니 사랑하라는 것이다. 장례식에는 참석하지 못해도 지금 살아 있을 때 만나라는 것이다. 그리고 지금 당장 꽃을 건네주라는 것이다.

셋째, 감사하지 못했던 걸 후회하였다. "나는 왜 감사하지 못했을까?" 그것은 자기 스스로 내적 보상을 얻지 못했기 때문이라고 답한 것이다. 정말 내가 감사했더라면 내적 보상도 스스로 받게 되었을 것이고 더 인내하고 끈기 있는 삶을 살았을 텐데, 이것을 아쉬워했다는 것이다.

목회자도 마찬가지다. 목회자들도 그냥 시대를 따라갈 수도 있다. 목회자 자신도 핵개인화 되어갈 위험이 있다. 실제로 보면 코로나 때도 위기의식을 갖지 않고 아예 문을 닫아버린 교회들이 많았다고 한다. 왜냐하면 예배를 드리니까 막 동네 사람들이 와서 피켓을 들고 데모를 해서 유튜브로만 하고 예배를 안 드렸다는 것이다.

그러나 아무리 소소하더라도 현장 예배는 드려야 한다. 구약시대 때 전염병 시기 가운데도 오전에 드리고 오후에 드리는 상번제는 절대로 불을 끄지 않았다. 전염병 때니까 성전에 일반인들은 못 들어왔다. 하지만 당직 제사장이 가서 하나님께 상번제를 드렸다. 그렇듯이 오늘날 우리도 현장예배를 꼭 드려야 한다. 그런데 코로나 때도 위기의식이 없었는데 코로나 끝나고 무슨 위기의식이 있겠는가.

이어령 교수는 "코로나 이후에 우리가 가야 할 길에 대해 학자에게 묻지 말고 20~30대 젊은이들의 얼굴을 보라"고 했다. 우리가 가야 할 미래의 방향이 그들의 얼굴에 이미 다 쓰여 있다는 것이다. 그리고 코로나 이후는 들녘의 보리처럼 발길에 짓밟힌 마이너리티들이 이끌어갈 것이라고 말했다. 그들은 삶의 처절한 애환과 절규를 알기 때문이다. 온실 속 화초처럼 배부르고 고생을 모르는 사람들은 역사를 이끌어가지 못한다는 것이다. 목회자 스스로 진정성과 위기의식을 갖고 언제나 성령의 은혜를 갈망해야 한다. 마치 주님이 없으면 살 수도 없고 주님이 없으면 숨쉴 수도 없다고 말이다.

2) 이럴 때일수록 변함없는 진리와 복음의 가치를 지켜야 한다

뉴트로 교회일수록 새로움을 추구하지만 변함없는 진리와 복음의 가치를 지켜야 한다.

영국의 옥스퍼드대학 교수 C.S. 루이스가 쓴 《스크루테이프의 편지》가 있다. 이 책은 경험 많고 노련한 고참 악마 스크루테이프가 자신의 조카이자 풋내기 악마인 웜 우드에게 인간을 유혹하는 방법에 대해서 31통의 편지를 쓴 내용이다. 인간을 어떻게 공격하도록 하는가? 복잡하지 않고 간단하다. 31가지의 방법을 통해 인간 욕망의 본질에 충실하라고 유혹하는 것이다.

특히 사탄이 교회를 무너뜨리는 가장 고도의 전략 중 하나가 기독교 신앙의 본질보다는 자신이 믿고 추구하는 이념이나 사상을 더 우선순위에 두게 하는 것이다. 교회는 그 어떤 것보다 예수 그리스도의 복음과 성경적 진리가 중심이 되어야 한다. 신앙의 순수성과 순전함을 지켜야 한다. 그렇지 않으면 교회는 흔들리고 무너지게 되어 있다.

그런데 한국교회는 성장지상주의에 매몰되어 달려왔다. 그 과정에서 어쩔 수 없이 'How To'(방법론)에만 매달리게 되었고, 그 결과 당연히 'Why'(소명감)의 문제를 놓쳐 버렸다. 근본으로 돌아가자는 '아드 폰테스'(ad fontes)의 정신을 상실한 것이다. 그러면서 원색적인 복음보다는 유사복음(imitation gospel), 대체복음(alternative gospel), 번영복음(prosperity gospel), 치유복음(healing gospel) 등의 변형된 복음(distorted gospel)이 강단에서 선포되었다.

또한 세상의 기업에서 빌려온 실용주의(pragmatism)에 근거한 마케팅 원리가 교회 안에 자리잡았다. 그러면서 한국교회는 영적인 능력과 사회적 영향력을 잃고 쇠퇴하기 시작했다. 물론 나는 목회자로서 번영, 축복, 그리고 치유 등이 메시지의 내용이어야 한다고 생각한다. 나아가 교회의 효과적인 운영을 위해 마케팅 원리까지도 적용

되어야 한다고 생각한다. 현 시대는 소통과 감성, 참여가 중요하기 때문이다. 그러나 복음의 본질과 가치를 잃어버려서는 안 된다. 이럴 때일수록 우리는 변함없는 진리와 복음의 가치를 지켜야 한다.

오늘날 한국교회가 왜 사회로부터 외면을 당하고 공격 대상이 되었는가? 변함없는 복음의 본질과 가치를 잃어버렸기 때문이다. 루터가 주창한 개신교회의 신앙은 성경으로 계속 돌아가는 것이다. 다시 말하면 성경으로 돌아가서 신앙의 본질을 회복하고 교회의 정체성을 회복하는 것이다.

사도행전을 보면 초대교회와 모든 성도들은 오직 복음의 본질을 붙잡았다. 죄를 지적하고 복음을 선포하면 무조건 엎드려 회개하였다. 그리고 매일매일 심령을 새롭게 하였다. 그러나 지금 한국교회는 너무 제도화되어 있고 세속화되어 있다. 화석화된 제도가 본질 위에 군림하고 있다. 기득권이나 교권, 제도권 안에서 싸움을 하고 있다.

휴브리스의 늪, 크리스채너티의 재정립

이어령 교수가 《메멘토 모리》라는 책에서 지적한 것처럼 기독교에서 제일 큰 죄악은 휴브리스(Hubris), 즉 인간의 오만이다. 그런데 우리는 코로나를 통해 인간의 교만과 오만의 결과를 보았다. 이런 때에 교회는 매너리즘과 화석화된 신앙을 깨버리고 다시 변함없는 진리와 복음의 가치를 붙잡고 초대교회의 원형으로 돌아가야 한다. 역사를 보면 대역병이 지나고 나면 오히려 인구도 불어나고 그 이전보다 번영을 이뤘다.

페스트는 유럽 인구 3분의 1의 생명을 빼앗아간 괴물 중의 괴물이었다. 특별히 런던 같은 경우는 인구 3분의 1이 희생당한 1665년 엎친 데 덮친 격으로 대화재가 발생했다. 그런 대재앙이 지나고 훗날 영국은 팍스 브리태니카를 이루며 전 세계를 지배하는 '해가 지지 않는 나라'를 이루었다. 런던만이 아니었다. 페스트 재앙의 종착지였던 파리 역시 페스트가 지나간 뒤 모든 면에서 이전보다 발전해 유럽의 문화 중심지로 화려한 꽃을 이루었다. 이것이 바로 팬데믹의 패러독스다.

전술한 바가 있지만, 페스트가 시작되었을 때 클레멘트 6세는 무조건 성당으로 모이라고 했다. 믿음으로 페스트를 이기자고 했다. 그런데 성당이 집단 감염의 온상이 되어 수많은 사람이 죽어갔다. 나이 많은 노인들만 죽어가는 게 아니라 이제 태어난 지 몇 달 안 되는 어린애가 새카맣게 타서 죽어갔다. 심지어는 성직자들까지도 흑사병에 걸려 죽었다.

그러자 교회의 권위가 무너지기 시작했다. 성직자의 권위가 무너지기 시작했다. 그러면서 많은 사람들이 신의 존재를 부인하거나 교회를 희화하기 시작했다. "도대체 하나님이 살아있다면 왜 저 사람들이 저렇게 죽어가도록 놔두신단 말인가? 하나님은 무얼 하고, 아무 죄도 없이 태어난 어린아이가 새카맣게 타서 죽는 걸 놔두고 계신단 말인가? 심지어는 기도하는 성직자까지도 페스트에 걸려 죽게 놔둔단 말인가?"

특별히 보카치오가 쓴 《데카메론》을 보면 이렇게 신을 우롱하고 교회를 희화하는 이야기들이 많이 나온다. 사람들이 이때쯤 질문을 하기 시작했다. 바로 인간의 존재와 삶의 근원에 관한 질문이었다. 그리고 그때 외쳤던 구호가 '아드 폰테스(ad fontes)', 즉 '근원을 향하여', 또는 '원형을 향하여'였다.

그래서 15-16세기에 이르러서 유럽에서 두 개의 운동이 일어나는데 하나는 르네상스 운동이고 또 하나는 종교개혁 운동이었다. 둘 다 아드 폰테스를 주창했지만 전자는 인문학을 발달하게 하고 후자는 종교의 본질로 돌아가게 하였다.

나는 이런 생각을 하면서 코로나 팬데믹이 끝나고 난 후에 어떤 설교를 할 것인가 고민을 하였다. 중세 시대 페스트가 끝나고 난 후에는 인문학이 발달하였다. 인간이 묻고 인간이 답하는 것이다. 그 전에는 스콜라 철학을 중심으로 신학이 기반이 되었는데 이제는 신학이 설 자리가 없고 하나님도 희화되기 시작하였다.

그래서 나는 '인문신답 시리즈' 설교를 하기로 했다. 전도서를 기반으로 해서 인간 실존의 의미와 가치, 삶의 여러 난제들에 대해서 "사람이 묻고 성경이 답하다, 인간이 묻고 하나님이 답하다"라는 의미로 인문신답 시리즈 설교를 하였다. 성도들과 함께 코로나 패러독스를 이루자는 의미로 한 것이다. 인문신답 시리즈 설교의 목적과 의미를 담은 첫 번째 설교를 게재한다.

내 평생 가장 잘한 일은?(전 1:1-11)
[2023년 9월 3일 주일예배]

오늘부터 인문신답 시리즈로 말씀을 전하려고 합니다. 박태웅 씨가 쓴《눈 떠보니 선진국》이라는 책이 있습니다. 앞으로 나아갈 대한민국을 향한 제언의 책입니다. 이 책을 보면서 이런 생각을 해봤습니다. 제가 아주 어릴 때 우리나라는 후진국이었거든요. 미국에서 원조한 옥수수 가루, 밀가루, 분유 가루를 얻어먹었습니다.

그런데 저는 억울하게도 학교에서 단 한 번도 강냉이죽이나 분유를 얻어먹어 본 적이 없었습니다. 왜냐하면 저희 집이 가난하다고 안 했거든요. 왜 그랬는지는 몰라도 담임선생님이 "너희 집 재산이 천만 원 이상 된다고 생각하는 사람은 손들어봐라"라고 했을 때 제가 번쩍 손을 들었습니다. 선생님이 가정방문을 해서 실태조사를 하고 판단해야지, 왜 애가 손드는 것만 믿고 강냉이죽을 안 주냔 말입니다.

그래도 한번은 친구들이랑 분유 가루를 타러 자루를 들고 갔습니다. 그랬더니 선생님이 그러잖아요. "강석아, 너희 집도 가난하니?"

선생님의 그 한마디 말씀을 듣고 창피해서 집으로 돌아와 버렸습니다. 왜 그랬을까요? 가난하다고 하고 분유 가루나 옥수수죽을 얻어 먹어야 했는데 말입니다. 그때 분유 가루 좀 많이 먹었으면 제 키가 더 컸을지도 모르는데 말입니다.

그런데 제가 청년이 되었을 때는 우리나라가 개발도상국이 되었습니다. 그리고 제가 50대 후반이 되었을 때는 우리나라가 선진국이 되었습니다. 지금은 세계 9대 경제 대국 선진국이 아닙니까? 선진국이 되었다는 말은 세계의 표준이 되었다는 말입니다. 지금은 한국이 표준이 되어버렸습니다.

K-산업, K-푸드, K-드라마. 온 세상이 K로 가고 있습니다. 이제 BTS가 한국말로 노래를 불러도 빌보드 1위가 되고요. 영화도 감독상과 작품상을 4개나 받았습니다. 그래서 봉준호 감독은 "아카데미는 로컬이잖아"라고 조크를 하기도 했습니다. 느닷없이 선진국이 되어버린 것입니다. 우리가 눈을 떠보니 선진국이 되어 있는 것입니다. 이 책은 선진국이라는 정의를 이렇게 해놓았습니다. "앞보다 뒤에 훨씬 더 많은 나라가 있는 상태", "베낄 선례가 점점 줄어든 나라." 베낄 선례가 점점 줄어든다는 것입니다.

후진국은 앞서간 나라를 따라가면 됩니다. 베껴 가면 됩니다. '패스트 팔로워'(Fast follower)가 되면 됩니다. 그런데 선진국은 그렇지 않다는 것입니다. 가면 갈수록 베낄 선례가 점점 줄어듭니다. 진짜 선진국 중의 선진국이 되면 베낄 것이 없어져 버립니다. 그러면 어느새 '퍼스트 리더'나 '퍼스트 무버'가 되는 것입니다.

그러면 베낄 것이 전혀 없는 퍼스트 리더나 퍼스트 무버에게는 무엇이 필요한지 아십니까? 바로 질문입니다. 패스트 팔로워는 남이 한 것을 베껴서 하면 되는데, 퍼스트 무버는 질문을 많이 해야 합니다. 그 질문을 통해서 창의적인 길을 깨닫고 열어가게 된다는 것입니다. 이런 말이 있습니다. 일본은 절대로 1등의 나라가 될 수가 없다고요. 왜 그런 줄 아세요? 질문이 부족하기 때문입니다. 바로 동양 교육의 한계 때문입니다. 일본이나 한국이나 자꾸 베껴 쓰기를 잘하고 모방을 잘합니다. 그리고 교육도 항상 주입식 교육을 합니다. 그러나 미국을 보세요. 미국은 주입식 교육을 안 합니다. 아이들이 자랄수록 질문과 토론 위주의 교육을 합니다.

대표적으로 마이클 샌델 교수가 그렇지 않습니까? 그가 한국에 와서 강의하는 것을 보니까 자기 말을 하지 않습니다. 계속 질문받고 토론하고, 질문받고 토론합니다. 이것을 누구한테 배운 줄 아세요? 유대인들에게 배운 것입니다. 유대인들은 수천 년 동안 질문하고 토론하고 질문하고 토론해왔습니다. 그래서 그 민족이 세계 최고의 천재의 피를 가졌다고 하지 않습니까?

그래서 저는 이 책을 읽으면서 이런 생각을 해 보았습니다. "아, 선진국이 되기 위해서도 창의적 질문을 잘해야 하거늘, 우리 그리스도인의 삶은 더 그렇지 않겠는가?" 질문과 토론이 이렇게 중요하다면,

우리 그리스도인은 누구에게 무엇을 질문하는가가 중요하지 않겠습니까?

14세기 중엽에 페스트가 유럽을 휩쓸었습니다. 그래서 유럽 인구의 1/3이 죽었습니다. 적어도 1억 명 이상이 죽었습니다. 페스트는 우리나라 말로는 흑사병이라고 하는데, 사람이 시커멓게 변해서 죽는 병입니다. 어른만 죽는 것이 아니라 아이들도 죽습니다. 태어난 지 몇 달 안 된 아이들도 이 병에 걸리면 새까맣게 타서 죽었습니다.

그때 가톨릭에서는 무조건 성당으로 모이라고 했습니다. 그때 클레멘스 6세 교황은 "우리가 모여서 예배를 드리고 기도하면, 하나님께서 이 페스트를 물리쳐주실 것이다"라고 했습니다. 그래서 사람들이 사제들의 명령에 따라서 교회로 모였습니다. 그러나 지나놓고 보니까 성당이 흑사병의 진원지가 되고 감염의 원천이 되어버린 것입니다. 어른과 아이, 노인 할 것 없이, 그리고 심지어는 성직자들까지도 흑사병에 걸려 죽었습니다.

그러자 교회의 권위가 무너지기 시작했습니다. 성직자의 권위가 무너지기 시작했습니다. 그러면서 많은 사람들이 신의 존재를 부인하거나 교회를 희화하기 시작했습니다. "도대체 하나님이 살아있다면 왜 저 사람들이 저렇게 죽어가도록 놔두신단 말인가? 하나님은 무얼 하고, 아무 죄도 없이 태어난 어린아이가 새카맣게 타서 죽는 걸 놔두고 계신단 말인가? 심지어는 기도하는 성직자까지도 페스트에 걸려 죽게 놔둔단 말인가?"

특별히 보카치오가 쓴 《데카메론》을 보면 이렇게 신을 우롱하고 교회를 희화하는 이야기들이 많이 나옵니다. 사람들이 이때쯤 질문을 하기 시작합니다. 그 질문은 바로 인간의 존재와 삶의 근원에 관한 질문이었습니다. 그리고 그때 외쳤던 구호가 '아드 폰테스'(ad fontes), 즉 '근원을 향하여', 또는 '원형을 향하여'였습니다.

그래서 15-16세기에 이르러서 유럽에서 두 개의 운동이 일어납니다. 하나는 종교개혁 운동이었습니다. 교회가 이렇게 권위적으로만 가면 안 된다, 전통만을 따져서는 안 된다, 성경으로 돌아가야 한다, 하나님께 돌아가야 한다, 진리의 근원으로 돌아가야 한다는 것입니다. 그게 종교개혁 운동이었습니다.

그런데 이 흑사병은 14세기에만 있었던 것이 아닙니다. 16세기에도 또 발생했습니다. 이때 칼빈은 지난날 가톨릭의 실수를 반면교사로 삼았습니다. 그래서 그는 쿼런틴 시스템을 시작했습니다. 그리고 구빈원을 만들어 사람들을 돕고, 그 구빈원 자체를 격리시설로 사용하였습니다. 이뿐만 아니라 일반 성도들에게도 쿼런틴 시스템을 적용하여 집에서 격리해 있으라고 했습니다. 대신 성직자들이 찾아가서 예배를 드려 주었습니다. 예배의 존엄성을 끝까지 지키면서도 이웃 사랑과 생명 사랑을 실천했던 것이지요. 그래서 칼빈의 종교개혁이 스위스에서 박수를 받았던 것입니다.

그런데 그것보다도 더 중요한 것이 있습니다. 종교개혁의 본질은 인간이 하나님께 묻고, 하나님의 대답을 성경을 통해서 받는 운동이었습니다. 그래서 루터와 칼빈은 성경의 근원과 본질로 돌아가자는 종교개혁의 기치를 높였던 것입니다. 그러자 교황청이 가만히 있었을까요? 끊임없이 회유를 하고 협박을 했습니다. 그럴수록 종교개혁자들은 이런 노래를 부르며 개혁의 기치를 높이 들었습니다.

♪ 내 주는 강한 성이요 / 방패와 병기 되시니
　큰 환난에서 우리를 / 구하여 내시리로다
　옛 원수 마귀는 / 이때도 힘을 써 / 모략과 권세로
　무기를 삼으니 / 천하에 누가 당하랴

또 하나의 운동이 있었는데, 르네상스, 곧 인문주의 운동이었습니다. 이것은 인간이 중심이 되는 운동이었습니다. 그 이전에는 신학이 모든 학문 중의 학문이었습니다. 모든 음악과 노래가 하나님을 향한 찬양이었습니다. 무조건적으로 신을 추앙하고 숭배하는 삶을 살았습니다. 그러나 이제부터는 그 자리에 인간이 대신 서기 시작했습니다. 인간이 질문을 하고 인간이 답을 하기 시작한 것입니다. 인간 스스로 상아탑을 쌓아 올렸습니다. 물론 이 일로 인해서 문예부흥이 일어난 장점도 없었던 것은 아닙니다. 인문학이 발달한 긍정적인 면이 없지는 않습니다.
그러나 하나님을 등지고 신학을 무시한 인문학이 너무 부흥하고 발전하다 보니까 사회가 병들기 시작합니다. 신학이 죽고 신앙이 퇴보하다 보니까 갈 바를 모르게 된 것입니다. 그 결과가 무엇입니까? 인문학이 우상이 되고, 자유는 방종이 되어버리고, 인권은 오염이 되었습니다. 프리섹스, 동성애, 마약, 폭력의 지배를 받는 세상이 되어버리고 말았습니다.

저는 이런 역사를 되돌아보면서 우리가 인문학도 공부를 해야겠지만, 다시 신학을 세워야 한다는 생각을 해봤습니다. 무너져가는 교회를 다시 세워야 한다고 새삼스럽게 느껴봤습니다. 중세에는 흑사병이 세계를 덮었지만, 얼마 전에는 코로나라고 하는 감염병이 전 세계를 휩쓸었습니다. 아마 의학이 발전되지 않고 방역체계를 갖추지 못했다면 엄청난 사람이 죽었을 것입니다.

그런데 의학계에서는 또 다른 감염병이 올지도 모른다는 조심스러운 예측을 하고 있습니다. 이럴 때 우리는 다시 종교개혁을 일으키고 신학의 개혁을 일으켜야 한다고 생각해 봤습니다. 신앙 회복 운동, 교회 세움 운동, 교회 재건 운동을 해야 할 때라고 생각해 봤습니다. 그러기 위해서 우리가 먼저 할 일이 있습니다. 그것은 바로 끊임없이 질문을 하는 것입니다. 그러면 우리는 누구에게 물어봐야 합니까? 우리는 사람에게 질문하지 말고, 성경에 질문해야 합니다. 하나님께 질문해야 합니다.

그래서 제가 오늘부터 인문신답시리즈로 말씀을 전하게 된 것입니다. 사람이 묻고, 하나님이 말씀을 통해 대답해 주신다는 거지요. 인문신답(人文神答), 혹은 '인문경답'(人文經答)이라고도 할 수 있습니다.

제가 이런 말씀을 드리는 이유가 무엇입니까? 다시 성경으로 돌아가자, 다시 근원으로 돌아가자, 다시 말씀으로 돌아가자, 다시 하나님께 돌아가자고 하기 위한 것입니다. 인간에게 물어보면 뻔하거든요. 아무리 인문학 서적을 보고 철학 서적을 봐도 왜, 왜, 무엇을, 무엇을 질문하지만 특별한 답이 없습니다. 진정한 대답은 성경에 있습니다. 하나님이 말씀을 통하여 대답하셔야 합니다.

최근에 최원호 목사님이 《삼성 이병철 회장과 챗 GPT의 대화》라는 책을 썼습니다. 고 이병철 회장께서는 세상을 떠나기 직전에 어느 신부에게 24가지 질문을 했습니다. 그런데 최원호 목사님이 이 질문으로 챗 GPT와 가상 대화를 했나 봐요. 그랬더니 챗 GPT가 뭐라고 답한지 아세요? 답은 성경에 나와 있더라는 것입니다. 저는 이 내용을 읽으며 "아, 챗 GPT가 많이 성숙했네" 하며 감탄을 했습니다. 근원적이고 거룩한 질문 앞에 챗 GPT도 그런 궁극적인 답은 성경에 있다고 한 것입니다.

솔로몬은 3권의 성경을 썼습니다. 가장 처음 쓴 성경이 아가서인데 젊을 때 쓴 성경입니다. 아가서를 보면 젊음의 정열과 예민한 감수성, 풍부한 사랑의 언어가 잘 녹아져 있는 것을 봅니다. 우리가 얼마나 서정적, 영적 믿음을 가지고 하나님을 사랑해야 하는가 교훈을 줍니다. 두 번째로 중년기에 쓴 책이 잠언입니다. 그는 인생의 절정기를 맞이하여 잠언이라는 격언서 혹은 지혜서를 썼습니다. 그러므로 솔로몬은 대단한 축복을 받은 사람입니다. 중년에 3천의 격언서를 썼으니까요.

그런데 솔로몬이 노년기에 마지막으로 쓴 책이 있습니다. 그게 바로 전도서입니다. 솔로몬도 나이를 먹었습니다. 나이를 먹고 보니 시간이 빨리 가고 세월이 빨리 흐른다는 것을 깨달았습니다. 그래서 전도서 1장 4절에서는 이렇게 표현하지 않습니까? 한 세대는 가고 한 세대는 온다는 것입니다. 그러니까 한 세대가 그냥 '슉~' 하고 가버린다는 것입니다.

전 1:4 한 세대는 가고 한 세대는 오되 땅은 영원히 있도다

솔로몬이 나이를 먹은 후에 어떻게 살아가야 하는가를 되돌아보면서 전도서를 썼습니다. 그래서 전도서의 분위기는 회고적이고 교훈적입니다. 문체도 무거우면서 예리합니다. 그러면 솔로몬이 전도서를 왜 기록했을까요? 앞으로 살날이 많은 젊은이들에게 하나님을 떠난 삶이 전혀 의미가 없다는 사실을 가르쳐주기 위해서입니다. 자신은 이 세상을 살아가면서 남들이 얻지 못한 부와 명예를 다 누려봤습니다. 남들이 맛보지 못한 쾌락도 다 맛봤습니다. 그의 부와 지혜와 쾌락, 여러 말할 필요가 없습니다. 평생을 황제 노릇을 했습니다. 천 명의 아내를 거느린 사람이었습니다.

그러므로 솔로몬은 해 볼 것을 다 해 본 사람입니다. 누리고자 하는 것은 다 누려봤고, 하고자 하는 것은 다 해봤습니다. 그러나 지나고

보니까 그것들은 아무것도 아니더라는 것입니다. 모든 것이 허무하더라는 것입니다. 허무, 허무, 허무… 더구나 하나님이 없는 삶, 하나님을 떠난 삶은 더 공허하고 허탄할 뿐이라는 것입니다. 그래서 오늘 성경은 이렇게 말씀하지 않습니까?

> 전 1:2 전도자가 이르되 헛되고 헛되며 헛되고 헛되니 모든 것이 헛되도다

하나님이 없는 삶은 헛되고 헛되며 헛되고 헛되니 모든 것이 헛되도다라고 말입니다. 여기서 헛되다는 말은 '헤벨'인데, 수증기, 입김, 한숨이라는 뜻입니다. 수증기가 금방 날아가는 것처럼 우리의 삶이 그렇다는 것입니다.

♪ Vanity / vanity / vanity / all is vanity
  고대광실 높은 집 문전옥답도 / 우리 한번 죽으면 일장의 춘몽

그래서 전도서를 보면 '허무'와 '해 아래'라는 단어가 제일 많이 나옵니다. 특별히 허무라는 단어는 38번이나 나옵니다. 그리고 해 아래라는 말이 29번 나옵니다. 오늘 본문에도 '해 아래'라는 말이 두 번 나옵니다.

> 전 1:3 해 아래에서 수고하는 모든 수고가 사람에게 무엇이 유익한가

> 전 1:9 이미 있던 것이 후에 다시 있겠고 이미 한 일을 후에 다시 할지라 해 아래에는 새 것이 없나니

해 아래서 수고하는 모든 수고가 무엇이 유익하냐는 것입니다. 특별히 14절을 보면 해 아래에서 행하는 모든 것이 다 바람을 잡는 것과 같다는 것입니다.

> 전 1:14 내가 해 아래에서 행하는 모든 일을 보았노라 보라 모두 다 헛되어 바람을 잡으려는 것이로다

솔로몬이 왜 이렇게 해 아래서의 삶을 의도적으로 강조했을까요? 그렇게 강조하는 실제적인 의도는 해 위에서의 삶을 강조하기 위함이었습니다. 우리의 삶이 해 아래에서의 삶만으로 끝나는 것이 아니라는 말입니다. 해 위에서의 삶이 분명히 있다는 것입니다. 무슨 말입니까? 우리가 인생을 살아가면서 하나님을 추구하고 살아가야 한다는 것입니다. 저 하늘에 있는 태양만 바라보는 것이 아니라, 비록 보이지는 않지만, 의의 태양이시고 공의의 태양이신 하나님을 바라보고 살라는 것입니다. 그럴 때 의미가 있고 그럴 때 가치가 있고 보

람이 있고 행복이 있다는 것입니다. 전도서의 결론은 딱 하나입니다. 이 한 구절을 위하여 수많은 문장들이 나열되어 있는 것입니다.

> 전 12:13-14 일의 결국을 다 들었으니 하나님을 경외하고 그의 명령들을 지킬지어다 이것이 모든 사람의 본분이니라 하나님은 모든 행위와 모든 은밀한 일을 선악 간에 심판하시리라

사실 여기까지만 설교해도 전도서를 대략적으로 말씀드린 것이나 다름없습니다. 그런데 이러한 이야기를 계속 반복하고 점증적으로 풀어나가고 있습니다. 그런 의미에서 전도서는 인생 예습서이기도 합니다. 솔로몬은 모든 것은 다 지나가고 바람을 잡고 구름을 잡는 것과 같다고 말합니다. 구름을 잡을 수 있나요? 손으로 바람을 잡을 수 있나요? 헛된 일이라는 것입니다. 그러므로 젊은 날부터 하나님을 바라보고 경외하며 충성하라는 것입니다. 젊은 날에 나의 청춘과 젊음, 생명, 소유를 드리라는 것입니다.

그러므로 우리는 이 시점에서 우리 하나님 앞에 우리의 궁극적인 질문을 어떻게 드려야 할 것인지를 살펴볼 필요가 있습니다. 나는 왜 사는가, 내 인생의 목적은 무엇인가, 하나님 앞에서 내 존재는 어떠한 존재인가, 나는 왜 하나님을 사랑하고 하나님을 위해서 살아가야 하는가라는 궁극적인 질문을 해 볼 필요가 있습니다. 그뿐입니까? 내 삶에 대한 근원적인 질문도 해야 합니다. 우리의 삶에는

반드시 근원이 있습니다. 그리고 돌아가야 할 종착역도 있습니다. 이 사실을 솔로몬은 이렇게 이야기합니다.

> 전 1:5-7 해는 뜨고 해는 지되 그 떴던 곳으로 빨리 돌아가고 바람은 남으로 불다가 북으로 돌아가며 이리 돌며 저리 돌아 바람은 그 불던 곳으로 돌아가고 모든 강물은 다 바다로 흐르되 바다를 채우지 못하며 강물은 어느 곳으로 흐르든지 그리로 연하여 흐르느니라

바람도 돌아가며 강물도 언젠가는 바다로 흐른다고 하지 않습니까? 하물며 우리 인간이겠습니까? 우리가 근원적으로 온 곳이 있다면 가야 할 곳이 있습니다. 그런데 이것을 모르고 살아가는 사람들의 삶은 모든 것이 피곤하다는 것입니다.

> 전 1:8 모든 만물이 피곤하다는 것을 사람이 말로 다 말할 수는 없나니 눈은 보아도 족함이 없고 귀는 들어도 가득 차지 아니하도다

얼마나 피곤하냐면 아무리 좋은 것을 보아도 족함이 없고, 아무리 좋은 이야기를 들어도 귀가 가득 차지 않는다고 합니다. 하나님이 없는 열정, 하나님이 없는 기쁨, 하나님이 없는 쾌락, 하나님이 없는 욕구는 다 피곤하더라는 것입니다. "아, 피곤하다. 피곤해. 인생이

정말 피곤해."

남미의 한 호텔 스카이라운지에서 어느 노부부가 아름다운 코파카바나 해변의 야경을 내려다보며 저녁을 먹고 있었습니다. 가만히 보니까 노부부가 이런 이야기를 하더래요.

"여보, 우리가 그동안 고생한 보람이 있지 않소. 우리는 이제까지 나이 70이 다 되도록 제대로 먹지도 않고, 쓰지도 않고 돈을 모으려고 고생만 하지 않았소? 그러다가 우리가 모처럼 휴가 와서 이렇게 호화로운 데서 아름다운 야경을 바라보며 식사하고 있지 않소? 그러니 그동안 고생한 가치가 있지 않소?"

그 호텔은 세계에서 돈을 가장 많이 번 사람들이 와서 묵는 호텔입니다. 그런데 그 부부는 일생 동안 안 먹고 안 쓰고 고생하며 돈을 모았습니다. 마침내 70세가 되어서 코파카바나 해변이 내려다보이는 호텔 스카이라운지에서 저녁을 먹으며 삶을 만끽하고 있습니다. 그 노부부의 인생 목적은 바로 그 순간에 있었던 것입니다. 그 순간을 위하여 60년이 넘도록 고생하며 살아왔던 것입니다. 얼마나 안타깝습니까? 얼마나 서글퍼요?

여러분의 삶의 목적도 비슷하다고 생각지 않습니까? 늙어서, 혹은 노년에 호강하는 삶을 살기 위하여 지금 뼈 빠지게 고생하고 있지 않습니까? 그래서 노년들을 대상으로 해서 특강하고 다니는 분들도 많이 계시는데요. 그런 분들의 말이 전혀 틀리다고 제가 말하지는 않겠습니다. 그러나 인생의 목적이 거기에만 있어서야 되겠습니까?

그 또한 다 지나가는 것 아닙니까? 그 최고의 호텔에서 며칠 밤 자고 밥 먹기 위해서 50년, 60년을 고생한다는 것이 말이 됩니까? 그것도 다 지나갑니다.

고전적인 이야기이기는 하지만, 헤밍웨이의 《노인과 바다》라는 이야기를 우리는 다 잘 알고 있습니다. 특별히 요즘 젊은이들 가운데도 헤밍웨이를 모르는 사람이 없습니다. 젊은이들에게 헤밍웨이를 아냐고 물으면 다 잘 안다고 합니다. 그런데 《노인과 바다》를 아느냐고 물으면 그건 모른대요. 그러면 무슨 헤밍웨이를 잘 아냐고 물으면 용인의 헤밍웨이 카페를 잘 안다는 것입니다.

《노인과 바다》를 요약하면 이런 이야기 아닙니까? 어떤 노인이 돛단배를 타고 홀로 먼 바다로 나가서 낚시질을 하였습니다. 그런데 이상하게도 고기는 잡히지 않고 매일 허탕만 쳤습니다. 그것도 무려 84일 동안이나 매일 고기를 한 마리도 잡지를 못했습니다. 이 정도면 열 받을 것 아니겠어요? 성질 급한 사람은 그냥 돌아옵니다.

그런데 이 노인은 85일째 되는 날 큰 고기 한 마리를 잡습니다. 85일 만에 청새치라고 하는 큰 물고기를 잡은 것입니다. 이 청새치는 주둥아리가 뾰족한 고기라 찔리면 죽을 수도 있습니다. 노인은 너무 큰 고기가 걸려서 고기가 낚싯줄에 딸려 오지를 않자, 며칠 동안 고기와 씨름을 합니다. 줄을 풀었다 당겼다 하면서 필사의 싸움을 하다가 드디어 사흘째 되는 날, 고기가 바다 위에 떠오릅니다.

노인은 그 기회를 놓치지 않고 작살로 고기의 옆구리를 찔러 고기를 죽입니다. 축 처진 고기를 배 옆에 매달고 노인은 육지로 돌아옵니다. 노인은 모처럼 행복했습니다. 85일 만에 큰 물고기를 잡아서 항구로 돌아오는 그 기쁨을 만끽했습니다. 그런데 그것도 잠시뿐이었습니다. 피 냄새를 맡은 상어 떼가 몰려들기 시작했습니다. 그래서 노인은 또 상어와 필사적인 싸움을 합니다. 가까스로 육지에 이르렀을 때 이미 고기의 살점은 다 떨어져 나가고 앙상하게 남은 뼈밖에 없었습니다. 노인은 앙상한 고기의 뼈를 이끌고 항구로 돌아온 것입니다.

이 이야기가 누구의 이야기입니까? 우리 이야기가 아닐까요? 많은 사람들을 보면 열심히만 살려고 합니다. 쓰지 않고 모으는 것만 좋다고 합니다. 그러나 우리는 그렇게 살아서는 안 됩니다. 나 혼자 열심히 사는 것도 중요하지만 하나님의 부르심을 받은 삶을 살아야 합니다. 부르심을 받은 사람은 하나님이 주신 사명과 목적이 분명하거든요. 그런 목적과 사명을 따라 살아가야지요.

그러나 그렇게 살면 우리에게 남는 건 청새치의 뼈다귀뿐입니다. 그 뼈다귀를 붙잡으려고 그렇게 고생하며 산단 말입니까? 그 뼈다귀를 붙잡는 것이 여러분의 삶의 목표고 사명입니까? 해 아래에서 늘 그렇게만 산다면 우리의 삶이 얼마나 피곤하겠습니까? 얼마나 허무하겠습니까? 얼마나 허탈하고 공허하겠습니까?

그러니까 사람들은 해 아래서 날마다 새로운 것을 찾으려고 합니다. 이 세상에 무슨 새것이 없나 하고 사람들이 얼마나 새것을 찾아

헤매는지 모릅니다. 학문을 하는 사람은 학문 속에 무슨 새로운 지식이 없는가, 철학을 하는 사람은 어디에 또 다른 진리가 없는가, 또 어떤 사람은 먹고 마시기를 탐하며 이 세상에 새로운 쾌락이 없나를 찾아서 헤맵니다. 그러나 성경은 말씀합니다. 해 아래서는 새로운 것이 전혀 없다고 말입니다.

> 전 1:9-10 이미 있던 것이 후에 다시 있겠고 이미 한 일을 후에 다시 할지라 해 아래에는 새 것이 없나니 무엇을 가리켜 이르기를 보라 이것이 새 것이라 할 것이 있으랴 우리가 있기 오래 전 세대들에도 이미 있었느니라

이 세상 돌아가는 것을 보십시오, 새것은 하나도 없습니다. 다 돌고 돕니다. 바지도 넓어졌다 좁아졌다, 치마도 짧아졌다 길어졌다, 넥타이도 넓어졌다 좁아졌다의 차이일 뿐입니다. 옛날에 촌스럽다던 옷이 어느새 최신 유행이 되어버리지 않습니까? 해 아래서는 새것이 하나도 없다는 것입니다.

그러나 하나님이 삶의 목표가 되고, 예수 그리스도를 주로 모신 사람들은 허무나 공허와 같은 것이 없습니다. 삶이 새롭습니다. 순간 순간마다 삶이 얼마나 신선하고 상큼한지 모릅니다. 이 사람에게는 결코 허무가 없습니다. 후회도 없습니다. 언제나 감사가 있을 뿐입니다. 보람과 가치만 있을 뿐입니다. 행복이 있을 뿐입니다. 전도서

는 결코 절망이나 포기의 책이 아닙니다. 허무주의자의 주장도 아닙니다. 한 번뿐인 인생, 주를 위해 멋지게 살라는 교훈을 주는 책입니다.

그러므로 우리의 평생에 가장 복된 일은 무엇일까요? 하나님을 알고 예수님을 만난 것입니다. 나의 평생에 가장 잘한 일은 무엇일까요? 내가 예수님을 주님으로 믿고 섬긴 일입니다. 그렇습니다. 내 평생에 가장 잘한 일은 예수님을 주로 섬긴 것입니다. 92세 할머니가 이런 고백을 했다고 하지 않습니까? "마지막에 웃는 놈이 최고인 줄 알았는데, 나중에 보니 자주 웃는 놈이 최고더라"고 말입니다.

예수 그리스도 안에서 자주 웃고 살아야 합니다. 이런 사람의 삶에는 후회가 없습니다. 공허가 없습니다. 특별히 여러분이 살아가면서 주를 섬기는 것에 절대로 후회가 없을 것입니다. 여러분의 삶은 하루하루가 새로워질 것입니다. 순간순간이 새로워질 것입니다. 순간순간이 감사와 행복과 기쁨으로 가득할 것입니다. 그런 은혜와 복이 넘치시길 바랍니다.

♪ 나의 평생에 가장 복된 일은 / 내가 예수님을 만난 것이라
　나의 평생에 가장 잘한 일은 / 내가 예수님을 주로 섬긴 것이라
　이 세상 살 동안 내가 걷는 길이 / 때론 험하여서 넘어질 때도
　주의 강한 손이 나를 붙드시니 / 나는 예수님만 주로 섬기며 살리

> 나는 주를 섬기는 것에 / 후회가 없습니다
> 내가 걸어온 모든 시간 / 다 주의 은혜니
> 내가 걸어갈 모든 날도 / 주만 섬기며 살리
> 오직 예수 이름 부르며 / 살아가리라
>
> 이것이 나의 간증이요 / 이것이 나의 찬송일세
> 나 사는 동안 끊임없이 / 구주를 찬송하리로다

이어령 교수에 의하면 코로나 패러독스의 마지막 희망 역시 기독교이다. 위기의 시대일수록 크리스채너티(Christianity)가 새롭게 해석되고 그 본질이 회복되기만 한다면 기독교의 새로운 시대가 열릴 수 있다. 우리가 종교적 오만을 버리고 진정한 크리스채너티를 회복하며 초대교회의 원형과 본질로 돌아가야 한다. 다시 변함없는 진리와 복음의 가치를 붙잡아야 한다. 이게 진정한 뉴트로의 요소이다. 시대가 아무리 변하고 사람이 변해도, 이럴 때일수록 변하지 않는 가치를 더 붙잡으면서 동시에 변해야 한다. 복음의 진리를 더 붙잡아야 한다. 그리고 한국교회는 하나님의 말씀인 성경과 그 성경을 자기화, 의식화, 체계화하는 신앙 지향의 표준을 새롭게 발전시키는 창발(創發)교회로 처치 플랜팅되어야 한다.

3) 목회자가 옥시토신 하트(Oxytocin Heart)를 가지고 생명력으로 승부를 걸어야 한다

지금 우리는 4차 산업의 혁명을 목전에 두고 있다. 4차 산업 혁명 하면 무엇이 생각이 나는가. AI, 즉 실리콘 인간화 시대, 빅데이터, 블록체인 같은 단어가 떠오른다. 그런데 그 중에서도 실리콘 인간은 우리보다 훨씬 초지능과 초능력을 가짐으로써 그들의 의사와 결정이 미래사회를 이루어가게 할 것이다. 한 마디로 실리콘 인간이 모든 걸 다 해결해준다는 말이다. 심지어는 글도 써주고 시도 써주고 작곡도 다 해준단 말이다. 특히 우리의 건강까지 관리해준다.

미래학자 레이 커즈와일이 쓴 《특이점이 온다》라는 책을 보면, 싱귤레리티(singularity)라는 단어가 나온다. 우리말로는 '특이점'으로 번역된다. 특이점은 인간에게 학습받은 인공지능(AI)이 모든 영역에서 인간의 능력을 능가하는 경계선이나 변곡점을 말한다. 학자들은 이런 특이점이 나타날 때 천지개벽 시대가 올 것이라고 말한다.

특히 커즈와일은 2045년이 되면 싱귤레리티 즉 특이점이 본격적으로 가동된다고 예견한다. 이세돌과 알파고의 바둑대국을 기억할 것이다. 전 세계 학자들이 이세돌의 승리를 예측했지만 1대 4로 대패하고 말았다. 바둑대국에 대한 모든 정보와 지식을 알파고에 입력해 놓았기 때문이다. 그런데 딱 한 판을 이세돌이 이겼다. 이세돌이 알파고에 학습시키지 않은 전략을 사용했기 때문이다. 알파고도 학습되지 않은 것은 모른다는 사실이 드러난 것이다.

지금까지의 AI는 아무리 뛰어나도 스스로 창의성을 발휘할 수 없고 창의적 적용을 해낼 수 없다. 그런데 특이점이 오면 인공지능이 인간지능을 넘어서게 된다는 것이다. 그래서 AI가 인간의 유전자를 검진해 당뇨, 뇌졸중, 심혈관 질병, 암, 치매 등 난치병들이 언제 올 것인가 예측해 예방 치료를 하는 것이다. 이론상으로는 인간 수명이 말로 할 수 없이 늘어나게 된다는 것이다.

2045년 특이점이 도래한 이후부터는 기본적으로 120년, 150년 정도는 살 수 있고, 인공지능이 더 발전하면 200년, 300년도 살 수 있다고 기대한다. 프랑스 역사학자 페르낭 브로델이 말한 1000년, 2000년 만에 맞는 문화사적 대변혁과도 상통한다.

이런 면에서 보면 미래일수록 종교성이 약화될 수 있다고 할 수 있다. 지금까지는 인간의 나약함과 한계를 인정하니까 전능하신 하나님을 의존하고 빌며 기도했지만, 미래에는 인간보다 훨씬 더 똑똑한 실리콘 인간이 모든 걸 다 해준다는 것이다. 인간이 예측할 수 없는 미래까지도 예언을 해주고, 인간의 어지간한 병을 다 고쳐줄 수가 있다. 그러니 미래일수록 종교성 혹은 신심이 사라지게 될 수도 있다는 것이다.

그래서 닐 콜이라는 학자는 《교회 3.0》이라는 책에서 미래시대는 '종교 없음'이라는 현상이 될 것이라고 예견했다. 그러나 절대로 그렇지 않다. 실리콘 인간이 아무리 초능력과 초지능을 가지고 있다고 하더라도 생명이 없다. 하나님의 형상이 없고 영혼이 없다. 실리콘 인간은 먹지도 못하고 소화하지도 못하고 배설하지도 못하는 기계 인간에 불과하기 때문이다.

생명이라면 당연히 사랑도 하고 생식도 해야 한다. 그 안에 생명이 있어서 영원을 사모하는 생의 의지도 있어야 할 것 아닌가? 그런데 실리콘 인간에게는 그런 게 전혀 없다. 인간처럼 보이지만 짝퉁 인간에 불과하다. 그런 의미에서 이어령 박사는 미래시대일수록 생명이 자본이라고 역설했다. 인공지능 인간이 판을 치면 칠수록 생명화 시대로 흘러가고, 그 생명화 시대는 당연히 종교의 시대가 될 수 있다는 것이다.

그러므로 앞으로는 목회자와 교회가 제 역할만 해주면, 오히려 목회 황금시대를 이뤄갈 수 있다. 그러면 목회자와 교회의 제 역할이 무엇이어야 하겠는가? 생명을 풍성하게 공급해주는 것이다. 더구나 실리콘 인간은 죄와 죽음의 문제를 절대로 해결할 수가 없다.

그러나 교회에는 죄와 죽음의 문제를 해결해주는 예수 그리스도의 복음의 능력이 있지 않은가. 미래에 AI와 같은 존재가 출현할수록 인간이란 누구나 죄와 죽음의 문제로 갈등하게 되어 있다. 그러니 교회가 죄 문제와 죽음의 문제를 해결하는 예수 그리스도의 복음을 가지고 있다면 사람들이 몰려올 수밖에 없다.

더구나 목회자의 가슴 속에 철철 넘치는 생명력이 가득하여, 그리스도의 복음을 전하는데 어찌 사람이 몰려오지 않겠는가? 우리의 내면이 복음의 생명력으로만 가득 차 있다면 절대로 걱정할 것 없다. 사람들이 몰려오게 된다. 핵개인의 시대가 온다 해도 목회자가 옥시토신 하트를 가지고 생명력으로 승부를 걸면 된다.

설교도 정형화되고 뻔하면 안 된다. 코로나 때 가장 히트를 친 게 '미스터 트롯' 열풍이었지 않은가. 기존의 뻔한 트로트를 완전히 새로운 방식으로 개조를 해서 대히트를 쳤다. 요즘 남진, 나훈아보다 더 인기 있는 사람이 임영웅이다. 이걸 미스터 트롯이 만들어낸 것이다. 뻔한 노래, 뻔한 클래식한 노래를 새로운 인간으로 개조를 해서 불렀더니 중장년, 노년층에서 핵폭탄과 같은 폭발력을 발휘하였지 않은가.

극화적 설교의 생명력과 역동성

예배와 설교도 마찬가지이다. 우리의 설교와 예배가 핵개인의 트렌드를 덮어버리고 이겨버려야 한다. 눌러버려야 한다. 그러려면 적어도 우리가 뻔한 설교, 정형화된 화석화된 설교를 갖고는 안 된다. 나는 적어도 극화적인 설교 혹은 생명이 넘치는 설교를 해야 한다고 생각한다. 극화적 설교는 내가 만들어낸 용어이다.

옛날 설교학은 복음을 어떻게 잘 전할 것인가를 중요하게 여겼다. 그래서 복음에 콘텐츠가 집중될 수밖에 없었다. 또한 그것을 전달하는 폼과 의식을 강조했다. 당연히 설교자는 우아해야 하고 격조가 있어야 하고 폼이 멋있어야 한다. 그러다보니 설교가 대부분 정형화될 수밖에 없었다. 정형화까지는 좋다. 과거는 구조주의 시대이고 권위주의 시대였기에 당연히 그렇게 할 수밖에 없었다. 전통 설교는 그런 방식을 따랐다.

그런데 어느새 신설교학이 등장했다. 신설교학은 형식을 파괴했다. 그것은 시대 흐름과 맞다. 물론 복음의 내용은 그대로다. 신학과 복음은 불변한다. 복음은 오히려 더 강조되어야 한다. 그런데 신설교학은 대지를 나누는 것도 아니고 서론, 본론, 결론도 아니다. 무슨 제목으로 시작한다거나 말씀을 맺는다는 형식도 없다. 신설교학은 어디서 시작해서 끝나는지 모른다. 그리고 내러티브적이다. 판을 깔아놓고 메시지를 넣는다. 설교자의 우아함과 격조보다는 자연스러움을 강조한다.

남아공 스텔렌보쉬 대학 밀러 교수가 신설교학의 원조다. 그의 친구인 독일 신학자 루돌프 보렌도 같은 맥락으로 주장했다. 그런데 그의 제자 요한 실리에가 《하나님의 어릿광대》라는 책을 냈다. 그들의 주장은 설교를 언어학적 측면에서 접근하고 있는 것이 특징이다. 결국 설교는 언어라는 것이다.

언어학에는 크게 세 가지 단계가 있다. 단순발화행위, 의미수반발화행위, 효과수반발화행위다. 단순발화행위는 성경 내용만 전달하는 것이다. 그리고 의미수반행위는 왜 이 성경이 기록되었는가, 시대 배경은 무엇인가를 분석하고 오늘날에는 어떤 의미를 주는가를 적용한다. 대부분의 설교가 여기까지다.

그런데 효과수반발화행위가 있다. 현장에서 회개를 하든지 눈물이나 폭소를 자아내든지 하게 하는 것이다. 현장에서 언어 사건이 일어나게 하는 것이다. 전달하고자 하는 내용이 효과적으로 잘 전달되어 효과수반발화행위를 하는 것이다. 이것은 순수하게 언어학 이론의 이야기인데 설교도 이와 같다.

핵크리스천, 핵처치를 이루기 위해서는 의미수반발화행위가 일어나는 설교를 할 수 있어야 한다. 설교자의 설교 행위는 총체적 언어 행위가 되어야 하고 언어적 행위로만 끝나는 게 아니라 총체적 예술 행위로 승화시켜야 한다. 그런 의미에서 루돌프 보렌은 '설교는 놀이'라고 했다. 뮐러와 실리에는 '광대'를 이야기한다.

언어 행위를 넘어서 예술 행위로까지 나아가야 한다는 것이다. 그렇기 때문에 설교자가 언어 전달만 해서는 안 된다. 총체적인 행위를 하려면 감정과 제스처가 필요하고 예술 행위까지 필요하다. 코로나 때 나는 효과수반발화행위가 일어나는 설교를 했다. 그래서 온 성도들이 함께 울었다. 온라인으로도 울고 현장에서도 울고 화상 줌을 하면서도 눈물을 닦으면서 예배를 드렸다.

🌱 교회 부흥의 원동력, 사랑과 희생

초기 한국교회가 부흥 성장할 수 있었던 것은 선교사들의 희생도 있었지만 성도들의 헌신이 있었기 때문이다. 우리나라에 콜레라가 창궐할 때 새문안교회를 비롯해서 많은 교인들이 파라볼라노이[(παραβολάνοι) 곧 위험을 무릅쓰는 자들(Persons who risk their lives)]의 정신을 가지고 환자들을 돌보았다. 성도들이 환자들 옆에서 간호를 하고 기도해 주며 얼마나 따뜻하게 보살폈는지 모른다.

그러니까 고종 황제가 상금을 내렸다. 그런데 그 상금을 개인이 갖지 않고 교회 건축헌금으로 바쳤다. 진실한 헌신과 사랑이었다. 그들이 왜 그랬겠는가? 하나님을 사랑하고 이웃을 사랑하고 환자들을 사랑했기 때문이다.

초대교회 시절 일종의 콜레라 같은 전염병이 창궐하여 로마 거리에 시체들이 막 뒹굴고 있었다. 그런데 저녁에 검은 옷을 입은 사람들이 나타나서 시체를 어디론가 치웠다. 알고 봤더니 그들은 카타콤에서 도피 생활을 했던 초대 교회 성도들이었다. 그래서 나중에 로마 사람들이 그 모습을 보고 감동을 받아서 기독교가 자유를 얻게 되고 심지어는 기독교가 로마의 국교가 되었다.

로마가 기독교 공인이 된 이후에도 AD 350년에 전염병이 창궐하였다. 그때도 그리스도인들이 파라볼라노이의 정신으로 환자들을 돌보았다. 그때 기독교 인구가 40% 정도 되었는데 이런 기독교인의 희생으로 이교도들이 다 예수 믿고 교회로 돌아왔다는 것이다. 그래서 로마의 80% 이상이 예수를 믿게 되었다는 것이 아닌가.

우리는 베아트리체처럼 사랑해야 한다. 단테의 위대한 작품《신곡》의 이면에는 단테와 베아트리체의 슬픈 사랑 이야기가 담겨 있다. 단테는 35세 때 피렌체 국무장관 자리에 오른다. 그런데 그가 외교적 업무로 피렌체를 떠나 있었을 때 쿠데타가 일어나 실각하고 추방당하게 된다. 그때부터 그는 20여 년 동안 타국에서 고통스러운 유랑 생활을 시작했다. 그 외로운 망명 생활 중에 그를 가슴 저리게 하는 한 사람이 베아트리체였다.

단테는 베아트리체를 아홉 살 때 만난다. 어린 나이에도 그녀를 본 순간 하늘에서 내려온 천사처럼 보였다. 그리고 9년 후 18세가 되어 다시 만났을 때 단테는 심장이 멈추는 듯한 영혼의 전율을 느꼈다. 그녀가 성녀처럼 보인 것이다. 그러나 불행하게도 단테는 베아트리체와의 사랑을 이루지 못하고 그녀는 돈 많은 은행가에게 시집을 가 버린다. 그리고 2년 만에 콜레라에 걸려 24세의 나이로 요절한다.

비극적 이별을 겪은 후, 단테에게 베아트리체는 동경의 동경, 사랑의 근원적인 목마름의 대상이 된다. 그러다가 그는 그 심연의 고통 중에 《신곡》을 쓴다. 신곡은 종교개혁 이전에 쓴 작품이기 때문에 참혹한 지옥뿐 아니라 연옥도 소개한다. 그런데 단테가 지옥과 연옥을 구경한 후 천국문 입구에 서자 그토록 가슴 절절히 동경하였던 베아트리체가 성녀가 되어 천국의 안내자로 등장한 것이다.

단테에게는 그 자체가 황홀한 천국의 모습으로 느껴졌다. 나는 단테를 천국으로 안내하는 베아트리체를 한국교회에 대입해 보고 싶다. 코로나로 인하여 얼마나 많은 사람이 단테처럼 절망과 우울,

분노와 낙심에 빠져 방황하고 있는가. 이러한 때, 한국교회가 이 시대의 괴로워하는 단테들에게 베아트리체의 사랑을 보여주어야 한다. 우리만의 이너워십(inner worship), 카르텔을 쌓지 말고 길을 잃고 방황하는 이들에게 베아트리체와 같은 사랑과 희생으로 천국의 안내자가 되어야 한다.

우리가 하나님을 그렇게 사랑해야 한다. 성도들을 그렇게 사랑해야 한다. 이런 사람은 항상 가슴이 뭉클하게 되어 있다. 가슴이 울렁거리게 되어 있다. 이런 사람은 사역의 감격에 빠진다. 영혼을 내 생명처럼 사랑하게 되고, 교회를 내 몸처럼 사랑하게 된다.

오늘 우리는 얼마나 주님을 사랑하고 있는가. 얼마나 성도를 사랑하고 있는가. 정말 주님을 사랑하지 않고 성도들을 사랑하지 않으면 가슴으로 사역하지 않고 입으로만 사역을 한다. 영혼으로 사역하지 않고 말로만 사역을 한다. 인스턴티즘, 편의주의에 빠진다. 우리의 사역이 자기중심적인 편의점과 같은 사역을 하게 된다. 그래서 우리는 다시 주님을 사랑해야 한다. 다시 성도를 사랑해야 한다. 다시 영혼을 사랑해야 한다.

무엇보다 목회자가 옥시토신 하트(Oxytocin Heart)를 가져야 한다. 옥시토신(Oxytocin)은 사랑의 호르몬이다. 아니, 남을 사랑할 수 있도록 하는 감정뿐만 아니라 용기를 갖도록 하는 호르몬이다. 옥시토신 호르몬은 임산부에게 가장 많이 있다. 뱃속의 태아를 배려하고자 하는 마음이 임산부에게 있는 것이다.

목회자에게 옥시토신 하트가 있으면 사즉생의 결단을 하게 된다. 코로나 초기 때 자원해서 대구 경북으로 온 의료진들을 조사해 보니까 옥시토신 호르몬이 많이 나오더라는 것이다. 병들어 죽을 각오를 하고 간 사람들이니 참 대단한 분들이다. 우리에게 이런 목회적 각오와 결단이 있어야 한다.

이순신 장군은 사즉생의 삶을 보여준다. 당쟁에 휘말려 이순신이 하옥 중일 때, 원균이 지휘하는 칠천량해전(漆川梁海戰)에서 이순신이 만들어 놓은 판옥선 134척 중 122척과 거북선 3척이 침몰당하고 수군 병사 1만 명이 전사했다. 조선 수군이 궤멸을 당한 것이다. 이순신이 어떻게 만들어 놓은 배인데 그게 다 없어져 버렸다. 그러자 선조가 이순신을 다시 등용한다. 진짜 병 주고 약 주는 거 아닌가.

그런데 이순신 장군은 명량해전(鳴梁海戰)에 나가서 배 12척을 가지고 죽기로 싸워서 일본의 배 133척을 침몰시켜 버린다. 그리고 노량해전(露梁海戰)에서 싸우다가 마지막에 죽음을 맞지 않는가. 자기가 죽음으로써 우리나라를 살린 것이다.

목회자의 옥시토신 하트, 처음 사랑

AD 92년 로마 11대 황제인 도미티안 황제는 전 로마에 황제숭배 칙령을 내렸다. 물론 그전에도 그랬지만 도미티안은 전 로마에 칙령을 내렸다. 그 칙령의 내용이 도미노스 에트 데우스[dominus et deus(Lord and God)]였다. 도미티안 황제를 주와 하나님으로 섬길 것을 명령한 것이다. 다시 말하면 로마 황제를 주님, 하나님으로 고백하도록 했다. 로마 모든 백성들은 도미티안의 이름으로 신전에 나가서 로마 황제야말로 우리의 도미누스요 데우스라고 고백을 한 것이다.

이때 네로 황제 못지않게 기독교인들을 향한 박해가 심했다. 왜냐하면 그리스도인은 우상숭배를 거절하였기 때문이다. 그전에 모든 예수님의 제자들과 사도들이 다 순교하고 마지막으로 사도 요한만 남았다. 사도 요한도 도미티안 황제 숭배를 거부하였다. 그래서 정치범들이 유배를 당하는 밧모 섬에 귀양을 갔다. 그가 죽음을 앞두고 차디찬 밧모 섬의 바위에 무릎을 꿇고 기도하였을 때 그의 귀에는 초대교회가 무너져가는 소리가 들려왔다.

이때 사도 요한이라는 노사도의 모습을 한번 생각해 보라. 사도들도 죽고 제자들도 죽었다. 그리고 그의 귀에는 초대교회가 무너져가는 소리가 들려온다. 이 노사도의 가슴은 얼마나 억장이 무너졌겠는가? 그런데 그때 하나님의 음성이 들려왔다. 하나님의 극약 처방이 임한 것이다. "요한아, 걱정하지 마라. 내가 도미티안 황제를 죽여 버리겠다. 그리고 나의 방법으로 무너져가는 초대교회를 세워줄 것이다." 이런 음성이 아니었다.

또 "내가 너를 이 감옥에서 기적적으로 풀어줄 테니 너는 가서 세상에 나가서 복음을 힘껏 전하라" 이런 음성도 아니었다. 다만 그에게 임한 말씀은 "처음 사랑을 회복하라"는 것이었다. 정말 인간적으로도 이해가 안 되고 믿음의 차원에서도 이해가 안 되는 말씀이다. 빨리 사도 요한이 가서 복음을 전하고 교회들을 세워야 될 거 아닌가.

그런데 하나님의 해법은 달랐다. 사도 요한과 초대교회들이 처음 사랑만 회복하면 교회가 재건된다는 것이다. 처음 사랑만 회복을 하면 언제든지 교회는 다시 일어설 수 있다는 것이다.

> 요 21:15 그들이 조반 먹은 후에 예수께서 시몬 베드로에게 이르시되 요한의 아들 시몬아 네가 이 사람들보다 나를 더 사랑하느냐 하시니 이르되 주님 그러하나이다 내가 주님을 사랑하는 줄 주님께서 아시나이다 이르시되 내 어린 양을 먹이라 하시고

> 계 2:4-5 그러나 너를 책망할 것이 있나니 너의 처음 사랑을 버렸느니라 그러므로 어디서 떨어졌는지를 생각하고 회개하여 처음 행위를 가지라 만일 그리하지 아니하고 회개하지 아니하면 내가 네게 가서 네 촛대를 그 자리에서 옮기리라

이 말씀이야말로 우리의 심령을 쪼개고 골을 때리는 말씀 아닌가. 그러므로 오늘 우리에게 중요한 것은 처음 사랑을 회복하는 것이다. 다시 사랑을 시작하는 것이다. 그럴 때 나 자신도 세워지고 교회도 세워진다. 목회자가 처음 사랑을 회복하면 성도들이 감동을 받

기 시작한다. 핵크리스천이 감동을 받으면서 스스로 예수 그리스도 안에서 협력 가족을 이루고 동친 그룹을 이루고 부족 공동체를 이루게 된다.

4) 1인 1 맞춤형 케어 목회가 필요하다

목회자가 아무리 생명력을 다해도 안 되는 사람은 안 된다. 안 나온 사람은 끝까지 안 나온다. 끝까지 핵개인으로 남는다. 이것은 아무리 군중을 압도하고 아무리 회중을 감동시켜도, 5% 10% 안 되는 사람이 있다. 소위 말하면 교회 안에도 은혜의 사각지대가 있단 말이다. 이런 사람에게는 1인1 맞춤형 케어 목회를 해야 한다. 옛날에는 소품종 다량 생산 시대였다. 그리고 어느 때부턴가 다품종 소량 생산 시대가 되었다. 그런데 요즘은 한 기업이 한 개인에게 홍보를 하고 한 개인을 위하여 맞춤형으로 물건을 만들어가는 시대로 바뀌어 가고 있다.

목회도 마찬가지이다. 무조건 막 따라와라 하던 시대가 지났다. 나는 목회적 카리스마가 있기에 성도들이 대부분 잘 따라온다. 그래도 안 통하는 5%, 10%의 사각지대가 있다. 이런 사람에게는 한 사람에게 맞추는 케어를 해야 한다. 특별히 이건 대형교회보다 50명, 100명, 200명이 모이는 교회가 더 중요하다. 옛날에는 성경공부가 20~30명 모여야 반을 이뤘다. 그러나 요즘은 5명, 아니 2명, 3명이 모여도 맞춤형으로 가야 하는 시대가 되었다. 다시 강조하지만 개인의 시대에 맞춰서 우리도 핵목회를 해야 한다. 1대1 맞춤형 양육을 하고 맞춤형 목회 돌봄을 하는 것이다.

예를 들어 무슨 의사결정을 하더라도 1대1의 의사소통과 리허설이 필요하다. 중요한 회의일 때는 정말 그렇다. 그분들의 의견을 존중하고 그분들의 의사를 반영하는 노력과 모습을 보여줘야 한다. 이걸 《한국교회 트렌드 2024》에서는 '교회 거버넌스'라는 말로 표현했다. 그렇게 해서 결정을 해나가 보면 언제부터인가 핵개인화된 사람들이 예수 그리스도 안에서 협력 가족을 이룬다. 동친 그룹을 이루고 위대한 폭발력을 이루게 된다.

특별히 영적이지만 종교적이지 않은 세대에게는 영적 체험이 중요하다. 그래서 성령을 체험할 수 있는 1:1 맞춤형, 혹은 소규모 모임이 많을수록 좋다. 불교의 템플 스테이 같은 경우가 개인화된 현대인들의 구미에 딱 맞아 떨어져서 큰 반응을 일으켰던 것이다. 한국교회도 성령체험을 할 수 있는 작은 모임을 만들고 유혹해야 한다.

성경공부도 기존과는 다른 방법이 필요하다. 성경공부 시간에 한꺼번에 모든 것을 전달하려 말고 조금씩 특색 있는 주제나 소재를 가지고 유혹하는 것이 필요하다. 기간은 짧게 하고 특화된 주제를 가지고 임팩트 있는 성경공부 모임을 개설해야 한다. 특히 청년들에게 말씀을 통한 섭리를 끊임없이 교육해야 한다.

그룹 교육도 해야 되겠지만 1대1 양육이 더 절실하게 필요한 때

다. 같은 교재를 갖고 교육을 해도 맞춤형으로 가야 한다. 상대방의 상황에 따라 무엇이 필요한가에 대한 욕구 진단을 할 필요가 있다. 그래서 그 사람에 맞게 맞춤형 양육과 케어를 해야 한다. 또한 전도 현장에서 만나는 다양한 사람들을 수용할 수 있는 맞춤형 소그룹 모임을 확장해가야 한다.

세계에서 가장 영향력 있는 경영 석학인 짐 콜린스는 20여 년 전 《Good to Great》라는 책을 펴냈다. 한국에서는 《좋은 기업을 넘어 위대한 기업으로》라는 책으로 번역된 이 책의 요지는 많은 기업과 사람들이 현재 상황을 좋게 여기고 만족하고 그 너머의 위대한 삶으로 나아가려 하지 않으면 다 망하더라는 것이다. 그래서 저자는 이런 교훈을 남겼다. "좋은 것은 위대한 것의 적이다"(Good is the enemy of Great).

라젠드라 시소디어와 데이비드 울프는 《위대한 기업을 넘어 사랑받는 기업으로》라는 책을 공저했다. 위대한 기업은 어떤 비전을 이루기 위한 시스템과 프로세스가 잘 구축돼 있어 일사불란하게 움직인다. 그러나 앞으로는 위대한 기업을 넘어 사랑받는 기업이 돼야 한다는 것이다. 대기업과 관련된 중소기업이나 하청업체, 투자자, 고객 모두 스스로 만족하고 사랑할 만한 기업이 돼야 한다는 것이다. 그래야 기업도 미래를 보장받는다고 역설한다. 이제 한국교회 역시 1:1 맞춤형 케어 목회 시스템을 구축하여 위대한 교회를 넘어 사랑받는 교회가 돼야 한다.

5) 성도들로 하여금 긍정적인 핵신앙을 갖도록 해야 한다

핵개인의 특징이 무엇인가? 쪼개고 흩어지고 나뉘는 것이 아닌가. 이건 옳고 그름의 문제가 아니다. 이 시대의 현상이다. 그러면 핵개인의 특징이 교회 안에도 들어오고 신앙에 영향을 미친다. 그런데 이게 부정적 방향으로 가면 자꾸 흩어지고 깨지고 쪼개지며 내부소모전을 하게 하거나 파괴적 분열을 발생시킨다. 그러므로 목회자는 성도들로 하여금 긍정적인 핵신앙을 갖도록 유도를 해야 된다.

일반적으로 찬양대만 봉사하는 사람은 찬양대 봉사로만 끝나는데 봉사도 더 쪼개야 된다. 예를 들어서 안내만 하는 사람도 교구 안에서는 또 다른 전도자가 되어 활동하고 양육자로 활동하도록 봉사와 헌신을 쪼개도록 해야 한다. 헌신도 십일조만 하는 것으로 끝나는 게 아니라 자기 애호에 따라서 다양한 헌신을 할 수 있어야 한다. 가령 자원봉사라든지, 아주 가난한 극빈자를 위한 구제헌금(우리 교회는 사랑이를 위한 헌금이라고 함)을 한다든지, 쌀 구제헌금을 한다든지 다양한 방식으로 쪼개서 헌신을 한다.

그런데 단서가 있다. 어떤 강제적 분위기와 조직 관리 시스템이 아니라 자기 애호에 따라서 자발적으로 참여하는 분위기를 조성시켜 줘야 한다. 이것도 핵크리스천의 특징 중 하나다. 그러기 위해서는 성도들 모두가 거룩한 성령의 임재와 운행하심, 권능의 역사를 경험해야 한다.

6) 성도들의 핵신앙이 예수 그리스도 안에서 융합이 되도록 해야 한다

아무리 핵개인의 시대가 된다 하더라도 인간은 홀로 존재할 수 없다. 그래서 핵개인의 시대가 되면 될수록 인간의 가장 깊은 곳에서는 관계를 형성하고 싶어 한다. 왜냐면 하나님께서 인간을 관계적 존재로 지어놓으셨기 때문이다.

세계적인 시인이요, 최고의 시인이라고 할 수 있는 라이너 마리아 릴케의 사랑 이야기를 아는가. 원래 그의 이름은 르네 마리아 릴케였는데 어느 날 갑자기 라이너 마리아 릴케로 바꾼다. 왜 그랬을까? 릴케의 이름을 바꾸게 한 한 여인이 있었다. 루 안드레아스 살로메라는 여성이다.

릴케는 당시 무명의 시인이었는데 살로메를 만나자마자 한눈에 반해버렸다. 그래서 그 여자에게 사랑의 포로가 된다. 루 안드레아스 살로메라는 여인은 니체도 좋아하고, 프로이드도 좋아했다. 그녀는 안드레아라는 남자와 결혼했지만, 육체의 관계는 안 가졌다. 마침내 릴케를 만나 영혼과 육체의 사랑을 나눈다. 이 여자는 릴케보다 14살이나 연상의 유부녀였다. 그런데도 얼마나 살로메에게 반해 버렸는지 모른다.

서로가 어느 정도 친해질 무렵 살로메는, "르네라는 이름이 너무 프랑스풍이고 여성적이니까 남성적인 독일풍의 라이너로 바꾸면 어떨까" 제안을 한다. 릴케는 두말도 않고 제안을 받아들인다. 그뿐 아니라 릴케는 살로메의 글씨를 닮으려고 자신의 서체까지 바꿔 버린다. 그리고 릴케는 그녀를 위해서 시를 쓰고 작품을 만들었다. 온통 그녀 생각에 포로가 되어서 시를 쓰고 작품을 쓴 것이다. 평론가들은 릴케의 문학 세계를 구분할 때 살로메를 만나기 전과 후로 나눈다.

도대체 살로메가 얼마나 아름답고 매혹적이었으면 사랑의 포로가 되었을까? 그러나 살로메는 몇 년간 릴케와 사랑을 나누다가 다시 떠났다. 릴케는 떠난 이 여자를 얼마나 흠모하고 사랑했던지 살로메를 생각하면서 '사랑의 포로'라는 시를 썼다.

내 눈빛을 가려주십시오. 그래도 당신을 볼 수 있습니다.
내 귀를 막아주십시오. 그래도 당신의 말을 들을 수 있습니다.
걷지 않아도 당신께 갈 수 있고 입 없이도 당신께 약속할 수 있습니다.
내 팔을 당신의 손으로 꺾어주십시오.
그래도 내 가슴으로 당신을 잡을 수 있습니다.
내 심장을 도려내 주십시오. 그래도 뇌는 고동 칠 것입니다.
당신이 뇌 속에 불을 던져주신다면 내 핏속으로 당신을 실어 나를 것입니다.

얼마나 그녀를 사랑하고 흠모했으면 이런 포로의 시를 썼겠는가? 릴케는 살로메에게 완전히 포로당하고 체포당하고 묶이고 매인 사람이었다. 릴케는 사랑을 얻지 못했지만, 그녀를 통해 위대한 시를 얻었다. 평생 그는 그녀로 인해 창조적 직관에 불을 지르게 됐던 셈이었다. 이처럼 인간은 어쩔 수 없이 누군가와 사랑을 나누고 관계를 맺어야 하는 존재이다. 그러면 누구하고 관계를 하고 융합을 하는가? 동친 그룹, 협력 가족 등 서로 통하는 사람들끼리 연결 사회를 이룬다.

극단적 개인주의(핵개인의 시대)에 대응하는 거룩한 부족 교회

그런 의미에서 프랑스 사회학자 미셸 마페졸리는 저서 《부족의 시대》에서 신부족사회의 출현을 예고했다. 핵심은 인류가 한동안 개인주의를 추구하다가 다시 부족공동체로 돌아간다는 것이다. 세계 최고의 마케팅 전략가로 꼽히는 세스 고딘 역시 《트라이브즈》(Tribes)에서 새로운 부족사회가 올 것이라고 예견했다. 즉 온라인 비대면문화가 확대되면서 혈족이나 지역이 아닌 개인의 취향이나 사상, 혹은 어떤 제품을 중심으로 해서 새로운 커뮤니티가 이뤄진다는 것이다.

사람들이 전통, 제도, 조직을 탈피해 호감이 가는 사상이나 제품을 중심으로 모인다. 그래서 전통적이고 제도적인 것만을 고집하는 조직이나 공동체는 무너질 수밖에 없다. 그래서 많은 사회학자들이 아무리 핵개인 시대가 온다 하더라도 부족사회가 올 것이라고 예견한 것이다. 나 역시 동의한다. 그리고 코로나 때 증명을 했다. 그러므로 한국교회는 성도들의 핵신앙이 예수 그리스도 안에서 융합을 이루어 영적, 역설적 공동체, 즉 '거룩한 부족 교회'(Holy tribe church)를 이룰 수 있도록 해야 한다.

부족사회의 특징이 무엇인가? 족장을 중심으로 한 강력한 결속력이다. 그래서 거기엔 강력한 결속력을 이루기 위해 골수 팬덤이나 프로슈머(생산적 소비자)가 생겨난다. 프로슈머는 1980년 앨빈 토플러가 《제3의 물결》에서 최초로 사용한 말로 생산자(producer)와 소비자(consumer)가 결합되어 만들어진 말이다.

나심 탈레브에 의하면 2%, 국내 통계학자 김범진 교수에 의하면 3.5%의 사람들이 골수 팬덤, 프로슈머가 되어 제품을 홍보해주고 팔아주면서 확장성을 갖는다는 것이다. 즉 파레토의 법칙을 초월해서 그 2%의 골수 팬덤이 20%를 이끌어가고 20%가 또 다시 전체 절대다수를 이끌어간다는 것이다.

실례로 마켓컬리의 회원이 수도권에서만 560만 명인데, 최근에는 580만 명이라는 말도 있다. 그 안에 20만 명이 충성 고객, 골수 팬덤이 되어서 스스로 스토리를 만들어주고 홍보하고 마케팅을 해 준다는 것이다. 그러므로 영적 역설적 부족공동체를 이루기 위해서는 핵신앙이 융합된 거룩한 부족공동체를 이루어야 한다.

애니메이션 영화 '엘리멘탈'은 어린아이뿐 아니라 장년에게도 인기를 얻으며 흥행 돌풍을 일으켰다. 불과 물, 공기, 흙 등 4원소가 사는 엘리멘트 시티에서 불인 '앰버'와 물인 '웨이드'가 만나 특별한 사랑을 나누고 융합하는 과정을 담았다. 생각해 보라. 물과 불이 어떻게 융합을 이룰 수 있겠는가. 물과 불은 상극이다. 불은 물을 끓게 하고 또 아무리 타오르는 불도 물을 부으면 사그라들게 돼 있다. 물과 불은 절대로 하나가 되려야 될 수가 없다. 절대로 융합할 수 없다.

그런데 영화에서 앰버는 우연히 웨이드를 만난다. 그들은 결코 만나서도 안 되고 하나가 될 수도 없는 존재다. 하지만 웨이드는 앰버를 진심으로 사랑하고 꿈을 응원한다. 그러면서 상극인 두 존재가 마음의 문을 열기 시작한다. 그리고 둘은 "우리가 하나 될 수 없는 이유는 백만 가지지만 나는 널 사랑해"라고 말하며 서로의 손을 붙잡는다.

마침내 불과 물이 만날 때 무지개를 만들어낸다. 그리고 둘은 동시에 불의 세계 언어인 '디숙'을 외친다. "영원한 불꽃은 없으니 빛날 때 만끽하라." 모두가 불가능하다고 했지만 앰버와 웨이드는 융합의 사랑을 이루며 새로운 꿈을 향해 떠난다. 엘리멘트 시티는 서로 다른 4원소를 의인화해 다르다는 이유로 다투고 싸우고 분쟁하는 우리 세대를 향해 경종을 울린다.

나도 글을 쓰는 사람이지만 어떻게 이런 상상력을 발휘해 영화를 만들 수 있었을까. 어떻게 불과 물이 만나 무지갯빛 사랑을 이룰 수 있을까, 감탄했다. 그러면서 동시에 이런 생각을 해 봤다. '한국교회도 엘리멘트 처치를 이룰 수는 없을까' 하고 말이다.

　앞으로 미래 사회는 극단적 개인주의로 간다. 소위 말하면 초개인주의 내지는 핵인간으로 간다. 그럼에도 불구하고 자기들끼리 맞는 사람, 그러니까 혈력 가족, 동친 그룹끼리 부족을 이룬다. 목회자가 이 부분을 잘 이해하고 대처해야 한다. 어떻게든지 성도와 성도들끼리 관계를 맺도록 해야 한다. 핵폭탄은 파멸의 연쇄 작용을 거듭하지만 예수 그리스도 안에서 핵크리스천의 연합은 부흥의 연쇄 작용을 일으키기 때문이다.

　우리 교회는 코로나 기간에 다양한 창의적 연결 사역을 하였다. 온오프라인 성경공부 및 세족식과 파송식, 화상줌 사명자 교육과 애간장 기도회, 원데이클래스를 진행하였다. 원데이클래스는 다양한 달란트를 가진 성도들을 강사로 초청하여 소그룹 클래스를 열어서 연결하였다. 쿠킹, 플라워, 수채화 그림엽서 제작, 손뜨개, 캘리그라피, 독서논술 세미나, 대학 탐방, 스포츠 교실 등을 하였다.

　또한 자.만.추(자연스러운 만남 추구), 빵지순례(맛있는 베이커리 카페 투어)를 하였고, 신실한 독서모임, 행복 음악회, 힐링 야유회를 통해서 서로 관계를 맺도록 하였다.(이에 대한 자세한 내용은 저자의 책《포스트 엔데믹 교회 세움 프로세스》를 참고하기 바란다)

어쨌든 앞으로는 1대1 케어뿐만 아니라 핵개인이 핵신앙을 갖게 해야 한다. 쪼개기를 해야 한다. 그러니까 옛날에는 찬양대만 봉사하고 식당만 봉사했는데, 봉사도 나누어서 쪼개고 쪼개고 쪼개기 봉사를 하는 것이다. 헌금도 쪼개기를 하는 것이다. 그리고 그 쪼개기를 잘하는 사람들과의 관계를 서로 연결시켜야 한다. 그렇게 해서 핵인간, 핵신앙이 모여서 역설적 영적, 부족 공동체를 이루도록 하는 것이다. 앞으로 이것을 잘해야 교회가 살아날 수 있고 세워질 수 있다.

그래서 교회의 품격(dignity)을 끌어올려야 한다. 교회의 존엄성과 권위는 외부에서 오는 것이 아니라 내부에 있다. 교단주의, 개교주의, 개인주의화되어가는 맥락에서도 사람들에게 인정과 신뢰를 받고 칭송받는 교회가 되려면 교회의 교회됨을 회복해야 한다.

7) 성령께서 핵분열을 핵융합으로 역사하도록 간절함을 가지고 기도하고 맡겨야 한다

목회자가 아무리 청중을 압도하는 효과수반발화행위의 설교를 하고 카리스마 리더십을 발휘한다 하더라도 사각지대가 있다. 또 아무리 1대1 맞춤형 케어 목회를 한다 하더라도 사각지대가 있을 수 있다. 조직 행동이론에 의하면 5% 내외는 항상 부정적 반응을 일으키거나 관성 안에 머물 수 있다고 한다. 한마디로 은혜의 사각지대가 있을 수 있다는 말이다. 그러므로 이것은 성령께서 역사해 주셔야 한다. 성령께서 핵개인들이 핵융합이 되게 역사하도록 기도해야 한다.

> 고전 12:13 우리가 유대인이나 헬라인이나 종이나 자유인이나 다 한 성령으로 세례를 받아 한 몸이 되었고 또 다 한 성령을 마시게 하셨느니라

영화 '오펜하이머'를 보면, 분명히 이론상으로는 핵폭탄이 터지게 되어 있다. 그런데 이론과 실제가 다를 수가 있지 않은가. 그래서 오펜하이머는 아인슈타인에게 찾아가서 자문을 받고 그리고 마지막 핵폭탄이 터지는 순간까지 얼마나 초조하고 얼마나 불안해하는지 모른다. 불안의 과정을 이기지 못하니까 정서적 불안을 다른 여자와 성적 관계로 푸는데 그 여자는 나중에 자살해 죽고 만다.

그 때문에 얼마나 괴로워하는지 모른다. 또 실험을 하는 마지막 순간에는 더 긴장해 가지고 견딜 수가 없는 것이다. 왜냐면 이론과 실제가 다를 수가 있기 때문이다. 그런데 결국 핵을 쪼개고 쪼개고 쪼개서 핵폭탄을 만든다. 실제로 핵폭탄이 성공한 것이다. 그런데 핵 실험이 끝나자 오펜하이머는 또 다른 걱정을 한다. 그전에는 핵 실험이 성공이 될까, 안 될까에 대해서 정서적 불안을 느꼈지만 이제는 또 다른 불안을 느낀다. 그것은 바로 파멸의 연쇄 작용이다.

영화에서는 그렇지만, 우리는 쪼개고 분열하고 나눠지는 핵이 아니라 융합하고 연합하고 하나 되는 핵신앙을 만들어가야 한다. 그럴 때 우리는 파멸의 연쇄 작용이 아니라 부흥의 연쇄 작용, 성령의 연쇄 작용이 일어나게 될 것이다. 우리가 아무리 노력하고 옥시토신 하트가 아니라 사즉생의 각오로 해도 내 영역 안에 안 들어오는 사람이 있을 수 있다. 또 인간의 힘으로 안 되는 경우가 있다. 이럴 때는 성령님께 맡겨야 한다. 그래서 우리는 성령의 은혜를 사모하기 위한 간절한 욕구와 열망을 가져야 한다. 부흥은 하나님의 절대주권에 달려 있지만 우리 편에서는 간절함과 사모함이 필수 요건이다. 그런 간절함이 있을 때 그리스도 안에서 핵분열도 가능하고 융합도 그리스도 안에서 오직 성령의 역사로만 이루어질 수 있다.

핵분열을 하는 핵 개인은 하나의 모래알과 같다. 그러나 모래알 하나하나가 모여서 은빛 사막을 이룬다. 그 은빛 사막의 모래알들이 뭉치려면 거기에 물을 붓고 시멘트를 부어야 한다. 그럴 때 콘크리트가 된다. 그 콘크리트가 철근과 만날 때 엄청난 결합의 힘을 보여주는 것이다.

그러므로 우리 교회를 성령이 핸들링하셔야 한다. 성령이 임재하셔야 한다. 성령이 운행하셔야 한다. 이를 위해서 목회자가 간절한 마음으로 기도해야 한다. 성령께서 마침내 콘크리트가 되시고 철근이 되어서 핵개인을 핵융합으로 만들어 주시고 마침내 핵크리스천들이 모여서 핵처치를 이루게 해 주신다.

핵개인의 시대가 오는 것은 옳고 그름의 문제가 아니다. 또 선과 악의 문제도 아니다. 우리가 거부한다고 오지 않는 것도 아니다. 어쩔 수 없이 받아들여야 한다. 그런데 그냥 받아들이는 게 아니라 대책을 세워야 한다. 여름 장마철에 비가 오면 기분이 나쁘다. 기분이 나빠도 비 오는 걸 어떡하겠는가? 받아들여야 한다. 그렇다고 집에만 있는가? 나가서 일을 해야 한다. 우비를 입고 나가든지 우산을 쓰고 나가든지 해야 한다. 그리고 쓸데없이 개천가에서 캠핑하지 말아야 한다. 그리고 대안을 세워야 한다. 장마철에는 이렇게 하고 저렇게 하고 대책을 세워야 한다.

마찬가지이다. 핵개인의 시대가 온다면 우리는 긍정적인 의미에서 핵크리스천을 만들어내고 그 핵크리스천들이 예수 그리스도 안에서 성령으로 서로 융합하고 협력 가족을 이루며 동친 그룹을 이루어 위대한 핵처치를 만드는 것이다. 그러면 교회 내적 부흥만 이루어지는 게 아니라 지역사회를 변화시킬 수 있다. 그리고 한국교회가 핵처치가 되면 한국 사회를 변화시킬 수 있다. 시대와 사회를 이끌어갈 수 있다.

5. _____

핵처치를 세운 현장 이야기
- 새에덴교회를 중심으로

5.
핵처치를 세운 현장 이야기
- 새에덴교회를 중심으로

1) 먼저 담임목사가 교역자와 함께 위기의식을 조장하며 성령의 은혜를 갈망한다

나에게는 강박 의식이 있다. 거의 강박증 환자에 가깝다. 하루라도 책을 보지 않고 무언가 새로운 것을 습득하지 않으면 살 수가 없다. 항상 새로운 언어와 콘텐츠를 찾고 설교도 새롭게 하려고 한다. 중복되는 내용이 하나도 없다고 말할 수는 없지만, 항상 새로운 주제로 설교를 하려고 노력한다.

그것은 나에게 어떻게든지 교회와 성도들을 성장시키고 살려야 한다는 눌림이 있기 때문이다. 그래서 나 스스로 위기의식을 조장하고 느낀다. 나도 모르는 사이에 나의 목회와 설교가 정형화되고 화석화되어 가고 있지는 않는가, 항상 질문하고 점검한다.

그래서 나부터가 먼저 성령의 은혜를 갈망한다. 새로운 성령의 임재와 운행하심을 사모한다. 바로 이런 간절함을 가지고 12월 초와 7월 초에는 3박 4일 동안 부교역자들과 함께 워크숍을 하면서 밤에는 성령 대망회를 갖는다. 이때 나를 비롯해서 모든 교역자들이 성령의 은혜를 갈망하며 몸과 마음이 새롭게 갱신됨을 경험한다. 연말뿐만 아니라 봄과 가을에도 1박 2일로 워크숍을 하면서 교회 모든 기관을 진단하고 점검한다. 그때마다 부르며 고백하는 노래가 있다. 바로 내가 작사하고 김석균 선교사님이 작사한 '나는 주님 없이는 살 수가 없습니다'라는 노래다.

♪ 나는 주님 없이는 살 수가 없습니다 / 주님이 도와주셔야 합니다
주님 없이도 잘 사는 것은 오히려 나를 망하게 합니다
나는 주님 없이는 살 수가 없습니다 / 주님이 도와주셔야 합니다
주님 한 분만으로 나는 만족합니다 / 주님만 있으면 됩니다
주님 없는 기쁨은 오히려 나를 심판의 길로 인도합니다
주님 없이는 살 수가 없습니다 / 주님이 도와주셔야 합니다

나는 주님 없이는 숨 쉴 수 없습니다 / 주님이 사랑해 주셔야 합니다
주님 없이도 잘 사는 것은 오히려 나를 숨 막히게 합니다
나는 주님 없이는 숨 쉴 수 없습니다 / 주님이 사랑해 주셔야 합니다
주님 한 분만으로 나는 만족합니다 / 주님만 있으면 됩니다

> 주님 없는 평화는 오히려 나를 실패의 길로 넘어뜨립니다.
>
> 주님 없이는 숨 쉴 수 없습니다 / 주님이 사랑해 주셔야 합니다

이 노래를 부르면서 나부터도 통탄한다. 그냥 눈물이 범벅을 이룬다. 그리고 이렇게 고백한다.

"주님, 아무리 교인이 수만 명 모이고 재정이 수백억이 있어도 주님이 떠나가시면 우리는 허수아비입니다. 단 한순간도 주님 없이는 살 수가 없습니다. 주님이 도와주셔야 합니다. 오직 주님 한 분만으로 만족합니다."

이런 고백의 노래를 부르며 담임목사인 나부터 눈물을 흘리고 온 교역자가 눈물바다를 이룬다. 이 뜨거운 마음이 평신도 지도자로 연결되고 성도들에게도 전달된다.

또한 명절이나 연휴 때에는 혼자 혹은 교인들과 함께 연구 여행을 떠난다. 스코틀랜드 언약도, 영국 대영박물관 고고학, 미국교회 대각성운동과 부흥사, 하버드대학교 박물관, 동로마제국 멸망사 연구를 위한 튀르키예 방문, 러시아정교회 분열사와 쇠락 연구를 위한 모스크바와 상트페테르부르크 방문, 북유럽 교회들의 목회 생태계 파괴와 소멸 과정 연구를 위한 핀란드, 노르웨이, 스웨덴, 덴마크 방문, 아프리카 르완다 제노사이드 박물관 방문 등 다양한 나라의 역사와 문화를 연구한다.

미래 사회의 변화를 대비하려면 먼저 통념의 파괴부터 해야 하

기 때문이다. 통념의 파괴를 하려면 역사와 문화를 알아야 한다. 과거에는 리더가 티칭(teaching)과 러닝(learning)을 잘하면 됐다. 그러나 지금은 남이 보지 못하는 것을 보고 개척하는 파이어니어링(pioneering) 마인드가 있어야 한다. 그래서 늘 현재에 안주하지 않고 스스로 긴장감과 위기의식을 가지려고 노력한다.

2) 변함없는 진리와 복음의 가치를 지킨다

나는 보수주의 신학과 칼빈의 개혁신학을 공부한 사람이다. 그래서 신학적 퓨리티(purity)를 지키려고 노력한다. 다른 건 타협하고 양보할 수 있지만 신학의 순수성을 지키는 것은 양보하지 못한다. 부교육자들이 설교할 때도 어떤 형태로 하든지 상관없다. 그러나 신학적 변질과 종교 다원주의적 설교를 하면 가차없이 질타한다. 이것은 바로 뉴트로 처치의 첫 번째 요소이기 때문이다. 그렇다고 해서 보수적인 꼰대가 되라는 말은 결코 아니다.

그러나 문화적 보수와 신학적 보수를 구별해야 된다. 나는 신학적 보수는 생명을 걸고 지키되 문화적 보수는 얼마든지 양보하고 받아들일 수 있다고 본다. 왜냐하면 자칫 나도 모르게 제도적 보수, 형식적 보수, 문화적 보수에 집착하는 경우가 있기 때문이다. 그래서 설교도 예배도 시대 흐름과 변화를 간과하는 우를 범할 때가 있다. 개혁신학은 하나님의 절대주권, 하나님의 예정, 하나님의 절대은혜를 강조하고 끊임없이 성경을 향하여 가고 성경으로 개혁을 하는 것이다.

　문화적 보수에 갇히게 되면 제도가 화석화되어가고 설교도 바르게만 하려고 하지 청중을 변화시키고 교회를 꿈틀거리게 하는 힘이 부족하다. 과거에 한동안 교회에서 드럼도 못 치고 기타도 못 치게 한 적이 있다. 이런 모습 역시 신학적 보수가 아니라 문화적 보수에 갇혀서 사회 흐름을 보지 못한 것이다. 청교도가 왜 무너졌는가. 문화적 도전을 외면하고 계속해서 전통과 제도만 고집하다가 사회로부터 고립되어 도태된 것이 아닌가. 언약도도 시대 흐름을 주도하지 못하고 기득권 싸움을 하다가 영향력을 상실한 것이다.

　칼빈도 양면성을 보였다. 교회에서 피아노도 못 치게 했던 완고한 보수주의자였지만 시편 찬송을 할 때는 더 많은 사람들에게 알리기 위하여 당시 프랑스 민요에 가사를 붙여서 불렀다. 이를 쥬네브 시편 찬송이라고 한다. 낙스 같은 경우는 아예 강단에서 내려와서 연기를 하며 연출하는 설교를 했다. 보수는 신학적 보수, 성경적 보수가 되어야 하고, 문화적으로는 때때로 변종이 되기도 해야 한다. 생태계에서도 끊임없이 변종하는 종만이 살아남는다고 하지 않는가.

　앞에서도 언급했듯이, 나는 코로나 기간에 TV조선의 '미스터 트롯' 열풍을 보며 참신한 목회 아이디어와 발상의 전환을 하려고 노력했다. 미스터 트롯은 방송 역사상 예능 프로그램 중 최고의 시청률을 올린 새로운 포맷의 방송이었다. 오죽하면 코로나 위기 속에서도 미스터 트롯을 보는 재미로 세상을 산다는 말이 나올 정도였 겠는가.

우리는 트로트에 아주 익숙하다. 아무리 유명한 트로트 가수가 노래를 불러도 "아, 저 가수, 저 노래" 하며 당연시했다. 그리고 은연 중 트로트는 올드 포맷이 됐고 전형적인 노래로 여겨졌다. 그러나 방송사는 전혀 다른 형태의 트로트, 즉 21세기형 새로운 트로트의 포맷을 구상했다.

이 프로그램을 준비하는 데 50여 명의 인력이 투입됐다고 한다. 그 인력이 프로그램을 설계하는 데 3개월, 참가자를 면접하는 데 3개월이 걸렸다는 것이다. 모두 1만 2000명이 지원해 그중 101명을 선발했다. 선발 기준은 노래도 잘해야 하지만 눈물겨운 사연과 감동 의 이야기가 있는 사람이어야 했다.

그리고 이 101명을 집단 합숙을 시키며 새로운 감성과 이야기를 입혀 노래를 부르도록 훈련을 시켰다. 더 중요한 것은 지상파 방송 이 간과했던 부분을 종편 방송이 황홀한 감동과 전율의 프로그램 으로 제작해낸 것이다. 얼마나 철저하게 준비했으면 시청자를 3시간 동안 화장실도 못 가게 할 정도로 사로잡았겠는가. 최종 결선에서 700만 명이 넘게 투표하다 서버가 다운되어버릴 정도였다.

나는 이 이야기를 듣고 "이거다!" 하고 무릎을 쳤다. 하나님을 섬 기는 교회도 변해야 한다. 지금까지 너무 당연하게 드렸던 예배, 당 연하게 했던 설교에도 시대 변화에 맞추어 다양한 컬러를 입혀야 한다. 성경공부나 제자훈련도 개인의 특성에 맞게 리셋하고 새로운 매뉴얼을 선보여야 한다. 그렇지 않다면 코로나 이후에 등장한 핵개인 시대의 위기를 극복할 수 없다.

이처럼 목회 매뉴얼이나 설교의 전달 방법에는 여러 차이가 있다고 본다. 그러므로 우리도 시대 흐름에 민감하게 반응하며 문화적으로는 열린 마음을 가지되 신학적 순수성과 정통성을 지켜야 한다. 끝까지 변함없는 성경의 진리와 복음의 가치를 지켜야 한다.

3) 목회자와 교역자들이 옥시토신 하트를 가지고 생명력에 승부를 건다

목회를 하다보면 세워놓은 직분자 때문에 애를 먹는 경우가 있다. 초신자 때문이 아니라 기존 직분자 때문에 목회자가 쓸모없는 소모전을 해야 할 때가 있다. 이것은 평신도뿐만 아니라 부교역자도 마찬가지다. 교회 생활이나 부교역자 사역을 오래 하다 보면 자기도 모르게 관성에 젖어서 형식적 사역을 할 때가 있다. 가슴이 차가워지고 신앙생활의 감격이나 사역의 진정성이 사라져버린다.

그래서 교역자 수련회 때마다 담임목사인 나부터 먼저 펑펑 울면서 회개하고 처음 사랑을 회복하기 위해 몸부림친다. 우리에게 옥시토신 하트가 없으면 그냥 껍데기만 남은 직업적 사역자가 될 뿐이다. 직업의식과 프로의식은 다르다. 진짜 프로는 옥시토신 하트를 가져야 한다. 어떤 상황이나 환경에서도 생명나무를 선택하면서 교회를 살리고 성도를 살리는 일꾼이 되어야 한다.

우리는 육신의 생명을 제1의 생명으로 여긴다면, 사명을 제2의 생명으로 여겨야 한다. 그런데 제2의 생명인 사명을 육신의 생명보다 더 귀한 것으로 여겨야 한다. 오히려 육신의 생명이 존재하는 목적은 제2의 생명, 곧 사명 때문이라고 생각해야 한다. 그래서 사도 바울은 사명을 위해서는 목숨을 조금도 귀한 것으로 여기지 않는다고 했지 않는가.

> 행 20:24 내가 달려갈 길과 주 예수께 받은 사명 곧 하나님의 은혜의 복음을 증언하는 일을 마치려 함에는 나의 생명조차 조금도 귀한 것으로 여기지 아니하노라

그래서 그는 사명 때문에 예루살렘을 향하여 갔다. 많은 사람이 가지 말라고 만류했다. 두로에서 제자들이 성령의 감동으로 예루살렘에 가지 말라는 것이다.

> 행 21:3-4 구브로를 바라보고 이를 왼편에 두고 수리아로 항해하여 두로에서 상륙하니 거기서 배의 짐을 풀려 함이러라 제자들을 찾아 거기서 이레를 머물더니 그 제자들이 성령의 감동으로 바울더러 예루살렘에 들어가지 말라 하더라

여기서 성령의 감동은 미래적 영감을 받은 감동을 말한다. 바울이 예루살렘에 가면 정말 체포를 당해서 죽음의 길로 간다는 것을 그들은 성령의 감동으로 알았다. 그러니까 인간적으로 말릴 수밖에 없었고, 예루살렘에 가지 말라고 붙잡은 것이다. 그리고 이제 두로를 떠나서 가이사랴에 이르러서 빌립 집사의 집으로 갔는데 딸 넷이 있는데 처녀로 예언하는 자들이었다. 이 여자들도 예루살렘에 가지 말라고 붙잡는 것이다.

그러자 아가보라고 하는 선지자가 와서 바울의 띠를 가져다가 자기 수족을 잡아매고 말하기를 "바울이 예루살렘에 가면 유대인들이 바울을 이같이 결박하여 이방인의 손에 넘겨주리라"고 예언을 한다. 그러자 그곳 사람들이 다 바울에게 예루살렘에 가지 말라고 만류한다.

> 행 21:7-12 두로를 떠나 항해를 다 마치고 돌레마이에 이르러 형제들에게 안부를 묻고 그들과 함께 하루를 있다가 이튿날 떠나 가이사랴에 이르러 일곱 집사 중 하나인 전도자 빌립의 집에 들어가서 머무르니라 그에게 딸 넷이 있으니 처녀로 예언하는 자라 여러 날 머물러 있더니 아가보라 하는 한 선지자가 유대로부터 내려와 우리에게 와서 바울의 띠를 가져다가 자기 수족을 잡아매고 말하기를 성령이 말씀하시되 예루살렘에서 유대인들이 이같이 이 띠 임자를 결박하여 이방인의 손에 넘겨 주리라 하거늘 우리가 그 말을 듣

고 그 곳 사람들과 더불어 바울에게 예루살렘으로 올라가지 말라 권하니

그때 바울이 뭐라고 말하는가? "여러분이 어찌하여 울어 내 마음을 상하게 합니까? 나는 주 예수님을 위하여 결박을 당할 뿐 아니라 예루살렘에서 죽을 것도 각오하였습니다." 그러자 제자들이 "주의 뜻대로 이루어지이다" 하면서 바울을 말리지 못했다.

> 행 21:13-14 바울이 대답하되 여러분이 어찌하여 울어 내 마음을 상하게 하느냐 나는 주 예수의 이름을 위하여 결박 당할 뿐 아니라 예루살렘에서 죽을 것도 각오하였노라 하니 그가 권함을 받지 아니하므로 우리가 주의 뜻대로 이루어지이다 하고 그쳤노라

제자들과 아가보 선지자가 만류하면 할수록, 바울의 마음은 더 옥시토신 하트로 뜨거워졌다. 그의 마음이 더 굳세어지고 강하고 담대해졌다. 그러면 그럴수록 오매불망 예루살렘에 가려고 하는 마음이 더 굳어지고 그 결심이 더 강해졌다.

"여러분, 어찌하여 울며 내 마음을 상하게 합니까? 나를 붙잡지 마세요. 그래도 나는 갈 것입니다. 그래도 나는 갑니다. 나는 주 예수 그리스도를 믿는 이름으로 결박 받을 뿐만 아니라, 예루살렘에서 이미 죽을 것도 각오했습니다! 그러니 반드시 예루살렘에 갈 것입니

다. 그것이 저의 사명이고 비전이고 생명이기에 반드시 그 길을 갈 것입니다!"

그래서 바울은 끝까지 예루살렘에 가겠다고 고백을 하고 결단했다. 그의 가슴에는 하나님과 교회를 향한 옥시토신 하트가 있었기 때문이다. 그 뜨거운 심장으로 생명력에 승부를 걸었기 때문에 다음에 있을 일을 걱정하지도, 염려하지도 않았다. 자기가 어떻게 되든, 자기가 죽든 말든 그게 중요한 것이 아니라 오직 자신에게 주신 사명의 목적이 이루어지기를 원했다.

우리는 어떤 가슴으로 사역을 하고 있는가. 타성에 젖어서 사역하고 있는가. 양들을 돌보고 섬기는 일꾼이 아니라 나도 모르게 오히려 군림하고 넘어뜨리는 삯꾼이 되어 버리지는 않았는가. 고대 근동에서 목자들이 양을 목축할 때 푸른 초장과 쉴 만한 물가만 있는 것이 아니었다. 때로는 광야에서 하루 종일 풀만 뜯기기도 하였다. 그러면 목자들이 물통에다 물을 길어다주어야 한다. 삯꾼 목자들은 적당히 물을 기르지만 선한 목자는 땀을 뻘뻘 흘리며 물을 길러야 한다. 담임목사와 교역자가 먼저 옥시토신 하트를 가지고 생명력에 승부를 걸어야 한다. 한국교회는 징고이즘(jingoism)을 탈피해 유기적 공동체로 그리스도의 몸인 교회를 회복해야 한다.

4) 교회 각 기관이 1인 1 맞춤형 케어 사역을 한다

나는 비교적 강력한 카리스마 은사가 있는 사람이다. 그런데 어느 지역과 관련된 행사를 추진하다 어느 교구에서 아주 미묘한 트러블이 있는 것을 알게 되었다. 사실 지금까지 어려운 농촌 지역 경제와 교회를 돕기 위한 장터도 열고 후원 행사도 많이 하였다. 그런데 그 행사에 대해 약간의 의문을 품는 사람이 있다는 것을 알고 즉각 중지를 시켰다. 물론 사람이 모인 곳인데 어찌 100% 다 동의하고 따라오겠는가.

수만 명의 성도들 가운데 몇 사람이 다른 의견을 가질 수도 있다. 그래서 그냥 무시하고 지나갈 수도 있다. 그러나 이것은 본질적인 문제가 아니기 때문에 교역자 회의를 소집해서 행사를 중단하라고 선포를 해버렸다. 그랬더니 거기에 속한 교구들이 와서 "목사님, 정말 잘못했습니다. 잠시 착각을 했습니다. 절대로 그런 것이 아닙니다" 하고 사과를 하는 것이다. 그래도 그 행사는 교회에서 하지 않고 조용하게 진행했다.

이처럼 소수이지만 개인의 어떤 욕구나 갈망을 들어주는 것에 대해서 오히려 감동하는 모습을 보았다. 대형교회도 어쨌든 할 수 있으면 1대 1 맞춤형 목회 케어가 필요하다. 설교도 1대 1로 듣는 것처럼 설교를 전해야 한다. 일방적이고 획일적 설교를 하면 소통과 참여를 하지 않는다. 그리고 크리스천들에게는 옥시토신 호르몬이나 인간의 정신과 마음과 몸을 주관하시는 하나님을 신뢰하고 의지할 때 하나님의 사랑과 긍휼하심이 베풀어져 사람을 돕고 배려하고 공감하는 마음으로 충만해지는 핵파워처치가 될 것이다.

(1) 1:1 맞춤형 설교

나는 최소한 설교의 아웃라인은 8주치를 준비하고 충실한 원고는 2주치를 미리 준비한다. 그러면서 원고를 보고 또 보며 원고하고 나하고 눈 맞춤을 한다. 그리고 교구 교역자들이나 평신도 리더들에게 현장 상황을 보고받으면서 원고를 고치고 또 고친다. 그리고 나서 이제는 원고에서 눈을 떼는 작업을 한다. 그냥 원고만 보는 게 아니라 음독을 한다. 개척교회 때는 문을 잠가놓고 강단에서 설교 리허설을 했던 사람이다. 지금은 그렇게까지는 못해도 음독을 수없이 반복한다.

그러면서 설교 내용이 성도들에게 나를 위해서 하는 것처럼, 그리고 나에게만 하는 설교처럼 느끼게 만든다. 그러려면 설교자는 원고에서 눈을 떼고 성도들과 1:1 눈맞춤을 해야 한다. 우리 교회 같은 경우는 예배당에 수천 명이 앉아 있지만 아이 콘택트를 한다. 아이 콘택트를 하려면 좌우를 봐야 되고 가운데를 봐야 되고 또 2층도 봐야 되고 준2층, 준3층도 봐야 한다. 아이 콘택트가 이루어질 때 하트 콘택트가 이루어진다.

그래서 설교학자 조엘 비키는 "진정한 설교는 마음에서 마음으로 전달된다"고 하였다. 어떻게 회중석에 앉아 있는 4~5천 명의 모든 사람들과 눈을 마주칠 수 있겠는가. 그런데 내가 그들과 1:1의 눈맞춤을 하려고 진심을 보이며 설교할 때 성도들과 눈이 마주치면 눈동자들이 마치 별처럼 반짝이게 보인다. 또 어떨 때는 하얀 눈송이처럼 보일 때도 있다. 그러니까 눈과 눈이 마주치면서 때로는 웃기도 하고 때로는 울기도 하며 은혜의 바다에 잠기게 된다.

하물며 작은 교회이겠는가? 중소형 교회는 설교자가 원고로부터 눈을 떼는 작업부터 해야 한다. 그리고 1:1 맞춤형 설교를 준비한다고 생각해야 한다. 그렇다고 누구를 겨냥해서 치고, 누구 들으라는 설교를 하라는 말이 아니다. 그 설교를 듣고 마음에 찔림을 받고 나에게 하는 말처럼 들려줘야 한다. 그러기 위해서는 먼저 원고가 충실해야 되고 눈과 눈이 마주쳐야 되고 가슴과 가슴이 마주쳐야 한다.

(2) 1:1 맞춤형 전도

새에덴교회도 코로나 이전과 이후를 나누어 보았을 때 많이 회복되었다고 하지만, 아무리 봐도 5%는 잃었다고 볼 수 있다. OTT 크리스천이 되어서 유튜브로 예배를 드리든지 온라인에서 활동하지 현장예배에 나오지 않고 있다. 그래서 전도 역시 1:1 맞춤형 전도 매뉴얼과 프로그램을 개발하였다. 새에덴전도단(이영희 전도사)은 코로나 극복을 위해 온·오프라인이 융합된 하이브리드 전도를 시작하였다.

매주 화, 목요일에 진행되는 각 교구의 전도 모임은 대면과 비대면(온라인줌/라이브톡 이용)을 병행하여 전도의 동력을 불어넣었고, 매월 1회 줌/현장 정기모임을 통해 전도교육을 하였다. 또한 전화/단톡방을 통해 교구별로 성공한 전도 사례를 공유하여 각 교구별로 벤치마킹을 할 수 있도록 하였고 전도자들을 끊임없이 위로하고 칭찬하고 공감하면서 1:1 맞춤형 전도자 교육을 하였다.

전도자들은 관계전도 대상자들에게 1:1 맞춤형으로 꾸준한 전화, 전자엽서, 개인 전도 영상, 3분 주일설교 영상 등을 보내며 은혜와 감동을 전달하였다. 우리도 이슬람교처럼 전도하면 얼마나 좋겠는가? 그러나 우리는 그렇지 않다. 무함마드가 처음 꾸란의 계시를 받았다고 했을 때 메카에서 엄청난 핍박을 받았다. 그래서 메디나로 피신을 하였다. 메디나로 피신할 때 초승달이 떴다고 해서 이슬람교의 상징을 초승달의 모습으로 정했다.

메디나로 피신한 무함마드는 많은 포교자들을 얻었다. 그리고 마침내 1만 명의 군사를 거느리고 메카로 간다. 한 손에는 칼을 들고 한 손에는 꾸란을 들고 "너희들이 죽음을 선택할래? 꾸란을 받을래?" 하고 협박하였다. 그래서 죽기 싫어서 메카 사람들이 꾸란을 받게 된 것이다. 이 이야기는 유해석 교수가 쓴 《우리 곁에 다가온 이슬람》이란 책에 나오는 내용이다. 그런 의미에서 이슬람교의 시작은 그 자체부터가 무력으로 시작된 것이다.

그러나 기독교는 결코 그렇지 않다. 사랑과 희생, 은혜의 종교다. 그래서 우리는 힘들고 어려워도 1:1 맞춤형 전도를 해야 한다. 그래서 코로나 이후에도 전도단을 중심으로 매주 온라인 등록 새가족들에게 전화를 통해 현장으로 올 수 있도록 적극 독려하고, 인도자들의 섬김과 관리를 통해 현장 등록이 지속적으로 이루어지고 있다. 온라인전도를 처음 시작했을 때 과연 전도자들이 얼마나 전도할 수 있을지 가늠할 수가 없었다. 그러나 전도의 폭발력은 상상 이상이었다.

새에덴전도단은 해외(미국, 프랑스, 일본, 중국, 폴란드 등)에 있는 지인들도 온라인 등록을 하게 했다. 새에덴전도단의 온라인 전도가 열리면서 잃은 양, 가족, 지인, 국내는 물론 국외에까지 확대되어 시공간을 초월하는 복음을 전할 수 있게 되었고, 일부 국한된 전도자가 아닌 전 교인이 전도자화되었다.

팬데믹이 시작된 2020년부터 지금까지 온라인 SNS 전도의 사역 확장을 위해 영상 콘텐츠 제작이 꾸준히 이루어지고 있다. 매주 화요일마다 담임목사의 주일설교에 해당되는 말씀 또는 시를 선정하여, 연관된 찬양과 함께 전도자들이 사용할 수 있도록 전자엽서를 제작하며, 전도대상자들에게 간절하고 진정성 있는 마음이 담긴 전도영상을 촬영하여 보낼 수 있도록 교육하였다.

또한 온라인 등록한 성도들을 지속적으로 관리하기 위해 온라인 주보 및 주일설교말씀을 3분으로 편집한 '내 인생을 바꾸는 최고의 삼 분'이라는 뜻으로 "내인삼"을 매주 제작하여 목요일마다 공유하고 있다. 또한 유튜브용 상가 홍보영상을 제작하여 새에덴전도단 SEED계정에 공유하여 함께 지역 상가를 홍보하고 이용하고 있다. 유튜브 SEED계정에 탑재되어 이를 보고 지역 상가를 찾아가는 고객들이 늘고 있다. 이 또한 1:1 맞춤형 전도의 한 예라고 할 수 있다.

이렇게 교회에 등록한 지역 상가의 새가족들은 사업장에 교회 주보와 신문, 전도물품을 진열하고, 복음을 전하는 거점교회가 되어 전도의 열매를 맺고 있다. 전도자들이 만난 대상자들에게 영상을 통해서도 전도할 수 있도록 우리가 왜 예수를 믿어야 하는지 남/여/노/소 연령대별로 4영리를 제작하였고, 어린 자녀를 둔 젊은 부부 대상자들을 위해 창작동화/성경동화 등 책 읽어주기 콘텐츠도 제작하였으며, 천로역정, 창의적 전도 독려 영상 등을 단편으로 제작하여 꾸준히 공급하고 있다.

2022년에는 이미지 전도를 통한 전도 전략과 입주 전도 및 애(愛)-티켓 있는 브릿지 전도를 통해 남녀노소 모두를 대상자로 삼아 전도의 새 영토를 확장하기 위해 전도 대상자들의 니즈를 신속히 파악하고 실시간으로 정보를 공유하며 28개 교구와 함께 1:1 맞춤형 전도의 새 길을 개척하고 있다. 교구 전도대의 목표 달성을 위해 우수 교구 실제 전도 사례 및 리더십을 공유하고, 신입 전도자 교육을 강화하고, 전도자 소양 및 유형별 전도 방법을 제시하였다. 4교구가 한 팀을 이루어 런치타임을 진행하며 각 교구의 전도 상황을 나누고 전도단 간사들이 참여하여 전도 전략을 공유하였다.

(3) 1:1 맞춤형 양육

우리 교회의 평신도사역개발원(이경희 전도사)은 교회의 부흥과 함께 평신도를 훈련하는 기관으로 성장해 왔다. 열정적인 전도와 하나님의 은혜로 교회는 계속 부흥되었지만, 다양한 니즈(needs)를 가지고 교회를 찾는 새가족들을 교회에 정착시키고, 한 사람 한 사람을 진정한 예배자요 사명자로 세우기 위해서는 눈높이에 맞춘 일대일 맞춤 교육이 필요하다는 현장의 소리에 귀를 기울여 프라미스 콤플렉스 입당을 앞두고 일대일 양육 케어 시스템을 구축하였다.

일대일 양육 교사를 양성하기 위해 정기모임을 지속적으로 진행하였다. 월요일은 등록한 새가족을 파악하여 관리를 하고 한 주간 양육한 성도의 상황을 교구에 보고하는 사역을 진행하고, 수요일은 양육사례별 나눔을 통해 양육교사교육을 진행하면서 체계적인 시스템으로 자리잡았기에, 팬데믹 기간에도 모든 정기모임과 양육교사교육, 새가족 심방과 양육, 교구총무를 중심으로 한 기존의 교구 관리 사역을 온라인으로 전환하면서 중단하지 않고 이어갈 수 있었다.

새가족 양육은 일대일 시스템이었기에 야외장소나 인원 제한 안에서 카페 등지에서 자연스레 이어갈 수 있었고, 대면이 어려운 성도들에게 1:1 맞춤형 전화심방, ZOOM을 통한 양육을 진행하고 SNS를 통해 예배와 설교 링크를 전달하였다. 이렇게 코로나 기간에도 새가족들의 심방과 양육을 상황에 따라 대면, 전화, ZOOM으로 이어갔다.

코로나 이후에도 달라진 사역현장과 성도들의 연령층과 니즈에 대해 다각도의 고민을 하고 1:1 맞춤형 사역의 다양화를 시도하였다. 각 교구 총무를 중심으로 교구 내 중간리더들이 모여 각 교구의 현장 상황, 연령대, 니즈 등을 고려하여 중간거점이 될 수 있는 소수의 모임을 기획하였다. 말씀의 회복, 공동체 결속력의 회복, 사명의 회복으로 분류될 수 있는 모임을 기획하여 창의적인 명칭을 붙이고 진행을 위한 구체적인 세부 계획을 세워 교구별로 발표하였다.

새가족부도 어렵게 전도된 성도들이 예배의 정착과 회복을 위한 골든타임을 놓치지 않기 위해 새가족 대상으로 예배참석자, 장기결석자 등으로 분류하여 엽서를 제작하여 손편지를 보내 안부를 전했다. 이는 교구로 이어져 장기결석자를 대상으로 손편지와 선물을 전하였다. 새가족의 상황, 연령, 환경, 문제 등에 따라 다르게 접근하고 1:1 맞춤형 양육을 진행한 것이다.

양육의 기본 교육과정인 구원론, 교회론, 로드십, 생명나무, 교회생활의 내용을 새가족의 상황에 맞춤으로 양육하였다. 초신자의 경우, 구원론과 교회론을 중심으로 신앙의 기초를 다져가며 교회생활을 할 수 있도록 공예배와 기도를 양육교사와 함께 하였다. 기신자의 경우, 이전의 신앙생활을 점검하며 상처와 아픔을 함께 기도하며 치유할 수 있도록 양육교사와 새벽 작정기도를 하며 로드십의 하나님과 생명나무 신앙생활을 할 수 있도록 안내한다.

또한 같은 로드십 과정을 진행하더라도 일괄되게 교육하는 것이 아니라 새가족 A, 새가족 B, 새가족 C의 현재의 상황, 문제, 신앙적 성숙도에 맞춰 눈높이 교육과 적용을 진행하였다. 변하지 않은 진리와 가치는 굳건히 붙잡고 한 영혼 한 영혼을 눈높이 맞춤으로 케어하고 기도하여 새가족의 삶 속에서 하나님을 발견하고 로드십을 경험하도록 구체적으로 적용한다. 그래서 사명을 통한 은혜와 축복을 경험하도록 새로운 사명지로의 안내, 그리고 사명자의 정체성을 갖고 세워지고 교회 안에서 신앙공동체의 네트워크를 가지고 정착하기까지 맞춤형 양육은 거룩한 핵분열을 통해 핵처치를 이뤄가게 되었다.

특별히 성도들의 신앙 상태와 생활환경, 연령대 등 맞춤 양육을 세부화, 구체화하였고 청년부에서 장년으로 넘어오는 신혼부부, 아이를 가진 젊은 부부를 위한 양육, 미혼 남녀, 돌싱, 재혼가정 특별양육 등 교회의 사각지대에 놓인 성도들까지도 맞출 수 있는 양육의 다양화 시스템을 구성하였다.

초신자를 위한 화이트라벨 양육, 기신자나 장기결석 후 다시 신앙생활을 시작하는 성도를 위한 옐로우라벨 양육, 새롭게 사명을 감당하거나 오랜 시간 사명을 감당해온 사명자를 위한 블랙라벨 양육,

예비부부나 신혼부부를 위한 핑크라벨 양육, 생애 전환점에 있는 특별한 상황의 성도를 위한 퍼플라벨 양육[뉴어게인(퇴직자, 재혼가정 등)/ 뉴블레싱(군, 유학, 디아스포라 등)/ 뉴브릿지(자녀, 부부, 부모 등 깨어진 관계 연결, 교육부, 상담센터, 메디컬처치 등 기관 연계)]으로 세분화하여 양육을 설계하였다. 전체가 아닌 개인, 일방적 주입이 아닌 소통과 참여, 획일적이 아닌 독특한 개성을 원하는 성도들을 위해 양육 시스템을 이미지화하고 세분화한 것이다.

양육의 다양화

또한 교회에 등록한 새가족 및 기신자들이 알 수 있도록 〈슬기로운 교회 생활〉(새가족 가이드)이라는 브로슈어를 제작하여 새가족뿐 아니라 양육을 통한 신앙의 성장을 원하는 성도 누구나 접할 수 있도록 홍보하였다. 또한 양육을 마친 성도들이 성도의 정체성을 가질 수 있도록 직접 참여하여 양육수료식을 통해 '사랑이 페스티벌', '그별밤'(그대라는 별이 빛나는 밤) 행사를 진행하였다. 이는 핵개인화된 새가족을 유혹하고 참여하는 새로운 형태의 양육수료식이라 할 수 있다.

"그대라는 별이 빛나는 밤"(이하, 그별밤)은 서적 《맨발의 사명자》 개정본을 양육교사와 함께 읽고 가락동, 구미동, 정자동, 죽전동 시대의 역사 속에 새에덴교회 일원으로 새가족들이 주인공이 되어 중심적인 사역들을 재연하는 퍼포먼스를 진행했다. 이를 통해 교회의 개척과 부흥의 역사를 함께 공유하고 그 속에서 기독교적인 세계관과 신앙인의 정체성을 세우고 미래의 역사를 써 내려가는 주인공을 세우는 행사로 진행되었다. 이것은 교회의 이례적인 행사 속에서 공동체의 일원이 아닌 새가족 한 영혼에게 집중하는 행사가 되어 성도가 교회 안에 자신의 자리를 찾아가는 계기가 되는 행사였다. '그별밤'은 핵개인화된 성도가 핵처치로 확장하는 사역이 되었다는 점에서 진정한 의미를 찾을 수 있었다.

그리고 이어 생애 첫 대심방을 받는 새가족을 위한 '내 생애 첫 대심방'을 기획하였다. 매년 전교인을 대상으로 약속의 말씀과 대심방을 받는다. 새가족들이 약속의 말씀을 받고 대심방을 통해 개인과 가정이 하나님과 동행하는 한 해를 살아가는 결단을 하도록 특별한 대심방을 준비한 것이다. 핵개인화된 새가족에 맞춰 심방 장소, 시간 등을 결정하도록 하고 심방 장소를 특별하게 꾸미고 약속의 말씀 액자와 특별한 사진촬영을 하여 신앙의 첫 페이지로 남겨드렸다. 새가족 한 명을 통해 가족이 함께 심방을 받으며 감격스러워하였고 교회에 더 깊숙이 정착하고 믿지 않는 지인들을 전도하고 심방을 권면하는 세포분열을 일으키는 성도로 성장하였다.

많은 교회들이 성도가 왔다가 떠나가는지도 모르는 경우가 많아 자신의 편리나 애호에 따라 여러 교회를 다녀봤음을 새가족이 고백하였다. 그러나 우리 교회의 일대일 맞춤 양육과 케어를 통해 신앙의 유목민 생활을 마치고 정착신앙인이 되었다고 하였다. 프라미스 콤플렉스 입당 전부터 시작되어 발전해온 일대일 양육프로그램은 홀리트라이브(거룩한 부족공동체)를 이루는 큰 역량을 발휘했고 핵개인 시대를 맞아 핵크리스천을 세우는 열매를 맺을 수 있었다.

새순이 나르샤와 부활절연합예배

우리 교회는 매주 수요 오전예배 후 생명 순장 교육을 진행한다. 생명순예배를 진행할 수 있도록 말씀과 은혜를 나누는 것을 기본으로 교회와 담임목사의 사역을 평신도 리더인 생명 순장과 공유하는 시간이다. 팬데믹으로 생명 순장의 대면교육을 진행하지 못했다. 그래서 팬데믹 후, 생명 순장 교육을 시작하면서 '새순이 나르샤'를 기획했다. 전 교구 생명 순장을 그룹으로 나눠 한 주간 오전/오후 타임을 나누어 만남과 교제의 시간을 가진 것이다.

팬데믹 기간에도 흩어져 생명 순장의 케어 사역을 이어왔던 리더들을 위로하고 편안하게 담소를 나눌 수 있도록 카페 분위기로 특별하게 준비해서 담임목사와 소통할 수 있도록 하였다. 이를 통해 한 사람 한 사람 핵개인을 인정하고 핵크리스천 리더로 다시 세우는 시간이었다.

또한 부활절 주일예배를 은혜롭게 드린 후 저녁예배는 특별한 퍼포먼스를 포함한 새로운 예배를 기획하였다. "함께 부활을 그리다, 찬양하다"라는 주제를 가지고 주일 저녁 본당을 꽉 채운 모든 성도들과 성가대가 하나를 이루어 '죽임 당하신 어린 양'과 '할렐루야'를 찬양하였다. 이날은 모든 성도들이 하얀색 상의를 입고 와서 하나를 이루었다. 생각해 보라. 주일 밤 예배를 꽉 채운 흰옷 입은 천사들이 모두 성가대가 되어 찬양을 하는 그 기쁨과 감격이 얼마나 컸겠는가.

특별히 전 교구와 기관을 대표하는 한 사람 한 사람이 그림 스티커로 그림 조각판을 완성하고 소속된 모든 기관이 조각판을 들고 입장하여 하나의 그림을 완성하는 모습을 통해 팬데믹을 함께 헤쳐나오며 신앙공동체를 지켜온 거룩한 부족공동체로서의 감동을 함께하는 벅찬 예배가 되었다. 이는 핵개인화된 시대에 부활의 신앙으로 핵처치를 이루는 예배의 현장이었다. 바로 이것은 평신도양육개발원에서 기획하여 교구와 기관과 함께 진행한 것이다.

(4) 1:1 맞춤형 메디컬처치 사역

나는 코로나 팬데믹 때 한국교회 최초로 메디컬처치를 세웠다.

특별히 메디컬처치 이재훈 의료목사님은 코로나 위기 속에서 하나님이 나와 우리 교회에 보내주신 선물과 같았다. 이재훈 의료목사님은 현직 의사이자 연세다건내과를 운영하는 병원장으로서 무보수로 메디컬처치를 이끌며 코로나 방역의 최전선에서 헌신했고, 철저한 방역 시스템을 통해 교회 내에서 단 한 명의 확진자도 나오지 않을 정도로 모범적인 방역 모델을 제시했다.

코로나로 인하여 한국교회를 향한 부정적 여론이 들끓고 있는 상황에서 새에덴교회의 메디컬처치 사역이 메이저 언론에 보도되면서 국민 방역을 선도하고 섬기는 새로운 교회의 모델을 제시하며 큰 반향을 일으켰다. 이재훈 목사님은 나와 함께 《메디컬처치》, 《포스트 엔데믹 교회 세움 프로세스》 책을 공저하여 교회사 속에 나타난 교회의 전염병 대응 방법, 메디컬처치 사역, 교회 세움 프로세스를 제시하였다.

이처럼 메디컬처치는 새에덴교회의 대표 브랜드일 뿐만 아니라 한국교회의 자산이 되었다. 코로나 엔데믹 상황이지만 메디컬처치는 여전히 '위드성도케어'의 새로운 모델을 제시하며 다양한 1:1 맞춤형 케어 사역을 하고 있다. 메디컬처치를 통해서 성도와 지역 주민들에게 교회는 안전하다는 정서적 심리적 안정감을 심어 주었고 사랑하고 섬기는 교회의 따뜻한 이미지를 선양하고 있다.

메디컬처치는 지금까지 중점적으로 해왔던 교회방역 사역뿐만 아니라, 여전히 코로나의 어두운 그늘에서 신음하고 있는 성도 한 사람 한 사람을 1:1로 찾아가서 섬기고 상담하여 신앙생활에 도움을 드리는 '위드성도케어'를 시작하였다. 이를 위하여 기존의 메디컬처치 팀원들을 더욱 훈련시키고, 각 교구와의 연계성과 섬김의 구체화를 위하여 교구별 메디컬 헬퍼(Medical Helper)를 임명하였다.

이 메디컬 헬퍼를 통하여 기존의 메디컬처치의 사역과 각 교구의 목양 사역의 접점을 만들어 교구에서 필요로 하는 메디컬처치의 다양한 콘텐츠와 의료적 섬김 서비스를 제공하였다. 그러면서 메디컬처치의 구체적인 사역의 지도를 위하여 실무교육을 시행하면서, 메디컬처치 팀원, 헬퍼뿐만 아니라 교역자 전체를 초대하여 새롭게 시작하는 메디컬처치의 위드성도케어에 대한 취지와 사역 내용 그리고 그 이용 방법을 공유하였다.

이를 통하여 본격적으로 위드성도케어 상담 서비스를 시행하였으며, 이는 의료목회상담, 일반건강상담 그리고 진료상담의 내용으로 구성되었다. 그뿐만 아니라 교회 내의 교육부서를 포함한 여러 부서들과 그 행사들을 의료적으로 돕는 사역을 진행하였다. 특히 메디컬처치 팀원 및 헬퍼 12명이 심폐소생술 자격증을 취득하였으며 교회 전체 교역자들에게 심폐소생술 교육을 시행했을 뿐만 아니라 여러 신학교와 교육 기관에 가서도 심폐소생술 교육을 진행하고 있다.

또한 교회 내의 구제와 섬김의 사각지대에 놓일 수 있는 극빈자들을 위해 담임목사와 함께 '사랑이를 위한 심방'을 하고 있다. '사랑이를 위한 심방'이라는 용어는 나의 시집 '너의 이름을 사랑이라 부른다'라는 제목에서 착안하였다. 나는 이재훈 의료목사, 메디컬처치 팀원들과 함께 정말 가난하고 병들고 외로운 독거노인이나 성도들을 심방한다. 사실 대형교회 목회자들은 개별 심방을 거의 하지 못한다. 어쩌다가 애경사 심방이나 특별 헌신심방을 할 때가 대부분이다.

그런데 '사랑이를 위한 심방'을 할 때는 오히려 구제비를 가지고 직접 간다. 담임목사가 도착하기 전에 이재훈 의료목사와 메디컬처치팀이 미리 도착해서 혈압이나 혈당 체크를 하고 문진을 한다. 그 후에 내가 도착하면 함께 예배를 드리고 의료목사님과 함께 안수기도를 해드린다. 이렇게 하면 가난하고 외로운 성도들은 큰 위로를 받고 감동을 받는다. "어떻게 큰 교회 목사님이 이렇게 누추하고 비천한 집까지 심방을 오신단 말입니까? 이게 꿈입니까? 생시입니까?" 담임목사의 심방을 받는다는 소식을 들으면 그때부터 잠을 못 잔다는 것이다.

어떤 가정은 결혼을 하지 않고 30살부터 혼자 사시는 분이셨다. 이분은 임대아파트도 구하지 못해 고시원에서 살고 있었다. 고시원 방이 너무 좁으니까 주변 사람에게 먼저 양해를 구하고 복도에서 예배를 드렸다. 예배를 드리고 기도를 하는데 그 성도님께서 눈물을 강물처럼 흘리시는 것이다. "어떻게 담임목사님이 이런 비천한 곳까지 오셨습니까?" 제가 이렇게 대답을 해드렸다. "저도 주님 앞에 비천한 종이고 무익한 종입니다." 그리고 이런저런 얘기를 나누고 나오면서 사랑의 봉투를 전달하고 왔다.

또 어느 집은 자녀도 없고 부인과도 사별하고 혼자 사시는 남자분이었다. 어쩌다가 형제가 연락이 되는데 몸이 안 좋아서 계속 병원 치료를 받아야 하는 상황이었다. 불편한 몸인데도 담임목사가 온다고 얼마나 깨끗하게 청소를 해놓았는지 모른다. 그런 모습을 보면 마음이 고맙기도 하고 너무 안쓰럽기도 했다.

또 다른 곳은 임대아파트에 사는 집이었는데 남편은 알코올 중독으로 요양원에 계시고 아들과 손녀는 신경섬유종이라는 희귀병에 걸려 투병 중이었다. 젊어서는 여집사님이 일을 해서 살림을 꾸려갔지만, 지금은 연세가 드셔서 일도 못 하고 계셨다. 그런데 그 가난한 집에서도 담임목사가 온다고 쑥버무리와 묵을 손수 만들어 대접을 하는 것이다.

잘 사는 집이 아닌 가난하고 병들고 외로운 성도들을 심방하고 나면 나의 마음도 왠지 측은해지고 짠한 마음이 든다. 그래도 그들에게 가서 하나님의 사랑 이야기를 들려주고 당신이야말로 하나님이 선택하고 부르신 사랑이라고 말씀을 전한다.

또한 그런 하나님의 '사랑이'가 되었으니 저 언덕 비탈에서도 한 송이 진달래꽃이나 백합꽃이 피어나는 것처럼, 하나님을 향한 사랑의 꽃을 피우고 순정의 꽃을 피워내자고 말씀을 드린다. 그러면 그분들이 얼마나 은혜를 받고 위로를 받는지 모른다.

목회는 두 영역이 있다. 하나는 목양이고 또 하나는 경영이다. 사실 목양이 본질이고 경영은 차선이고 비본질이라고 할 수 있다. 그럼에도 불구하고 대형교회 목회자는 목회자로서 경영에도 관심을 안 가질 수가 없다. 그런데 경영에만 치중하다 보면 본질을 잃어버리고 성도를 향한 처음 사랑과 '목양 연가'를 놓칠 때가 있다.

그래서 나는 메디컬처치와 함께 매달 하루를 정해놓고 '사랑이를 위한 심방'을 한다. 그럴 때 내 마음에 영혼을 향한 측은지심이 생기게 된다. 물론 그분들을 부교역자들이 관리할 수도 있다. 그럼에도 담임목사가 직접 나서서 '사랑이를 위한 심방'을 하면 나 자신의 목회를 돌아보게 되고 목회 본질을 다시 붙잡는 계기가 된다. 나도 그렇지만 동행한 메디컬처치 팀원들과 교구 식구들이 얼마나 은혜를 받고 위로를 받는지 모른다.

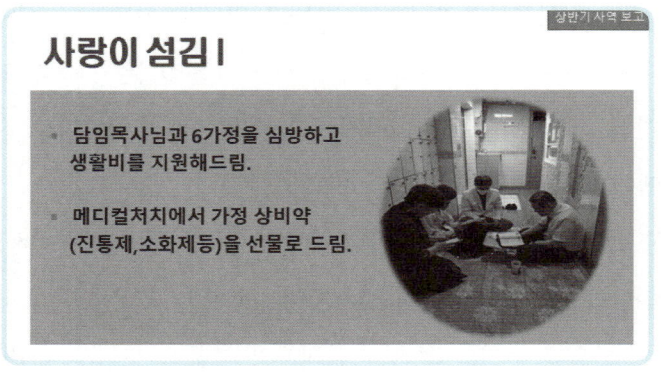

그뿐만 아니라 메디컬처치 이재훈 의료목사는 '기독교 교리계의 일타강사 이재훈 목사와 함께하는 슬기로운 교리생활'이라는 강좌를 개설하여 교육을 진행하고 있다. 딱딱한 교리 공부를 성도들에게 쉽고 재미있게 강의하여 큰 호평을 받고 있다. 이처럼 코로나 이

후에는 성도들 개개인의 특성과 애호에 맞는 1:1 맞춤형 교육 프로그램을 다양하게 제공하며 소통하고 참여하도록 해야 한다.

(5) 1:1 맞춤형 상담

코로나는 우리 일상의 영역에 많은 변화를 가져왔다. 상담사역의 영역에서도 더욱 다양해진 갈등과 정신적인 문제를 호소하는 사례들이 나타나고 있으며 이로 인해 여전히 많은 사람들이 절망과 우울, 분노와 낙심에 빠져 방황하고 있다. 이러한 때 우리 교회는 생명나무상담센터(송진영 전도사)를 통해 교구교역자의 손이 닿지 않는 은밀하고 깊숙한 곳까지 찾아갔다. 고통 받고 힘들어하는 새에덴교회 성도는 물론 교회에 등록되지 않은 지역주민들에게도 상담실을 개방하여 도움의 손길을 외면하지 않고 각 분야의 전문상담사들을 통한 1:1 맞춤형 상담 사역을 진행하고 있다.

　예를 들어 부모와 자녀들의 갈등을 호소하는 경우 가족상담 전문분야 상담사가 문제의 원인을 파악하고 부부의 문제로부터 비롯된 갈등인지 자녀의 학업이나 교우관계 또는 학교생활에서 비롯된 것인지 파악하여 상담의 초점을 맞춘다. 부모의 양육태도에 대한 문제라면 부모상담을 먼저 진행하면서 아동청소년 전문상담사가 자녀에 대한 상담을 병행하여 진행하게 된다. 보통 부모 양육태도의 변화로 인한 아동청소년의 문제가 해결되는 경우가 대부분이다. 이는 하나님께서 이 땅의 부모들에게 자녀는 자신들의 소유물이 아닌 하나님의 선물임을 일깨우는 계기가 된다.

　코로나를 경험하면서 부부 갈등으로 인한 이혼 상담의 사례가 부쩍 늘어난 상황이다. 특히 황혼 이혼에 대한 사례는 현 세태를 말해주는 듯하다. 사례의 양태는 다양하게 나타나지만 그중 특히 실업이나 중소 자영업에 종사하시는 분들의 경제적 어려움과 가정폭력 문제를 호소하는 이들을 살펴보면 이는 무엇보다 하나님께서 부여하신 결혼의 거룩성에 대한 간과로부터 시작된다.

　부부관계의 회복은 성경적 상담을 통해 부부간에 다시 하나님만을 믿고 신뢰하며 부부가 함께 합력하여 선을 이룰 수 있도록 돕는다. 경제적 위기로 인한 부부 상담의 사례를 보면 아내의 우울증이 깊어진 상황에 남편은 무기력하고 우울한 아내를 돌보며 집안 살림과 아이까지 돌보느라 미래를 준비할 여력이 없다. 아내는 계속되는

가계 적자와 대책이 없어 보이는 남편에 대한 불만이 극에 달한 갈등으로 이혼을 호소한다.

　이러한 사례에 대한 상담 진행은 자신의 가정을 이루게 하신 하나님의 계획을 돌아보고 서로의 만남을 통해 결혼에 이르는 과정 등을 되돌아보며 하나님께서 세우시고 인도하신 계획임을 인식할 수 있도록 조력한다. 더불어 서로에게 부족한 의사소통 연습을 통해 서로 비난하지 않고 대화할 수 있도록 돕는다.

　이러한 과정을 통해 나의 고통에 대한 일방적 호소가 아닌 상대가 얼마나 힘들었는지를 돌아봄으로 서로를 이해하고 긍휼한 마음을 갖게 된다. 부부는 각자가 노력할 부분을 합의하고 서로 도우면서 미래를 위한 작은 도전들을 실천해가며 하나님이 세우신 가정이 회복되는 은혜를 경험하게 된다.

　코로나 이후 나타난 눈에 띄는 변화는 청년들의 상담이 늘어났다는 것이다. 그들은 학업부터 미래 준비를 위한 해외연수, 생계를 위한 아르바이트, 주변인들과의 관계 문제 등 모든 것에서 좌절을 겪으며 3년여의 시간을 대부분 고립되어 보냈다. 속절없이 흘러간 시간은 준비되지 않은 채 졸업을 맞이하고 직장으로 또는 사회 속으로 내몰려서 보잘것없고 초라해진 자신의 모습에 절망감을 갖게 했다. 그들은 세상을 잘 살아 낼 수 없을 것 같은 불안과 두려움에 매몰되어 부모조차 외면해 버리는 현실에 마음을 나눌 한 사람 없이 홀로 고독과 외로움을 견디고 있었다.

청년들은 상담사의 작은 공감과 터치에도 감동을 하고 눈물을 쏟는다. 마음 둘 곳 없이 힘들었던 청년들에게 하나님의 사랑과 안타까운 마음을 담은 위로는 험한 세상을 살아갈 수 있는 큰 자양분이 된다. 그리고 하나님께서 특별하게 지으신 자신을 돌아보는 시간을 갖는다. 아낌없는 지지와 격려를 통해 주님께서 주신 평안과 안식을 얻고 용기와 자신감을 회복하게 된다. 청년부 사역자님들과 교회 공동체 안에서도 자신감을 갖고 관계의 성공을 경험하며 세상을 향해 나아가는 것은 물론 하나님의 몸 된 교회에 안정적인 정착을 위해 함께 협력사역을 진행하기도 한다.

장성한 자녀를 둔 부모의 가장 큰 고민은 자녀가 가정을 이루고 잘 사는 것이다. 시대적 상황과 유행처럼 번지는 결혼 적령기를 훌쩍 넘긴 자녀가 독립하지 않은 채 함께 살면서 다투고 섭섭함을 토로하며 힘겨워하는 사례가 늘어가고 있는 추세이다. 갈등의 시작은 주변과의 비교로부터 시작된다. 주변인들은 평범하게 결혼도 잘 하고 자식도 잘 낳고 잘 사는 것 같다. 내 자식은 왜 이 모양인지 무슨 문제가 있는 것인지 내가 잘못 키운 것인지 자책하며 한탄의 눈물을 보인다. 평생 자식이 잘되기를 기도하면서 매달렸는데 하나님을 향한 신뢰가 무너졌다고까지 토로하며 답답한 가슴을 친다.

이는 자식을 자신의 소유물로 인식한 것에서 비롯된다. 편협한 자기방식의 사랑은 자식을 사랑하지만 내가 원하는 모습, 내가 원하는 뜻대로 되지 않을 때 용납할 수 없는 마음을 갖게 한다. 이는 온전한 사랑이 아니다. 이는 하나님과의 관계 단절에서 비롯되며 하나님과의 관계회복이 최우선시 된다. 하나님의 자녀로서 하나님의 뜻에 합당하지 않은 자신의 모습을 돌이켜 부족한 나를 조건 없이 값없이 받아주신 하나님의 사랑을 회복하고 자신을 사랑하시는 하나님의 사랑으로 다시금 자식을 바라보아야 한다. 하나님과의 관계회복은 자녀에게 "네가 어떤 삶을 살든지 나는 너를 사랑하고 응원한다"라고 말해 줄 수 있는 용기를 얻게 한다.

하나님께서 창조하신 세상의 모든 사람들은 각기 다른 모습을 지닌다. 생김새도 성격도 어느 하나 같지 않고 다양하다. 마찬가지로 상담센터를 찾아오는 사람들의 문제와 고민은 비슷한 듯한 모양을 띠지만 각 가정과 개인의 사정은 모두 상이하다. 상담사역은 그 다양한 가정과 개인의 사정에 걸맞는 맞춤 상담을 진행한다. 그들을 향한 하나님의 계획도, 방향도 모두 다르기에 어떤 상담도 똑같을 수 없다.

생명나무 상담센터는 각 분야별 전문가들로 상담의 영역을 구성하여 다양한 케이스들에 대해 하나님의 말씀과 성령의 인도하심을 믿는 믿음으로 각 내담자 한 분 한 분의 맞춤형 사역으로 진행된다. 상담사들은 늘 기도의 자리에서 하나님께서 보내신 영혼을 향해 가장 적합한 은혜 주시기를 구하며 성경적 상담의 균형을 지키기 위해 노력한다. 그 결과 교회 내에서뿐만 아니라 지역사회에도 세상을 밝히는 작은 등불의 역할을 감당하고 있다. 고립과 단절의 시대 생명나무 상담센터는 외로움에 갇혀 있는 현대인들의 내면을 터치하고 마음의 문을 열게 하는 소통의 창구가 되고 있다.

5) 성도들이 긍정적인 핵신앙을 갖도록 한다

성도들의 핵신앙이 부정적으로 발현되면 교회는 침체되고 성장하지 못한다. 자기 편의 중심, 애호 중심으로만 신앙생활을 하려다 보면 고립되고 약화될 뿐이다. 그러나 성도들의 핵신앙이 긍정적으로 발현되면 교회 부흥의 폭발력을 일으킨다. 예를 들면, 평신도 양육교사가 끊임없는 일대일의 세포분열을 하듯이 긍정적 핵신앙의 폭발을 하면서 동시에 교구에서는 조장, 순장, 조장, 전도자의 역할을 하기도 한다.

핵신앙의 핵심은 긍정적 세포분열을 하는 것이다. 양육 교사로서 양육을 통하여 생명의 역사를 일으키기도 하지만 조장, 순장의 역할을 통하여서 교구의 생명 순장, 순(순원)들이 살아나고, 또 전도하는 현장에서는 전도자로서 생명의 역사를 일으킨다. 즉 전 순장들의 전도자 및 양육 교사화를 이루는 것이다. 조장의 사역도 마찬가지다. 그러면서 긍정적인 핵처치를 이뤄가는 것이다. 역으로 양육을 받은 새가족은 건강한 순원이 되고 전도 모임을 통해 지인을 전도하는 전도자로의 핵폭발을 하는 핵크리스천이 된다.

일반적인 교회에서는 본인이 찬양대면 평생 찬양대만 하고, 주일학교 교사면 평생 주일학교 교사만 하는 경우가 많다. 그런데 긍정적인 핵분열을 하면 다양한 사역에 헌신하면서 생명의 역사를 확산되게 한다. 긍정적인 핵신앙의 폭발을 통하여서 핵처치를 이뤄간다. 그 결과 폭발적인 부흥으로 이어진다. 실례로 평신도양육개발원(평개원)의 사역자는 등록된 새가족을 케어하는 사역이 주된 사역이다. 그러나 이들은 핵분열을 통해 2017년 새롭게 입주하는 동동탄 신도시를 전도했다. 모든 사역자가 쉬는 월요일, 단지 전체로 흩어져 전도하고 전도된 새가족은 바로 양육교사를 파송하여 양육을 진행하였다. 그렇게 세워진 새가족들이 생명순을 이루고 한 교구를 세웠다. 그리고 지금은 사명자가 되어 또 다른 핵분열을 일으키고 있다.

팬데믹 후, 2023년 후반기에는 One SaeEden Great Church 전 교인, 전 기관 전도축제가 선포되었다. 그래서 평개원도 열악한 교구의 부흥을 돕기 위해 역북 지역 전도로 하고 있다. 양육교사이면서 전도자로의 긍정적인 핵분열을 하여 생명의 역사를 소망하며 핵처치를 향해 달려가고 있다.

세상에서의 핵개인주의는 마이너스적인 요소가 많다. 그런데 교회 안에서의 긍정적인 핵신앙의 폭발은 생명의 역사를 이루어서 부흥을 일으키며 핵처치를 이루게 하는 동력이 된다. 새에덴교회가 그 모델이라 할 수 있다.

새에덴교회가 코로나 때 위기를 극복할 수 있었던 것은 핵개인주의를 인정하고 사역의 다양화를 꾀하였기 때문이다. 과거의 사역 방식은 무조건 함께 모여서 동일한 방식으로 진행하는 집단화였다. 그러나 새에덴교회는 코로나 때 사역의 방향을 다양화하고 나노화하였다. 그것이 결국은 핵개인주의 시대에 대한 사전 준비가 되어 효과적으로 적응하게 되었다.

다른 교회도 새가족 양육이나 전도를 한다. 그러나 대부분은 전체를 함께 모아 놓고 훈련을 한다. 그런데 새에덴교회는 1대1 맞춤형 양육과 전도를 하면서 핵신앙을 긍정적 방향으로 이끌었다. 핵개인주의에 맞는 눈높이 사역이 된 것이다. 그래서 굉장히 힘들 수밖에 없었던 코로나 시기에 새에덴교회는 더 생명력이 있었고 코로나가 이후에도 빠르게 회복할 수 있었다.

평신도양육개발원의 주 사역은 양육이고 성도들을 케어하는 것이다. 그런데 긍정적인 핵신앙의 폭발을 통하여서 열악한 전도 현장으로 들어가서 전도하고 순을 세우는 역할을 하고 있다. 이처럼 성도들이 긍정적 핵신앙을 갖도록 동기부여를 하면 교회 부흥의 핵폭발을 일으키는 도화선이 될 수 있다.

6) 성도들의 핵신앙이 예수 그리스도 안에서 융합이 되도록 한다

새에덴교회는 전반기와 하반기, 그리고 봄과 가을에 실시하는 교역자 워크숍을 통하여 사역의 방향성과 실제적인 전략을 공유하고 토론한다. 나는 그 어떤 바쁜 일정이 있어도 이 시간만큼은 가장 앞자리에 앉아서 교역자들의 모든 발표 내용을 듣고 지적할 것은 지적하고 토론할 것은 토론한다.

특별히 코로나 이후에 맞게 될 핵개인 시대를 대비하여 좀 더 다각적이고 세분화된 교구 사역이 요구됨에 따라 더 창의적이고 디테일한 사역 전략을 고심하였다. 교회의 속성과 본질은 영원히 변하지 않는다. 그러나 코로나 이후 교회의 모습은 새로운 옷으로 갈아입고 단장해야 한다. 더 이상 올드처치의 모습은 지양하고 뉴처치로 탈바꿈해야 한다.

특별히 성도들의 핵신앙이 예수 그리스도 안에서 융합되어 핵처치를 이룰 수 있도록 사역의 전략을 세워야 한다. 예배와 설교의 새로운 포맷과 영적 감화, 현장에서 하나님의 임재와 운행하심의 경험, 성도 간의 1:1 맞춤형 심방과 교제, 교회공동체에서의 정체성, 사역의 긴장감과 위기의식을 유념하여 교역자, 평신도사역자, 교구 중간리더가 합력한 목회 전략을 세웠다. 우리 교회는 28개 교구인데 다 소개할 수는 없고 중소형 교회에서도 가능하다고 생각하는 융합 매뉴얼을 소개한다. 현실적으로 비슷하거나 적용 가능한 매뉴얼을 취사선택해서 조금이라도 적용하면 분명한 효과가 나타날 것이다.

(1) 1C모를 통한 소통과 참여

우리 모두는 하나님이 주신 몸과 마음을 관리하는 하늘나라의 CEO라는 슬로건을 가지고 '1C모'(1교구 CEO 모임)를 기획하였다. 코로나 이후에 우울과 좌절, 실패와 낙담에 빠져 있는 성도들이 하나님 나라와 교회에 대한 거룩한 CEO 의식을 가지고 자발적으로 참여하면서 교구 활성화의 불씨를 당겼다. 교회에서뿐만 아니라 가정, 직장, 사업장, 학교 등에서 영육 간에 최고 경영자라는 의식을 심어주면서 서로 격려하고 희망을 주는 시간을 가졌다.

(2) 예배 리커버리(Recovery)

코로나 이후에 OTT 크리스천이 되어 여전히 현장예배로 돌아오지 않는 성도들이 있다. 이런 성도들을 위해 '예배 리커버리' 프로젝트를 진행하였다. 먼저 공예배 참석 현황을 분석하고 예배 참석을 유도하기 위해 예배 동승자팀을 구성하여 팀으로 묶었다. 동시에 예배 회복을 방해하는 요소들을 분석해서 제거하는 작업을 하였다. 그리고 정기적인 미팅을 통해서 예배 회복 결과를 점검하고 보고한다.

(3) 현미경 예배 관리

교구에 속한 성도들의 출석 상황을 현미경처럼 세세하게 A, B, C, D급으로 분류하여 매주 관리를 한다. 주일 시간별 예배 명단을 보고하고 교구 단톡방을 통해서 공유한 내용을 토대로 심방, 전화, 권면 사역을 진행한다. 그리고 다시 실제로 예배에 참석하였는지 확인하여 주일 저녁까지 결석자 명단을 단톡방에 공유하고 월요일에 다시 통화하여 심방 일정을 잡는다.

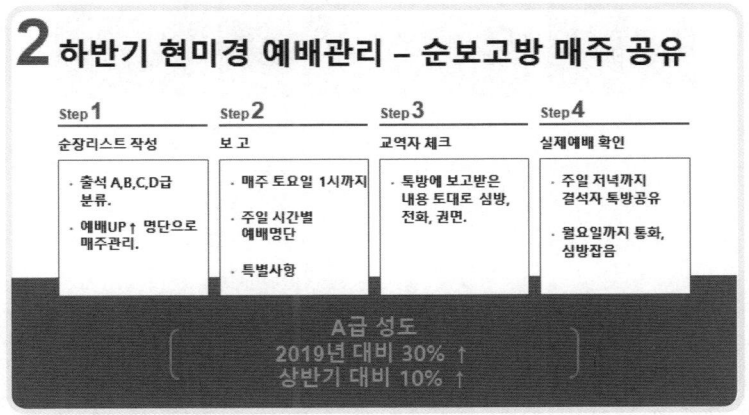

(4) 소그룹 활동 활성화

다양한 소그룹 활동을 개설하여 교회와 소통하고 참여할 수 있는 루트를 확대해간다. 뜨개방, 필라테스, 감정 테라피, 천연세제 만들기 등 애호 중심에 따라 모이며 동친 그룹, 협력 가족을 이룰 수 있도록 한다.

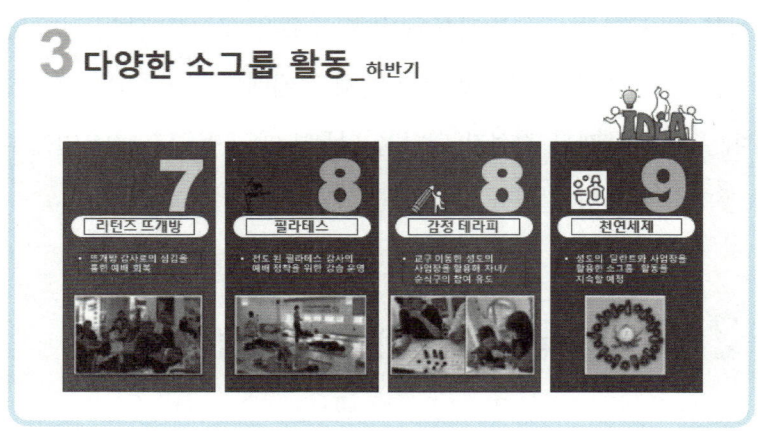

(5) 베이비 샤워

코로나 시기는 모든 사람들이 힘들었지만 특별히 임산부와 육아를 감당해야 하는 젊은 가정주부들에게는 더 힘든 시기였다. 교구에 속한 가정에서 출산을 하였을 때 교역자와 교구 성도들이 함께 참석하여 축하 파티를 열고 축복 기도를 하며 기쁨을 나누었다. 혼자 외롭게 지내던 성도들은 교구 교역자와 성도들의 진심 어린 축하와 축복기도를 받으며 눈물을 글썽이기도 하고 그리스도 안에서의 풍성한 교제를 나눈다.

(6) 플라워 ME 더 스토리

새가족과 기존 성도 중 잃은 양들에게 지속적인 관심과 사랑을 확인시켜 예배의 자리로 올 수 있게 안내한다. 꽃다발과 손편지를 가지고 1:1로 방문하여 심방하고 기도하며 격려한다.

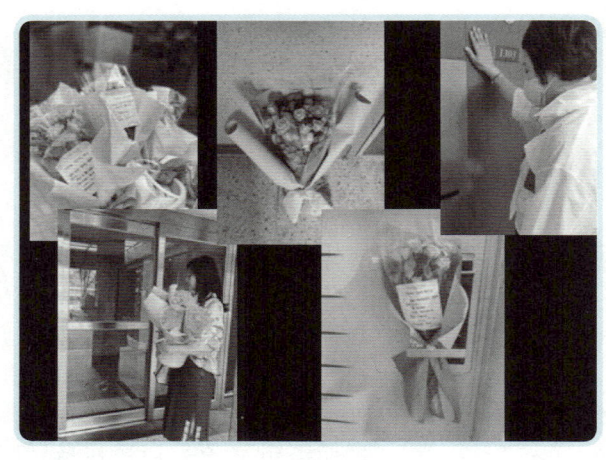

(7) 젊은 부부 세우기 - 젊. 은. 가

결혼으로 청년부에서 교구로 이동되거나 전도로 교구에 소속된 젊은 부부들을 세우기 위해 '젊.은.가'라는 부부 모임을 진행한다. 연령대가 비슷한 젊은 부부들이 만나 교제할 수 있는 모임을 마련한 것이다. 신혼부부부터 어린 자녀를 양육 중인 이들의 공통 관심사와 고민은 부부관계, 자녀양육, 그리고 가족과 함께 하는 신앙생활이었다. 그러한 니즈를 반영하여 '결혼사용설명서'라는 주제의 새로운 나눔 교재를 준비하였다. 비슷한 환경과 상황에 놓인 젊은 부부들이 서로의 고민과 상처에 공감하고 기도제목을 나누며 성경 속에서 해결책을 얻는 교제의 시간을 갖는다. 부부가 함께 교회 중심, 예배 중심, 말씀 중심으로 성경적 가정을 세워간다.

 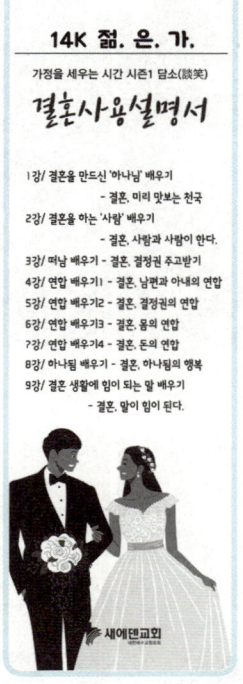

(8) 커플 선데이

"사랑하는 사람과 주일저녁예배 데이트 어때요?"라는 슬로건으로 교구 성도들의 주일 저녁예배 참여를 독려한다. 본인만 참석하는 것이 아니라 가족, 친구, 직장, 사업장 동료, 즉 동친 그룹, 협력 가족들을 자연스럽게 교회 현장으로 인도할 수 있도록 한다.

(9) 상추와 대파 성도 케어

'상추'(항상 당신을 추앙합니다) 성도라는 네이밍으로 당신은 혼자가 아니라는 따뜻한 시그널을 보내며 목회 케어를 한다. 현대인들은 혼자 있는 것을 좋아하는 것 같지만 오히려 더 외로움을 느끼기도 한

다. 항상 사랑과 격려에 목말라 한다. 그런 성도들을 위해서 상추 성도 케어를 한다. 그뿐만 아니라 '대파'(대박! 파격적인 관리!) 성도 케어를 한다. 꽃 관리를 넘어서 상추 꽃다발 관리를 한다. 더 특별하고 파격적인 심방과 목회 케어를 통해서 영혼을 치유하고 신앙의 성숙을 돕는다.

(10) 생명 SOON 프로젝트

'영품'(영혼을 품다), '순품'(순원을 품다), '명품'(달과 해를 품다)라는 주제로 생명 SOON 프로젝트를 진행한다. 성도들이 찾아오기를 기다리는 것이 아니라 가슴에 성도들을 품고 직접 연락하고 찾아가며 교구 활성화의 동력을 삼는다. 교구 전체가 유기적으로 연결되며 부흥의 생명력과 역동성을 갖추게 된다.

(11) 2040 프로젝트

결혼한 20-40대 젊은 부부들을 사명자로 세우기 위한 프로젝트다. 생명 SOON 프로젝트를 토대로 월 1회 이벤트를 기획하여 추진한다. 그렇게 해서 젊은 부부 모임 순장을 세우고 순예배를 활성화한다. 젊은 부부들의 요구와 목마름이 무엇인지 경청하고 눈높이에 맞는 기획을 추진한 후 모임이 끝나면 피드백을 받으며 소통한다.

2040 프로젝트
- 목표: 젊은부부(결혼한 20대-40대) 사명자 세우기
- 1단계: 이벤트를 기획함
- 기존 성도 중 2040 젊은부부를 파악함
- '생명 SOON 프로젝트'를 토대로 월 1회 이벤트를 기획 및 추진함
- 2단계: 젊은 부부모임 순장 세우기(40대 1명, 50대 9명)
- 순예배 드리기(은혜새김노트)
- 젊은부부 전도인도자/전도대상자

 경청 → 기획 → 추진 → 피드백

Path Finding
- 젊은부부들의 필요를 대화로 파악함
- 젊은부부들의 필요를 채울 수 있는 방법을 발견함
- 신규 이벤트 모색

(12) 뻔뻔한(Fun Fun) 모임

영아부터 초등학교 3학년 자녀를 둔 3040 부부들을 대상으로 뻔뻔한 모임을 개설하여 그리스도 안에서의 따뜻한 교제와 즐거운 교회 생활을 느낄 수 있게 한다. 월 1회 아내 모임, 남편 모임을 따로

하고 2달에 한 번 가족 모임을 병행한다. 아내와 남편 모임을 통해서 더 친밀한 유대와 교제를 가지며 행복한 가정, 행복한 신앙의 모델을 만들어간다.

(13) 담임목사와 함께하는 춘계, 추계 1일 여행

이때는 전도 총력 주관이다. 그러니까 주로 4월이나 5월, 10월이나 11월에 한다. 그런데 한 번으로 끝나는 게 아니라 평개원, 전도단, 생명순, 교구 총무나 간사 등으로 나뉜다. 때로는 안수집사회와 장로회가 함께하기도 한다. 봄에는 하얀 철쭉길을 걷기도 하고 가을에는 낙엽을 밟으며 산행을 하기도 한다. 산행을 하다 중간쯤에 모여서 담임목사에게 엽서를 쓰고 그 엽서를 일일이 읽고 대답을 해준다.

자유 토크를 할 때 얼마나 담임목사와 친밀감을 이루는지 모른다. 그리고 통성기도를 할 때 그 안에서도 자연스러운 핵처치의 모습을 이루게 된다. 왜 한창 전도에 집중을 해야 하는 기간에 1일 여행을 떠나는가 의문을 가질 수도 있다. 성도들에게도 숨통을 틔워줘야 되기 때문이다. 그분들도 인간인데 다람쥐 쳇바퀴 돌듯 전도만 하면 마음이 무거울 때가 있다. 그래서 아침 일찍 출발해서 밥 두 끼를 제공해주고 저녁 늦게 도착을 한다. 화려한 영적 외출을 통해서 정서적 환기와 순환을 얻고 더 교회를 사랑하고 헌신하며 핵처치를 이룬다.

특별히 장로회 같은 경우는 그룹으로 모여서 한 달에 한 번 토요일 산행을 하기도 하지만 1년에 두 차례씩 춘계와 추계로 장로 부부 수련회를 한다. 담임목사가 반드시 특강을 준비하고 기도를 하고 산행도 한다. 마지막에는 사우나도 함께 한다. 그때야말로 몸과 마음이 한통속을 이루는 핵처치의 모델을 이룬다고 할 수 있다.

7) One SaeEden, Great Church

우리 교회는 2023 후반기 전교인 전도축제를 'One SaeEden, Great Church'라는 슬로건을 제시하며 온 기관이 함께 총력 전도를 펼치고 있다. 교역자 워크숍을 하는데 이번 전도축제는 전교인이 함께 전도하는 기획을 했으면 좋겠다는 감동이 오는 것이다. 그래서 전체 교역자들 앞에서 지시를 하였다. 그런데 팀장회의에서 시간이 너무 시급하고 부서별로 이미 기획해 놓은 전도 계획이 있기 때문에 불가능하다는 의견들이 있다는 것이다.

전도단은 전도단대로, 청년부는 청년부대로, 교육부서는 교육부서대로 전도 계획이 있기에 함께 일치해서 가기가 힘들다는 견해가 표출되며 의견 일치를 보지 못하고 있다는 것이다. 또한 사전 논의를 하지 않은 것을 놓고도 말이 있다는 것이다. 그래서 내가 직접 팀장회의에 참석하여 언성을 높이며 재지시를 하였다.

"부서별로 입장과 특성이 있고 힘든 부분이 있다는 것을 나도 잘 알고 있습니다. 그러나 이번에는 그렇게 하지 않기로 하지 않았습니까? 자기가 맡은 부서의 입장을 내려놓고 이번에는 온 교회가 함께 가 봅시다. 전도축제를 다시 기획해서 추진하세요."

담임목사가 직접 지시한 것마저도 의견 일치가 이뤄지지 않고 추진이 쉽지 않은 것을 보았다. 그래도 과감하게 밀어붙였다. 왜냐면 교회 안에서 너무 개별화되고 흩어지고 쪼개지는 양상을 보이면 안 되기 때문이다. 코로나를 거치면서 그런 양상은 더욱 두드러졌다. 그래서 매번 그렇게 할 수는 없지만 이쯤에서 한 번은 교회 전체가 하나 되어 전도축제에 총력을 기울이는 모습을 보여야겠다는 생각이 들었다.

이따비(이끌든지 따르든지 비키든지) 사명자 교육

CNN 방송의 설립자 테드 터너가 1980년에 회사를 설립할 당시에 방송계·언론계·대중의 반응은 싸늘했다. 회사는 몇 년간 극심한 경영난에 시달렸지만 터너에겐 아무도 상상하지 못한 원대한 꿈이 있었다. 세계 최초의 24시간 뉴스 전문 채널을 만들겠다는 것이다. 그 당시 상황으로서는 도저히 불가능한 일이었다.

CNN이 지금이야 세계에서 가장 영향력 있는 뉴스 전문방송 미디어로 우뚝 섰지만, 그 당시는 수많은 반대에 부딪치고 경영난을 겪으면서 하루하루가 전쟁터나 다름없었다. 테드 터너는 직원 한 명 한 명이 제 역할을 충실히 해주면서 모두가 한 마음, 한 방향으로 나아갈 때 목표한 비전을 이룰 수 있을 것으로 판단했다.

고민 끝에 터너는 어느 날 모든 직원을 불러 모은 자리에서 미국의 경영사에 길이 남을 명언을 남겼다. "Do Something! Lead, Follow or Get out of Here!(뭔가를 하라! 이끌든지, 따르든지, 아니면 꺼지든지!)" 터너가 직원에게 정녕 전하고픈 메시지는 '무엇이든 해보라'였을 것이다.

기업은 다양한 연령과 배경을 지닌 인재들의 집합체이다. 그래서 기업이 목표한 비전을 이루기 위해서는 주도적으로 이끌어 가는 리더 계층과 이를 받쳐 줄 실무단이 효율적으로 움직여 주어야 한다. 이끌되 존중하고, 따르되 주체성을 가지며, 서로의 다양성을 인정하고 경청하는 능력을 발휘할 때 개인이 성장함은 물론 조직도 함께 변화하며 성장할 수 있기 때문이다.

이걸 바탕으로 해서 삼성의 송 과장이라는 사람이 《이따비》(이끌든지 따르든지 비키든지)라는 책을 썼다. 그는 삼성전자 영업사원으로 사회생활을 시작하여 대한민국 최고의 브레인을 양성하는 삼성그룹 인력개발원에서 교육 담당자로 근무하였다. 영업 부서부터 교육본부, 인사팀까지 회사의 다양한 조직을 넘나들며 체득한 조직 관리와 리더십의 노하우를 담은 책이다.

삼성의 이건희 회장 역시 "변화하지 않아도 좋다. 단 뒷다리만 잡지 말라!"고 역설했다고 한다. 이 말은 조직에서 변화가 얼마나 어려운가를 단적으로 보여주는 예이다. 세계적인 대기업의 제왕적 리더십을 발휘했던 이건희 회장도 기업을 변화시키기 위해 그만큼 애를 썼다는 것이다. 조직에서 어떤 변화의 목표를 정하면 이끌든지 따르든지 그것도 아니라면 비키든지 해야 한다. 이끌지도 않고 따르지도 않고 자리만 지키고 앉아서 변화를 방해하는 트러블 메이커나 걸림돌이 되어서는 안 된다.

사도 바울도 에베소교회를 담임하고 있을 때는 문제가 안 됐다. 그런데 에베소교회를 디모데에게 물려주고 났을 때 아무래도 디모데가 바울의 리더십을 능가할 수가 없지 않겠는가. 그래서 아마 디모데의 리더십을 세워주려는 의도도 있었을 것이다. 그래서 그는 이렇게 말하지 않는가.

> 행 20:31-32 그러므로 여러분이 일깨어 내가 삼 년이나 밤낮 쉬지 않고 눈물로 각 사람을 훈계하던 것을 기억하라 지금 내가 여러분을 주와 및 그 은혜의 말씀에 부탁하노니 그 말씀이 여러분을 능히 든든히 세우사 거룩하게 하심을 입은 모든 자 가운데 기업이 있게 하시리라

에베소교회는 바울의 눈물과 땀과 생명으로 세웠던 교회다. 그런데 얼핏 보면 사명자들에게 부탁한 것도 있지만 진정한 부탁은 그 은혜의 말씀께 부탁한다고 했다. 그래서 그 말씀이 여러분을 든든히 세우며 여러분들을 이끌어가도록 하였다. 그러니까 여러분들이 에베소교회를 이끌어가는 부분도 있지만 이끌려가는 부분이 있어야 한다는 것이다. 그게 바로 하나님의 말씀과 성령의 다스림에 이끌려가라는 것이다. 더 나아가서 바울의 후임자인 디모데의 어떤 영적 리더십에 이끌려가야 한다는 것이다.

핵처치를 이루는 핵크리스천이라면 하나님의 말씀과 영적인 지도

자의 리더십에 이끌려가는 사람이 돼야 한다. 그리고 때로는 우리가 비켜주는 리더십을 발휘해야 한다. "이건 내 생각에 도저히 안 맞는다." 그래도 하나님이 일하시고 하나님이 역사하는 것은 절대로 뒷다리를 잡으면 안 된다.

> 민 4:15 진영을 떠날 때에 아론과 그의 아들들이 성소와 성소의 모든 기구 덮는 일을 마치거든 고핫 자손들이 와서 멜 것이니라 그러나 성물은 만지지 말라 그들이 죽으리라 회막 물건 중에서 이것들은 고핫 자손이 멜 것이며

움직이는 성물을 만지지 말라고 하지 않는가. 하나님이 일하시는 교회와 주의 종의 리더십을 터치하지 말라는 것이다. 이따비 사명자 교육을 통해서 다시 한번 교회 안에 원 리더십, 원 메시지를 강조하며 전도의 분위기를 고취시켰다. 2023년 후반기 전도 축제는 전도단과 교구만 전도하는 것이 아니라 교회의 모든 부서가 전도에 동참하는 의미를 담아 전교인 전도축제로 기획하였다.

2023 후반기 전교인 전도축제

코로나 팬데믹 3년보다 코로나 이후의 3년이 더 중요하다. 3년 안에 교회를 다시 리셋하지 않고 100% 회복시키지 않으면 생명의 동력을 잃어버리고 정체될 수밖에 없다. 지금이 그 도전의 기회다. 2023 후반기 전도축제는 전교인이 오직 예배로, 오직 기도로, 오직 전도로 하나 되어 위대한 교회로 비상하자는 의미를 담아 'One SaeEden, Great Church'로 정하였다.

주제 : One SaeEden, Great Church
표어 : 오직 예배로 ONE!
오직 기도로 ONE!
오직 전도로 ONE!

"날마다 마음을 같이하여 성전에 모이기를 힘쓰고 집에서 떡을 떼며 기쁨과 순전한 마음으로 음식을 먹고 하나님을 찬미하며 또 온 백성에게 칭송을 받으니 주께서 구원 받는 사람을 날마다 더하게 하시니라"(행 2:46-47).

2023 후반기 전교인 전도축제를 위해 3F 전략을 세웠다. 12월 3일 총동원 주일까지 3F 대상자들을 전도하는 데 총력을 기울여 28개 교구, 14개 교회 기관, 교회 식당과 교회 카페 등 전 교회가 전도로 하나 되어 폭발적인 부흥을 이루기 위함이다. 3F란 Family(가족), Friend(친구), Fellow(지인, 동료, 주변 사람) 등을 지칭한다.

전도 동력 인발브(involve)를 위해 동영상을 제작하고 상영한다. 1차 동영상은 3F 초청 주일을 간략하게 소개하고 전도대상자 작정을 독려하는 내용을 담아 즐거운 잔치 분위기로 제작한다. 2차 동영상은 마지막 총동원 전도를 위해 전교인의 전도 의지를 극대화하는 전도 동력화 영상을 제작하여 상영한다.

3F 초청을 위한 사전 준비를 위해 전도단 담당 간사들은 각 교구와 14개 기관의 3F 전도 대상자 명단을 받아 취합한다. 형식적으로 명단을 제출하는 것이 아니라 책임 있게 명단을 제출하도록 한다. 전도대상자를 위한 주차별 초청장은 모바일로 만들어 교구나 기관으로 공유한다. 취합된 명단은 집어등배 디자인에 입력 후 출력하여 3층 두 곳에 게시한다. 새가족이 등록되면 게시된 집어등 배에 오징

어 스티커를 붙일 수 있게 한다.

교구 집어등 스티커 판은 거대한 집어등 배 한 대에 그물이 있고, 그물에 28개 교구를 구분하고 각 교구 대상자 명단을 입력하여 표시한다. 14개 기관은 각 기관을 나타내는 14개의 집어등 배로 하고, 각 그물에 기관 대상자 명단을 입력하여 표시한다. 집어등 배의 대표 캡틴으로 담임목사의 얼굴 사진을 표시한다.

교구와 기관의 집어등 배에 오징어 스티커를 붙이는 등 책임 관리자 역할은 교구/전도총총무, 기관/전도팀장들이 할 수 있도록 미리 소통한다. 스티커는 예배 시 3층 안내데스크 전도단에서 받는다. 명단에 없는 새가족이 오는 경우를 대비해 각 교구나 기관의 대상자 명단 칸에 공란을 마련해 둔다. 교회식당에 3F 초청 주일을 공유하고 새가족을 위한 정성 어린 점심 메뉴를 제공한다. 교회 식당에 새가족 라인을 별도로 만들어 신속, 편리하게 식사를 제공한다.

마지막으로 all together 주일에는 그동안 열매 맺지 못한 모든 대상자들을 초청하는 주간임을 교구와 기관에 적극 독려한다. all together 주일 모바일 초청장(전도단에서 제작)을 교구나 기관에 공유하도록 한다. 새가족 등록 선물은 프라이팬과 꽃, 교회 식당 식권을 제공한다. 새가족들은 교회 식당에 미리 준비된 새가족 라인을 이용할 수 있게 한다.

	【2주차】11/12~11/17	【3주차】11/19~11/24	【4주차】11/26~12/1
주제	Great Family 주간/주일	Great Friend 주간/주일	Great Fellow 주간/주일
주제별 이벤트	〈가족 사진 촬영권〉 *3대가 등록한 경우 사진 촬영 후 사진액자로 선물/3층 스튜디오 *3대가 아닌 경우: 자유롭게 스튜디오 와서 사진 촬영 가능 *사전에 미리 3층 스튜디오 꾸미기(전도단)/폴딩도어로 된 배경판 활용예정 *Great Family 주간 평일 예배 때도 이용 가능 *전도단 간사나 팀장 2명 배치하여 스튜디오 진행관리 *예배좌석 (3대 패밀리VIP존) *특별식사준비 (패밀리등록자 VIP좌석)	〈보고 싶다, 친구야〉 *3층 스튜디오에서 친구와 준비된 다양한 패션소품 활용해 꾸미고 사진촬영 하기 *소품: 교복, 머리띠, 모자, 패션 안경이나 썬글라스, 가발 등 (사전준비/전도단) *Great Friend 주간 평일 예배 때도 이용 가능 *전도단 간사나 팀장 2명 배치하여 스튜디오 진행관리	〈스타벅스 기프트카드 5천원권〉 *Fellow 등록대상자 (커피이용권) 5천원권을 식권과 함께 제공 *Great Fellow 주간 평일 예배 때도 제공
새가족 등록선물	*3대 패밀리: 특별선물준비 *일반등록자:프라이팬 (+ 교회식당식권)	프라이팬 (+ 교회식당식권)	프라이팬 (+ 교회식당식권 +커피이용권)
모바일 초청장	전도 인발브 위한 주차별로 주제 맞는 모바일 이미지 전도단 제작 및 공유(필요시 출력 제공)		
새가족 라인	교회식당 줄 설 때 "새가족 라인" 이용하여 신속, 편리한 식사 제공 *(사전준비/전도단)새가족 라인 팻말, 바닥 표시 *식사 배부(5명) 기관에서 봉사자 지원 *전도단 간사나 팀장 2명 배치하여 진행관리		
집어등 스티커판	스티커 부착 및 관리(교구/전도총총무, 기관/전도팀장)		

8) 성령께서 핵분열을 핵융합으로 역사하도록 간절한 마음으로 기도하고 맡긴다

역사적으로 보면 교회가 흥하고 망하는 요소 중의 하나가 무엇인지 아는가. 그것은 부흥을 사모했느냐, 안 했느냐는 것이다. 미국이 어떻게 생겨났는가. 영국의 청교도들이 성공회의 핍박 때문에 아메리카 신대륙으로 신앙의 자유를 찾아왔지 않는가. 그래서 그들은 다른 무엇보다 성경적인 가치관과 청교도적인 믿음의 기초 위에서 미국을 세웠다. 그들은 순결, 정결, 엄격한 규율을 지키는 아주 경건한 사람들이었다.

그런데 세월이 지나면서 그렇게 엄격한 규율을 지키면서 경건하게 사는 외적인 규율은 갖고 있는데 문제는 심령이 점점 컬컬하고 메말라갔다. 교회에서 몇 사람만 모여도 서로를 정죄하고 비판하면서 파벌싸움을 하고 쪼그라드는 것이다. 이런 모습이 《주홍글씨》라는 소설에 잘 나오지 않는가.

바울이 표현한 대로 경건의 모양은 있지만 경건의 능력은 사라져 갔다. 그러면서 영적인 능력을 상실해 갔다. 그러자 자기들 스스로 영적 각성을 하는 것이다. 그러면서 부흥의 절실함을 깨닫게 된 것이다.

"아, 우리가 이렇게 살아서는 안 된다. 우리가 겉으로는 청교도의 규율을 지키며 경건하게 산다 할지라도 우리의 심령이 메말라

가고 있다. 우리 교회가 얼마나 냉랭하고 냉소적이 되어 가는가. 우리 교회 역시 너무나 침체되어 가고 있고 냉랭한 어두움이 드리워져 있지는 않는가. 이대로 가면 안 된다. 우리 믿음이 회복되어야 한다. 우리 신앙이 소생해야 한다. 우리 교회가 이대로 가면 우리 교회도 쇠퇴할 수밖에 없다. 그러므로 다시 부흥운동을 일으켜야 한다. 먼저 우리의 심령과 교회에 새롭고 거룩한 부흥의 역사가 일어나야 한다."

바로 이런 영적 각성과 영적인 갈망이 미국의 1차대각성 운동을 일으키게 하였다. 이때 조나단 에드워즈가 1차 대각성운동의 횃불을 치켜들었던 것이다. 그런데 미국에 서부 개척시대가 시작되면서 사람들이 영적인 것보다 물질적인 것에 관심이 쏠리기 시작하였다. 영혼의 문제보다 육신의 문제에 집중하게 되었다. 그러니까 점점 부흥운동이 식어지고 침체될 수밖에 없었다.

그때도 영적 각성이 일어났다. "우리가 이래서는 안 된다. 우리가 어떻게 빵만 먹고 살 수 있느냐. 이러다가 우리의 심령에 불치병이 들고 암병이 들고 말 것이다. 우리는 또다시 부흥운동을 해야 한다. 또다시 미국 전역에 부흥의 불길을 타오르게 해야 한다. 그러므로 주여, 이 땅에 새로운 부흥을 주옵소서. 부흥의 불길이 이 아메리카 대륙에 타오르게 하옵소서."

바로 이런 새로운 각성과 영적 갈급함 때문에 2차대각성 운동이 다시 일어났다. 2차 대각성운동은 제일 먼저 예일대학교에서 일어났다. 조나단 에드워즈의 외손자인 티모시 드와이트 예일대 총장이 학생들에게 영적 각성과 갈망에 대한 설교를 하였다. 그러자 학생들의 3분의 2가 일어서서 기도하고 학교 운동장으로 나가 계속 기도 운동을 하게 되었다. 그 엘리트 학생들이 먼저 우리의 심령에 부흥을 달라고 하면서 미국 전역에 부흥의 불길이 치솟게 한 것이다.

그러자 이런 부흥의 열기가 저 매사추세츠주 북서쪽에 위치한 윌리엄스 대학으로까지 번졌다. 그래서 대학생 5명이 풀밭에서 부흥을 갈망하는 기도를 했다. 갑자기 비가 쏟아지는데도 학생들은 집으로 돌아가지 않고 옆에 있는 건초더미에 가서 기도회를 계속했다. 그러자 바로 그 5명의 청년들에게 성령의 불이 임한 것이다. 그래서 그 기도회는 지금까지 '건초더미 기도회'로 알려져 있다.

여기서 그들의 가슴에는 부흥에 대한 갈망이 타올랐다. 그래서 예수 그리스도의 복음을 전 세계에 전파하고 싶은 열망이 일어났다. 바로 그 건초더미에서 일어난 그 영적 불꽃으로 말미암아 미국 최초로 '해외선교 위원회'가 탄생하게 되었고 그것은 선교사를 해외로 보낸 미국의 첫 선교기관이었다. 바로 이 운동 때문에 미국은 세계 각국으로 선교사를 파송하기 시작하였다.

1867년에 그 대학 동문회가 3.5미터의 기념비를 세워서 건초더미 아래서 기도회가 열린 장소를 기념했다. 기념비에는 이런 글귀가 있다. "추수할 밭은 온 세상이다." 이 부흥운동 후에 찰스 피니가 나타나고 이어서 무디가 나타나 미국의 부흥운동에 불을 붙였다. 특별히 무디로부터 은혜를 받은 미국 청년들이 10만 명이나 해외선교사로 헌신을 했다. 바로 그때 언더우드와 아펜젤러와 같은 푸른 눈의 청년들이 우리나라 선교사로 오기로 결단을 한 것이다. 그리고 마침내 동방의 조그마한 나라, 온갖 우상과 미신이 가득하고 질병과 가난으로 가득하였던 우리 민족에게 복음을 전해 준 것이다.

1907년 평양대부흥운동도 마찬가지다. 선교사들이 아무리 한국말을 배워서 예수를 전해도 선교사들이 전한 예수는 조선인들에게 한낱 서양 귀신에 불과했다. 그리고 그 서양 귀신은 신분이 천한 쌍놈들이나 믿는 것이라고 조롱을 하였다. 그래서 선교사들도 사람이기 때문에 절망하고 좌절하고 있었다.

바로 그때 웨일즈와 인도의 부흥운동 현장을 경험한 존스톤이라는 선교사가 한국에 와서 웨일즈와 인도에서 일어난 놀라운 부흥운동의 소식을 전해주었다. 그래서 선교사들과 한국의 성도들은 우리나라에도 그런 부흥운동이 일어나기를 간절히 사모하였다.

"아, 이 나라의 부흥은 성령의 능력밖에 없다. 우리가 아무리 힘쓰고 애쓰고 몸부림치고 절규한다고 할지라도 성령님의 강력한 역사가 임해야 한다. 이 나라에 성령의 불길이 임하고 성령의 바람이 불어와야 조선인이 하나님께 돌아오고 교회가 부흥할 것이 아니겠는가? 오 하나님, 이 조선 땅에 하나님의 부흥을 주옵소서. 성령의 놀라운 부흥의 역사를 내려 주옵소서. 주여, 이 땅에도 저 웨일즈와 인도와 같은 놀라운 부흥의 역사를 주옵소서."

그러던 어느 날 존스톤 선교사가 성도들에게 물어보았다. "여러분, 여러분도 저 웨일즈의 부흥과 같은 역사가 이 나라에도 임하기를 원하십니까?" 그러자 성도들이 모두 두 손을 들고 아멘을 했다. 그러자 그곳에 하늘의 퍼펙트 스톰이 불어왔고 위대한 부흥운동이 일어나게 되었다.

그러나 이와 반대로 부흥을 사모하지 않는 성도나 교회는 항상 내면이 냉랭하게 되어 있다. 반드시 심령이 어둡고 교회 분위기도 침침하다. 이런 성도나 교회는 반드시 소모적인 논쟁을 하거나 싸움을 하게 된다. 그냥 마음이 서로가 서로를 향하여 냉소적이고 비판적이다. 아무것도 아닌 것을 가지고 남을 비난하고 정죄하며 기득권 싸움과 교권 싸움을 한다.

왜 미국교회 1차대각성 운동이 잠시 중단된지 아는가? 두 가지 이유인데, 첫째는 서부개척으로 물질문명의 바람이 휩쓴 이유도 있었지만, 또 하나는 부흥운동에 대한 냉소적인 눈초리와 마음 때문이었다. 이성적인 사람은 부흥운동을 냉소적으로 보게 된다. 그래서 조나단 에드워즈가 위대한 부흥운동을 하였을 때 냉소적인 사람들이 있었다. 그래서 사소한 문제를 가지고 조나단 에드워즈를 교회에서 쫓아내 버렸다. 그 위대한 영적 부흥의 선각자는 교회에서 쫓겨나서 인디안 선교를 하러 갔다.

물론 인디안 선교도 중요하지만 미국교회가 그런 부흥의 위대한 거성을 잃어버린다는 것이 얼마나 안타까운 일인가. 한 시대를 이끌어갈 위대한 부흥의 지도자를 잃어버린 것이다. 그런 영적인 지도자를 잃어버리니까 부흥운동이 식을 수밖에 없었다. 얼마나 안타까운 일인가. 그러므로 우리는 언제나 부흥을 사모해야 한다. 하늘로서 임하는 거룩한 퍼펙트 스톰을 갈망해야 한다.

2천 년 전 마가의 다락방에서는 120명이 모여서 기도했지 않는가? 그들은 소수였지만 하늘의 퍼펙트 스톰의 역사가 임하자 전 세계를 복음화하는 핵크리스천이 될 수 있었다. 퍼펙트 스톰은 위력이 크지 않은 둘 이상의 작은 태풍이 서로 충돌하면서 그 영향력이 가히 폭발적으로 커지는 현상을 말한다. 경제, 사회 분야에서도 두 가지 이상의 악재가 겹쳐 더 큰 피해를 당할 때 쓰는 용어이기도 하다. 2000년에 퍼펙트 스톰이라는 재난 영화가 상영되기도 하였다.

이 퍼펙트 스톰이 몰아치면 흔적도 없이 모든 것을 다 쓸어버린다. 보통의 태풍은 흔적이라도 남기는데 퍼펙트 스톰은 흔적도 남기지 않는 완벽한 폭풍이다. 그러니 이 퍼펙트 스톰이 불어닥치면 어마어마한 재난이 일어나는 것이다.

코로나 이후에 위기를 맞고 있는 한국교회는 거룩한 퍼펙트 스톰의 역사가 일어나야 한다. 우리의 힘만으로는 도저히 안 된다. 우리가 아무리 목회 전략을 짜고 창의적 아이디어를 가지고 사역을 해도 안 되는 일이 있다.

그럴 때는 하늘의 거룩한 퍼펙트 스톰의 역사를 사모해야 한다.

성령께서 핵분열을 핵융합으로 역사하도록 기도하고 맡겨야 한다. 예수님의 제자들이 십자가 사건 이후에 예루살렘에서 꼼짝도 못한 채 두려워서 벌벌 떨고 있었다. 그런데 겁쟁이처럼 벌벌 떨고 있던 제자들에게 하늘이 열리고 성령이 임하였을 때 거룩한 부흥의 역사가 나타났다. 그런데 성령이 임하는 모습을 "급하고 강한 바람"이라고 했다. 이것이 바로 하늘의 퍼펙트 스톰이었다.

> 행 2:1-3 오순절 날이 이미 이르매 그들이 다같이 한 곳에 모였더니 홀연히 하늘로부터 **급하고 강한 바람** 같은 소리가 있어 그들이 앉은 온 집에 가득하며 마치 불의 혀처럼 갈라지는 것들이 그들에게 보여 각 사람 위에 하나씩 임하여 있더니

급하고 강한 바람 같은 소리가 났다고 하지 않는가. 그리고 급하고 강한 바람과 함께 불의 혀같이 갈라짐이 임한 것이다. 상상해 보라. 불의 혀같이 갈라지는데 거기에 급하고 강한 바람이 불어대니 얼마나 불이 잘 번지겠는가? 바로 이 모습이 마가 다락방에 임한 하늘의 거룩한 퍼펙트 스톰이었다. 그래서 당시에 교회를 태동시키지 못하게 하려고 하는 재난의 바람을 급하고 강한, 하늘의 거룩한 퍼펙트 스톰으로 눌러 버린 것이다.

그런데 그 퍼펙트 스톰은 언제 임하였는가. "홀연히" 임하였다고 한다. '홀연히'라는 말은 'Suddenly', '갑자기'라는 말이다. 그러니까

언제 임할지 모른다는 것이다. 또한 하나님의 주권에 의해서만 임한다는 것이다. 그러니까 하늘의 퍼펙트 스톰을 일으키기 위하여 우리가 할 일은 부흥의 역사를 사모하고 기도해야 한다는 것이다. 그래서 하박국 선지자도 이렇게 기도했지 않는가?

> 합 3:2하 여호와여 주는 주의 일을 이 수년 내에 부흥하게 하옵소서
> 이 수년 내에 나타내시옵소서 진노 중에라도 긍휼을 잊지 마옵소서

새에덴교회 역시 코로나 이후에 가장 먼저 회복이 되었다고 하지만 코로나의 상흔은 남아 있다. 여전히 코로나의 후유증 속에서 벗어나지 못하는 성도들이 있다. 그들을 교회로 인도하기 위해서는 하늘로부터 임하는 성령의 강력한 퍼펙트 스톰의 역사가 일어나야 한다. 새에덴교회는 신년축복성회와 장년여름수련회라는 두 개의 영적 대각성 집회를 통해서 성령의 임재를 사모한다.

그뿐만 아니라 매주 금요철야기도회와 분기별 작정 밤 기도회 및 사명자 기도회를 통해서 심령에 거룩한 성령의 불을 붙인다. 이런 모든 집회는 간절한 사모함을 갖고 하는 집회다.

(1) 신년축복성회

어느 교회든지 송구영신예배는 다 드릴 것이다. 그런데 우리 교회

는 처음에는 송구영신예배를 0시에 한 번 드렸다. 9시 반부터 송구 예배를 드리고 0시에 영신 예배를 드렸다. 그러나 지금은 3부로 나누어서 한다. 예배당이 너무 좁아서 교육관까지 다 차기 때문에 성도들을 배려한 것이다. 1부는 7시, 2부는 9시, 3부는 11시 40분에 드린다. 그렇게 예배를 드려도 얼마나 많은 성도들이 오는지 예배당이 꽉꽉 차고 11시 40분 예배는 유모실은 물론 가장 큰 교육관인 비전홀까지 가득 찬다.

이때 중요한 건 약속의 말씀을 뽑도록 하는 것이다. 약속의 말씀이 약 800여 개가 되는데 그 약속의 말씀을 뽑는다기보다는 받는다는 마음으로 뽑는다. 그리고 그 말씀을 가지고 신년축복 대심방을 한다. 송구영신예배 집회가 마치면 바로 다음 날부터 신년 축복성회에 들어간다. 단 한 번도 외부 강사를 초청해 본 적이 없다. 지금까지 30년이 넘는 동안 내가 직접 인도해 왔다.

(2) 새에덴 장년여름수련회

장년여름수련회 역시 내가 직접 인도한다. 교회에서 할 때도 있고 하이원리조트나 오크밸리 같은 곳에서 할 때도 있다. 교회에서 하면 더 많은 사람이 모일 수 있고 돈도 적게 든다. 그러나 한 번씩 주위를 환기시켜주기 위하여 하이원리조트나 오크밸리 같은 곳에서 하기도 한다. 그때는 자리가 좁으니까 콩나물처럼 자리를 꽉 차서 앉고 로비에서 영상으로 보기도 하고, 늦게 온 사람은 로비에도 자리가 없어서 지하실에서 영상으로 참여하기도 한다. 왜냐하면 5천 명이 넘는 성도가 운집하기 때문이다. 신년축복성회에서는 주로 신령한 복에 대해서 한다면, 장년여름수련회는 영성이나 경건, 거룩을 주제로 한다.

(3) 금요철야기도회

금요철야기도회는 새에덴교회의 대표 브랜드와 같은 기도회다. 아마 한국교회 안에서 가장 활성화되고 뜨거운 철야기도회일 것이다. 정말 영적으로 갈망하는 사람들이 모여든다. 우리 교회 철야기도회는 1970년대, 1980년대 철야기도회와 같다. 온전한 철야기도를 하지 않아서 그렇지 그 뜨거움과 열기는 1970년대, 1980년대 부흥회와 같은 뜨거운 성령 체험과 은혜의 감격, 울부짖는 기도로 가득하다.

(4) 사명자 기도회

사명자 기도회는 남선교회 주관으로 분기별로 한다. 토요일에 교회에서 하는데 교역자와 장로, 안수집사, 권사, 각 기관장, 모든 중직자, 사명자들이 참여한다. 이때는 유튜브 송출을 하지 않는다. 자유롭게 마음껏 핵심 성도들과 소통하고 교류하며 하고 싶은 교육을 한다. 말씀을 전한 후에 통성기도를 할 때는 엘리야의 울부짖는 기도에 갈멜산에 불이 떨어지듯이 뜨겁게 기도를 한다.

(5) 교구별 성령 대망회 및 교제

월요일에 교구별로 곤지암이 있는 기도원에 가서 성령 대망회를 한다. 교회에서 드리는 기도회도 좋지만 기도원이라는 특별한 공간 속에서 드리는 성령 대망회를 통해서 새롭고 특별한 은혜를 체험한다. 교구뿐만 아니라 전도단이나 평개원, 그리고 몇 교구가 합치면 내가 직접 가서 집회를 이끌기도 한다. 이렇게 해서 뉴트로 처치를 이루고 핵파워처치를 이룬다.

9) 핵처치를 선도하는 교회를 꿈꾼다

우리 교회는 코로나 때 단 한 번도 확진자가 나온 적이 없다. 예배 중에 행정 처분을 받아본 적도 없다. 위기가 없었던 것은 아니다. 우리 교회에서 1km도 안 떨어진 교회에서 100명, 200명의 확진자가 나오고 인근 중고등학교와 학원에서 수십 명의 확진자가 나왔을 때는 정말 긴장하였다. 우리 교회 중고등부에 나오는 학생들이 다 그 학교에 다니는 학생들이었기 때문이다. 완전히 교회 주변의 상가와 거리에 사람 한 명 안 다니는 죽은 도시가 되었다.

그러한 위기상황에서 나는 가장 먼저 하나님께 엎드렸다. 얼마나 하나님 앞에 애간장을 녹이며 기도를 하였는지 모른다.

"하나님, 이번 한 번만 저를 불쌍히 여겨 주옵소서. 확진자 한 명만 나와도 뉴스에 보도되며 세상 사람들이 다 손가락질을 하는 때에 우리 교회에서 확진자가 나오면 어떻게 되겠습니까? 하나님, 이번 한 번만 불쌍히 여겨 주옵소서. 우리 교회를 지켜 주옵소서."

정말 잠을 한숨도 못 자고 눈물로 기도하였다. 그러면서 강력한 선제적 조치를 하였다. 학생들뿐만 아니라 그 부모들과 인근 성도들까지 자발적으로 자가격리를 시키고 방역을 철저하게 하였다. 그 결과 한 건도 확진자가 없었고 단 한 번의 행정조치도 없었다. 그리고 단 한 번도 예배를 중단한 적이 없다.

코로나가 극심해질수록 더 핵크리스천, 핵처치를 이루기 위해 내가 먼저 핵목회를 하였다. 4주 연속 새벽기도회, 3주 연속 밤기도회를 직접 다 인도했다. 너무 목을 쓰니까 성대 결절이 생겨서 한 2주 정도 쉬었다가 또 계속 새벽기도회와 밤기도를 하였다. 모든 예배를 유튜브를 통해 전송하자 새벽기도에도 수천 명의 성도들이 모이고, 밤기도에는 더 많은 성도들이 온라인으로 접속해서 함께 기도하였다.

무엇보다 성도들로 하여금 먼저 주님을 갈망하고 현장예배를 사모하고 교회를 가까이하도록 했다. 평일에도 성도들이 19명씩 교회에 와서 릴레이 기도를 하고 거기에도 들어오지 못한 성도들은 교회 주변을 돌고 가기도 하였다. 또한 송구영신예배와 신년축복성회에 이르기까지 화상 줌을 통해 한 사람 한 사람 이름을 다 부르며 축복기도를 했다.

12월 31일에는 여덟 번의 송구영신예배를 인도했다. 또한 그 중간 중간 사이에 성도들이 몇십 명씩 교회에 와서 대기를 해서 기도를 받고 갔다. 오죽하면 자동차 스루를 하여 부교역자들에게 축복기도를 받기도 하였다. 그때 나는 거의 탈진이 될 뻔했다. 그렇게 했을 때, 지금까지 새에덴교회 역사상 가장 많은 헌신의 역사가 일어났다. 성도들이 교회를 사모하고 예배를 갈망하면서 정말 꿈같은 헌신의 핵폭발이 일어난 것이다.

그리고 코로나가 끝났을 때 가장 먼저 예배가 회복되는 모범적 사례가 되었다. 특히 나는 예배 회복의 지름길이 교회학교라고 생각했다. 왜냐하면 애들이 교회에 오면 부모는 자동적으로 따라오기 때문이다. 그래서 매주 교회학교 출석인원을 체크하고 교회학교 예배회복에 신경을 썼다. 그래서 MZ세대 부모의 현장예배 출석과 교회학교 자녀의 현장예배 독려를 위하여 대예배실 앞에 교회학교 자녀 예배 출석 스티커 판을 제작하여 세웠다.

부모와 함께 현장예배에 나온 자녀들은 대예배실 앞에 세워진 자신의 이름이 써진 출석 스티커 판에 출석 스티커를 직접 붙이면서 흥미를 느끼고 더욱 예배 출석에 독려되었다. 매주 자신의 이름에 출석 스티커를 붙이며 예배 출석에 동기부여를 받은 것이다. 부모와 자녀들이 출석 스티커를 붙이기 위해 대예배당 앞으로 오면 자연스럽게 교구 교역자들이 부모와 자녀들을 따뜻하게 맞이하며 축복기도를 해 주었다.

그뿐만 아니라 예배 출석을 잘하는 자녀들에게 특별 시상을 하면서 자연스럽게 부모들도 자녀를 통하여 현장예배 출석의 동기부여를 받게 되었다. 부모 역시 자녀들과 함께 스티커를 붙이러 오면서 교역자와 인사를 나누고 교제하면서 또 다른 형태의 심방 효과를 얻고 돈독한 관계를 형성하였다. 교회학교 자녀 예배 출석 스티커 프로젝트로 현장예배 출석률 증가와 예배 회복이라는 긍정적인 결과를 얻었다. 새에덴교회는 한국교회 안에 핵처치를 선도하는 모범적 사례가 되고 있다. 핵처치를 이루게 되면 지역교회로만 머무르지 않고 시대와 사회에 대해 영향력을 미치게 된다.

🌱 핵처치의 공공외교, 러브 아프리카, 러브 부산을 외치다!

나는 얼마 전에 아프리카를 다녀온 적이 있다. 르완다에 가서 월드미션 프론티어 하이스쿨과 조이플 초등학교 기공식 예배를 인도했다. 그리고 케냐 나이로비에서 열린 '한·아프리카 협력 컨퍼런스' 첫째 날 환영 만찬에서 2030 부산 엑스포 유치를 기원하는 간절한 메시지를 담아 영어 연설을 했다.

컨퍼런스에서는 새에덴교회에서 직접 삼성의 최신 폴더블 스마트폰을 구매해 부산 엑스포 유치에 대한 간절한 부탁을 적은 편지를 동봉해 선물로 전달했다. 그랬더니 아프리카 정·관계 인사들이 감동을 받고 함께 사진을 찍자고 요청했다. 그래서 나는 이렇게 전했다. "부산을 격려해 주시고 부산을 사랑해 주시기 바랍니다. 그리고 2030 부산 엑스포 유치를 위해 큰 박수를 보내주시기 바랍니다."

아쉬운 점은 원래 아프리카 정상들과 장관들이 오기로 했는데 여건상 28개국 장관이나 차관, 그리고 대사들이 모였다. 다음 날 저녁 열린 김진표 국회의장 초청 만찬 때도 건배사를 맡아 2030 부산 엑스포 유치를 위해 메시지를 전했다. 또 90여 명의 아프리카 선교사들을 초청해 말씀을 전했다. 강의 후 몇몇 사람이 이런 인사를 했다.

"이렇게 코로나 때 투혼을 발휘해 한국교회를 세우기 위해 노력했는데 떠도는 헛소문을 듣고 목사님을 잠시 오해한 적이 있습니다. 사과드립니다."

르완다에 가서 학교를 짓고 케냐에서 선교사님들을 섬기는 것은 목사로서 당연한 일이다. 그러나 정치인이 아닌 목회자가 공공외교에 선한 영향력을 발휘하는 것엔 사실 갈등이 많았다. '정치인도 아닌데 꼭 이런 일을 해야 하는가. 이런 일을 한다고 해서 부산 엑스포 유치에 얼마나 효과가 나타나고 열매를 맺을 것인가.' 마음 한쪽에서는 포기하라는 소리가 들리기도 했다. 상황이나 여건으로 볼 때도 너무나 힘든 일이었다.

그러나 이 역시 다시 오지 않을 기회일지 모른다고 생각했다. 그래서 못하는 영어이지만 강연하기 위해 무수히 암독하고 음독했다. 비행기에서도 남들은 영화 보고 잠잘 때 영어 연설문을 꺼내 계속 읽고 또 읽었다. 그런데 막상 강단에 서니 눈부신 조명 때문에 원고가 보이지 않았다. 약간 버벅거리기는 했지만 그래도 하나님께서 주신 감각으로 원고에 없는 내용까지도 전할 수 있었다.

돌이켜보니 내가 할 수 있는 모든 것을 쏟아 부으며 최선을 다했다는 생각이 든다. 그리고 무엇보다 새에덴교회가 핵처치가 되어 누구도 할 수 없는 공공외교의 꽃씨를 뿌렸다는 가치와 보람이 느껴졌다. 지금은 사우디아라비아의 오일머니 파워보다 삼성 스마트폰의 추억이 더 있기를 바라고, 하나님이 그들의 마음을 감동시켜 부산 엑스포가 유치되기를 기도하고 바랄 뿐이다.

'한·아프리카 협력 컨퍼런스'에서 했던 2030 부산 엑스포 유치 기념 연설문 전문을 소개한다.

한·아프리카 상호 협력 발전을 위한 포럼 연설문

존경하는 대통령님들, 장관님들, 안녕하십니까? 저는 한국교회 총연합회 대표회장을 역임했고 지금은 '(사)글로벌 에듀' 이사장으로 섬기고 있는 소강석 목사입니다. 오늘 제가 이 자리에 서서 몇 마디 말씀을 드리게 되어서 큰 영광으로 생각합니다.

제가 어렸을 때는 우리나라가 엄청나게 후진국이었습니다. 그래서 제가 초등학교를 다닐 때 미국이 공급해준 옥수수 가루와 분유가루 공급을 받아먹고 자랐습니다. 그런데 제가 청년 시절에는 개발도상국이었습니다. 개발도상국 시절에는 선진국이 되려고 온 국민이 노력을 하였습니다. 그 결과 지금은 세계 선진국 중에 한 나라가 되었습니다. 지금은 세계 9위가 되는 선진국이 된 것이죠. 개발도상국이 엊그제 같았는데 눈을 떠보니 선진국이 되어 있었던 것입니다.

그런데 이 선진국은 우리의 힘만으로 된 것이 아니었습니다. 140여 년 전, 선교사님들이 우리나라에 와서 학교와 병원을 세워주셨습니다. 특별히 학교를 세워서 문맹인들에게 문명을 깨우쳐주고 새로운 지성을 갖도록 해주었습니다. 이러한 학교들과 교육이 없었다면 오늘날 대한민국의 번영과 발전은 불가능했을 것입니다.

지금은 우리나라가 선진국이 되어 교육시설과 인프라가 충분해서 교회가 그런 일을 할 필요가 없게 되었습니다. 그래서 한국교회는 우리나라보다 더 GNP가 낮은 개발도상국을 돕는 활동을 하고 있습니다. 우리나라가 교육 덕분에 오늘의 선진국이 된 것처럼 아프리카의 나라들도 저희들의 교육지원으로 인해 부지런히 선진국이 되길 기도합니다. 그 일을 우리나라가 앞장서고 특별히 우리 글로벌 에듀가 앞장설 것입니다.

(사)글로벌 에듀는 개발도상국에게 병원과 학교를 지어주고 있습니

다. (사)글로벌 에듀는 지난번에 아프리카에 학교를 2곳 지었고 이번에 와서도 2개 학교 기공식을 하였습니다. 앞으로 학교를 지을 뿐만 아니라 교육시설과 시스템, 프로그램도 지원해 드릴 것입니다.

저는 기왕에 이 자리에 선 김에 우리나라를 소개하고 자랑하고 싶습니다. 우리나라는 세계 원조를 받은 나라에서 최초로 원조를 해주는 나라가 되었습니다. 한국전쟁의 말로 할 수 없는 폐허 속에서도 대한민국이라는 선진국의 꽃을 피워냈습니다. 그 중심에 부산이라는 도시가 있었습니다. 6.25 한국전쟁 때 공산군에게 나라를 거의 다 빼앗기고 달랑 부산만 남았습니다. 그런데 그 부산에서 힘을 다시 결집하여 낙동강 전선을 뚫고 계속 북진을 하였고 오늘의 눈부신 대한민국을 이루게 된 것입니다.

그러므로 부산광역시는 오늘의 대한민국을 있게 한 최후의 보루였고 대한민국의 혼과 정신이 아직도 숨 쉬고 있는 곳입니다. 더구나 부산은 세계 최고로 아름다운 항구도시입니다. 여러분, 부산 해운대를 와보셨는지요? 또 부산 기장 앞바다를 보셨는지요? 태곳적의 신비로움과 현대 문화가 조화를 이루는 얼마나 아름다운 바다의 도시인지 모릅니다. 마치 모든 소리가 세이렌의 노래로 들릴 정도로 아름답고 고혹적인 항구 도시입니다. 저는 대한민국 국민으로서, 대한민국 종교 지도자로서 여러분이 2030년도 엑스포에 부산으로 오시면 좋겠다는 마음이 강렬합니다.

만약에 여러분이 2030년도 부산 엑스포에 오신다면 여러분은 환상의 도시에 오시는 듯 착각을 하게 될 것이고 세이렌의 앞바다를 지나가는 듯한 매혹적인 여행을 경험하게 될 것입니다. 여러분, 부산을 응원해 주십시오. 부산을 사랑해 주십시오. 부산 엑스포를 위하여 박수를 쳐주시기 바랍니다. 대단히 감사합니다.

나는 지금도 여전히 새에덴교회가 한국교회의 핵처치 모델 교회가 되기를 꿈꾼다. 신년에는 흩어지건 나누어지건 연합하건 융합하건 거룩한 부흥과 연합, 공적 사역의 핵폭발을 일으키는 핵처치 세움을 선도하고 싶다. 그래서 지금도 나 스스로 쪼개지고 흩어지고 홀로 서며 기도하고 준비하고 있다.

10) 핵신앙의 폭발력으로 연합과 공적 사역을 선도한다

최근 이스라엘과 하마스와의 전쟁이 격해지면서 수많은 희생자가 발생하고 있다. 발단은 하마스의 공격과 민간 살해로부터 된 것이다. 하마스는 IS, 탈레반, 헤즈볼라 등과 같은 이슬람의 극단적 원리주의자들이요 무장단체이다. 부디 하마스는 이스라엘의 인질들을 풀어주고 선제공격을 사과하고, 이스라엘은 지상군 투입을 중지하고 전쟁이 종식되기를 바란다.

그러면 왜 이슬람 종교가 생겨났을까. 종교개혁자 칼빈에 의하면 무함마드가 받은 계시는 거짓 영에 의해 받은 것이라고 주장했다. 그러나 그들을 무력으로 제압하지 말고 사랑과 섬김으로 복음을 잘 전할 것을 권고했다. 그런데 또 하나의 이유가 있다. 그것은 기독교 내부의 사랑과 포용의 부족 때문이라 할 수 있다.

당시 기독교는 늘 분쟁하고 다투고 싸웠기 때문이다. 기독교의 다툼은 삼위일체 논쟁에서부터 시작한다. 물론 삼위일체 교리가 확정되기 위해서는 수많은 논쟁이 필요했다. 특별히 아리우스라는 사람이 나타나서 예수 그리스도는 신성을 갖고 있는 게 아니라 인성을 가진 것뿐이라고 주장했다. 그러니까 정통 기독교에서는 아리우스를 이단으로 정죄할 수밖에 없었다.

또한 유티키스라고 하는 사람이 예수 그리스도의 단성론을 주장했다. 이 단성은 예수 그리스도가 비록 인간으로 오셨다고 하지만 인간은 껍데기일 뿐 실제로 예수 그리스도에게는 신성밖에 없다고 주장했다. 그러다가 네스토리안이라는 사람이 나타나서 예수 그리스도의 신성과 인성을 주장하되 그것은 기계적 결합이고 도덕적 결합이라고 주장했다. 물론 이 사람들은 예수 그리스도의 십자가의 대속과 구속을 믿는 사람들이다. 예수 그리스도의 대속적 죽음과 구원을 인정하면서도 신인 양성과 삼위일체에 대한 부정적 견해를 갖게 된 것이다.

그러자 정통 기독교는 이들에 대해서 무차별한 공격과 박해와 핍박을 가했다. 나는 이 부분을 선교적 측면으로 볼 때 좀 아쉬운 면이 있다고 생각을 하곤 한다. 물론 정통 교리를 세우기 위해서는 이단 정죄가 필수적이어야 하지만, 어떻게든 그들을 설득하고 이해시킬 수는 없었을까, 이런 아쉬움이 좀 있다.

정통 기독교는 이런 사이비들을 향하여 무차별한 박해와 공격을 가했기 때문이다. 이때 많은 사람들이 기독교에 대해서 염증을 느끼고 회의를 갖게 된다. 이슬람교를 창시한 무함마드도 예외가 아니었다. 그 주변에 사이비 기독교 세력들로 많이 둘러싸여 있었다. 그리고 그들이 박해받는 모습도 봤다. 그러니 그런 영향을 안 받을 수가 없었다.

그래서 무함마드는 이런 회의와 염증을 느끼며 동굴 속으로 들어가서 명상에 전념한다. 그런 그에게 계시가 임한 것이다. "유대인과 그리스도인이 성경의 본질을 변질시켜버렸으니 이제 너는 다시 계시를 받아야 한다." 그렇게 해서 받은 계시가 꾸란이다. 이게 말도 안 되는 소리 같지만, 그때 당시로서는 먹혀들기 시작한 것이다. 먹혀들 뿐만 아니라 이슬람 종교가 엄청나게 도약하고 발전하게 되었다. 그렇게 된 계기는 교회가 하나 되지 못하고 싸웠기 때문이다.

특별히 그 즈음에 필리오케 논쟁이 있었다. 필리오케 논쟁이란 서방교회에서는 성령이 아버지와 아들로부터 나온다고 하였지만, 동방교회는 성령은 아버지께로부터만 나온다고 하는 논쟁이었다. 이것 때문에 동방교회와 서방교회가 나눠지게 되었다. 신학적으로 볼 때는 서방교회가 맞지만 서로 싸우지만 말고 설득하고 이해를 시켰으면 얼마나 좋았겠는가.

그뿐만 아니라 정치적 다툼도 있었다. 교황제도가 생기기 전에는 대주교 제도로 운영을 했는데, 서방교회에서 교황제도를 탄생시킨 것이다. 그러자 동방교회에서는 서방교회의 교황제도를 인정하지 않았다. 인정을 하는 순간 서방교회의 지배를 받게 되기 때문이다. 그래서 동방교회와 서방교회가 나눠지게 된다.

동로마교회의 분열과 패망

그런데 동방교회는 여전히 또 싸우게 된다. 화상 숭배 논쟁으로 200년이 넘는 싸움을 한 것이다. 사람들이 글을 모르고 무지하니까 그림으로 예수님의 생애를 가르쳤다. 그림으로 예수님을 배우다 보니까 그림을 섬기기 시작하는 것이다. 그림에 성령이 임재를 한다고 그림을 향해 기도하고 우상처럼 섬기는 것이다.

그 싸움에서 화상 숭배파가 승리하여 교권을 잡았다. 그러자 저 변방으로 밀려난 화상 반대파 사람들이 와신상담을 하는 것이다. 그들은 화상 숭배파를 제거하는 것이 유일한 목표였다. 그래야 자기들의 시대가 온다고 말이다. 그러면서 투르크족들과 손을 잡고 사돈관계를 맺고 함께 가세를 하였다. 이때 오스만 투르크는 동로마와 평화협정을 맺었다. "우리가 서로 상호 불가침 조약을 맺자." 그렇게 안심하게 하고 계속 싸우게 만들었다.

그런데 변방으로 쫓겨난 화상 반대파 1만 5천 명이 메흐메드 2세 군대에 자원입대를 했다. 그때 위기를 감지한 동로마 황제 마누엘 2세와 요한네스 황제가 서방교회에 도움을 요청했다. 그러니까 서방교회에서는 그들과 교리가 다르다고 도와주지 않았다. 이 얼마나 답답한 노릇인가. 지금 정예화된 오스만 투르크 군들이 진격을 해 오고 있는데 같은 기독교인데 교리가 좀 다르다고 도와주지 않았으니 말이다.

그래서 마침내 1453년 5월 29일 동로마제국이 처참하게 망했다. 오스만 투르크 군사들이 아름다운 여인을 서로 차지하려고 칼부림을 하다가 그 아리따운 딸들이 팔다리가 잘려 죽었다. 끝까지 저항하던 교회 사제들은 목 베임을 당해 죽고 예배당에서 쓰던 휘장을 찢어 만든 밧줄로 어린아이들을 노예로 끌고 갔다. 그리고는 100여

개에 달하는 정교회의 거대한 성당이 이슬람의 모스크가 되어 버렸다.

거대하고 아름다운 성 소피아 성당이 이슬람의 모스크가 되어 버렸고 삼위일체 교리를 확정한 이레네교회도 이슬람 사원이 되어 버리고 말았다. 아니, 기독교 국가였던 동로마 전 지역이 이슬람화되어 버린 것이다. 그토록 연합을 안 하고 싸우다가 자업자득을 한 것이다. 얼마나 분통이 터질 노릇인가?

특별히 이슬람 세력을 더 발전하게 한 것이 있었다. 그중에 하나가 십자군 전쟁이었다. 십자군 전쟁은 예루살렘을 비롯한 성지 탈환을 목표로 한 전쟁이었다. 물론 동기와 의도는 좋았다. 그러나 그 과정에서 같은 기독교인인 콘스탄티노플 백성들을 너무나 학대를 했다. 그게 4차 십자군 전쟁 때인데 이스라엘을 해안으로만 가니까 너무 멀었다. 그래서 콘스탄티노플에 육로를 좀 개방해 달라고 했다.

그런데 십자군들이 콘스탄티노플을 들어가 보니까 너무 화려하고 탐이 나는 것이다. 그래서 성전 벽의 금과 온갖 보화를 탈취하고 아름다운 여인들을 강간하기도 하였다. 더구나 예루살렘에 살고 있는 아랍 사람들을 너무 잔인하게 학살하였다. 성지를 탈환하려면 전쟁을 하되 전쟁을 하는 과정에서 그들을 잘 설득해서 "여기가 성지니까 좀 비켜 달라"고 하고 하나님의 사랑과 복음을 전하면서 여유 있게 해야지, 지금의 이슬람 무장단체와 다를 바가 없을 정도로 잔인하게 대한 것이다. 이런 기독교에 대한 반감이 무슬림을 키우게 해 준 것이다.

🌱 사랑과 희생으로 마음의 문을 열다

무함마드는 한 손에는 꾸란을 한 손에는 칼을 들고 와서 강제로 믿게 하였다. 그러나 기독교는 이슬람처럼 한 손에 성경을 한 손에 칼을 들고 온 게 아니었다. 한국에 온 푸른 눈의 선교사들은 총과 칼로 복음을 전하지 않았다. 사랑과 희생으로 복음을 전했다. 사랑과 희생으로 우리 조선인들이 마음의 문을 열고 복음을 받아들이게 하였다. 그래서 그들은 교회만 짓는 게 아니라 학교를 짓고 병원을 지었다. 사랑과 섬김으로 희생을 했다.

헐버트 선교사 같은 경우는 조선인보다 조선을 더 사랑했고 루비 켄드릭 선교사는 "내게 천 개의 생명이 주어진다면 조선을 위해 바치겠다"고 했다. 선교사들의 이런 사랑과 섬김으로 오늘날 우리나라가 복음화가 된 것이다. 이슬람 전문가인 유해석 교수에 의하면 1년에 800만 명에서 천만 명이 개종을 한다는 것이다. 무엇 때문에 그런 줄 아는가? 기독교인의 희생과 섬김과 사랑 때문에 개종을 한다는 것이다.

기독교인의 희생과 섬김과 사랑을 통해서 전한 예수 그리스도의 복음을 듣고 개종을 한다는 것이다. 지금도 가자지구의 교회들이 난민들의 피난처가 되어주고 그들을 사랑으로 영접하는 것이 그들에게 감동이 되고 있지 않은가.

새에덴교회가 연합 사역과 공적 사역을 하는 이유가 여기에 있다. 항상 보면 역사 속에 답이 있기 때문이다. 공적 교회를 지키고 보호하기 위해서 연합 사역을 하고 공적 사역을 하는 것이다. 누가 나를 공격해도 함께 싸우지 않는 이유가 여기에 있다. 우리 교회는 한국교회 최초로 한국전 참전용사 초청행사를 시작하여 17년 동안 하고 있다. 그리고 군부대를 방문할 때마다 나는 참전용사들과 함께 열병식에서 사열을 받는다.

역사를 보면 모든 시대와 사회를 버텨주는 근간이 종교였다. 그런데 종교가 타락하거나 분쟁을 하면 반드시 그 시대와 사회가 무너지게 되어 있다. 그런 의미에서 종교는 화목하고 평화를 유지하며 다툼을 멈추게 해야 한다. 어떤 경우에도 전쟁을 부추겨서는 안 된다. 우리 한반도 땅에 이스라엘과 하마스와 같은 전쟁이 일어났다고 생각해 보라. 물론 전쟁을 막기 위해서는 튼튼한 안보력과 국방력을 가져야 한다. 북한과 게임도 안 되는 국방력과 안보력을 갖춰야 한다.

그러나 아무리 힘이 세다 하더라도, 종교가 러시아정교회처럼 푸틴이 우크라이나를 침공하는 것을 지지하고 박수 쳐줘서는 안 된다. 하마스가 이스라엘을 공격할 때 박수를 쳐 준 이슬람과 같은 종교가 돼서는 안 된다. 종교는 그런 것이 아니다. 사람을 살리고 평화를 지켜내야 한다. 전쟁을 막고 어떤 경우에도 전쟁을 부추겨서는 안 된다. 그래서 구약성경을 보면 하나님 이름에 샬롬을 붙였다. 여호와 샬롬, 하나님은 평강의 하나님이라는 말이다.

나는 이러한 역사의식을 가지고 한국교회 생태계를 지키기 위한 공적 사역과 연합 사역에 매진하였다. 대형교회 목회자로서 가장 먼저 수쿠크법(이슬람 채권법)의 위험성을 알리고 최전선에서 막았다. 지금이야 많이 함께하고 있지만 나는 포괄적 차별금지법 입법 시도를 막았고 종교인 과세법도 최전선에서 대응했다. 이런 공적 사역을 하는 것은 한국교회 생태계가 무너지면 한국교회 전체가 무너지기 때문이다. 생태계는 전 세계가 중요하게 여기는 사안이다. 환경과 생태계가 파괴되면 인류의 생존이 위협받고 생명사회가 타격을 받기 때문이다.

나는 교회도 자연 생태계, 환경 문제에 대해서 관심을 갖고 앞장서야 된다고 생각한다. 그래서 '새 담론을 만들어 가자'라는 설교를 하였다. 한국교회가 함께 환경 생태계 문제를 공유하고 해결해 나가자는 의미로 설교 전문을 소개한다.

새 담론을 만들어 가자(창 1:25-29)

[2023년 8월 13일 주일예배]

《브라질에 비가 내리면 스타벅스 주식을 사라》는 책이 있습니다. 이것은 미국의 경제학자 피터 나바로가 쓴 책인데요. 이 책의 골자는 브라질에 비가 내리면 좋은 커피가 생산되는데 브라질과 반대편에 있는 스타벅스 매장에 엄청난 영향을 주게 된다는 것입니다. 그래서 한 투자자는 "브라질에 비가 내려 심한 가뭄이 해소되었다"는 뉴스를 보고 스타벅스 주식을 서둘러 매입을 합니다. 그래서 그는 대박을 이루었습니다.

이 책은 두 가지를 강조합니다. 하나는 숲, 즉 경제 흐름과 또 하나는 나무, 즉 경제 종목을 보라는 것입니다. 숲과 나무를 보면 주식시장이 보이고 거시 경제가 보인다는 것이죠. 다시 말하면 경제를 안정적으로 만들려면 숲과 나무를 함께 보아야 한다는 것입니다. 이처럼 경제 분야에서도 '숲과 나무는 함께 보아야 한다'는 거시 담론이 생겨나고 있습니다.

그런데 최근에 와서 온 인류에게 새로운 담론이 생겨나고 있습니다. 그것은 생태계 곧 환경, 기후, 생명 운동입니다. 생태계는 인간의 탯줄이고 젖줄이며 생명의 태반이라고 할 수 있습니다. 그러므로 자연 생태계가 죽게 되면 인간 역시 죽게 됩니다. 이런 이유 때문에 인간이 살기 위해서라도 자연 생태계를 지키고 살려내려고 노력하고 있는 것입니다. 하나님은 이 원리를 미리 아시고 아담과 하와에게 에덴동산을 비롯하여 모든 자연 생태계를 지키는 관리자로 세워주셨습니다.

> 창 1:25-26 하나님이 땅의 짐승을 그 종류대로, 가축을 그 종류대로, 땅에 기는 모든 것을 그 종류대로 만드시니 하나님이 보시기에 좋았더라 하나님이 이르시되 우리의 형상을 따라 우리의 모양대로 우리가 사람을 만들고 그들로 바다의 물고기와 하늘의 새와 가축과 온 땅과 땅에 기는 모든 것을 다스리게 하자 하시고

> 창 2:15 여호와 하나님이 그 사람을 이끌어 에덴 동산에 두어 그것을 경작하며 지키게 하시고

하나님은 아담에게 생육하고 번성할 뿐만 아니라 모든 자연의 생태계를 잘 관리하고 보존하는 사명을 주셨지 않습니까? 그러나 왜 아담이 이 일을 실패한지 아십니까? 자신만을 생각하는 이기적인 생각과 욕심을 가졌기 때문입니다. 그래서 그는 하나님의 명령을 어기고 선악과를 따먹어버리고 말았습니다. 선악과를 따먹는 순간 저절로 하나님의 형상이 파괴되어 버리고 말았고요. 그러니까 자연적으로 인간 세계에 죄가 들어와 버리고 말았습니다. 죄가 들어오니까 생각이 바뀌게 되었고요.

어떤 생각으로 바뀌게 되었습니까? 자기만을 생각하는 탐심, 이기주의적인 욕심을 갖게 된 것입니다. 그리고 그 이기적인 욕심을 가지고 자연을 훼손하고 오염시키게 된 것입니다. 더 많은 것을 가지고, 더 많이 소유하려는 욕심 때문에 인간관계가 파괴되고 그 인간관계의 파괴는 마침내 자연과의 관계도 파괴를 시키기 시작했습니다.

이기적 욕망에 빠진 사람들은 무조건, 그리고 무엇이든지 돈이면 다 되고 돈으로 모든 것을 살 수 있다고 생각합니다. 그 자체가 이기주의적 욕망의 동기 때문이지요. 그러나 돈으로 살 수 없는 것들이 얼마나 많은지 아십니까? 그런 의미에서 하버드대학교 교수인 마이클 샌델 교수는 《돈으로 살 수 없는 것들》이라는 책을 썼습니다.

마이클 샌델 교수는 하버드대학교에서 30년이 넘게 정치철학을 강의하고 있습니다. 그의 명저 《정의란 무엇인가》라는 책은 얼마나 유명한지 모릅니다. 바로 그 책에 이어서 《돈으로 살 수 없는 것들》이라는 책을 쓴 것입니다. 그는 그 책에서 우리의 일상 곳곳에 침투한 시장주의의 문제점을 지적합니다. 사람들이 열심히 일해서 번 돈으로 더 편하고 좋은 삶을 추구하는 것은 당연한 일이고 좋은 일이라는 것이죠. 하지만 돈으로 무엇이든지 할 수 있다는 생각, 그 자체가 문제라는 것입니다.

그는 그 어떤 경우에도 돈과 시장이 지배해서는 안 되는 영역이 있다고 주장합니다. 비근한 예로, 멸종위기에 놓인 검은 코뿔소를 사냥하기 위해서는 15만 달러를 내고 사냥을 한다는 것이죠. 인도의 여성 대리모 서비스는 6,250달러라고 합니다. 신체의 일부를 임대하여 광고에 지불하는 돈은 777달러라고 합니다. 이런 것들이 오히려 자연을 파괴하고 환경을 파괴하고 생명의 원리를 떨어뜨리고 있다는 것입니다. 이 자체가 인간의 이기주의이며 오만함이라는 것이지요. 그러면서 세상에는 돈과 힘으로 살 수 없는 것들이 많다고 합니다.

종종 드라마에서 남자 주인공이 여자 주인공에게 했던 명대사가 있지 않습니까? "얼마면 되는데, 얼마나 되느냐고? 내가 돈으로 사겠어!" 남자 주인공은 여주인공의 마음을 돈으로 사겠다고 자신 있게 말합니다. 그런데 돈으로 마음까지 살 수 있을까요? 설사 돈으로 사랑을 살 수 있었다 하더라도 돈이 없어지면 동시에 그 우정과 사랑은 사라지고 마는 것이죠.

그런데 바로 이러한 이기적인 마음과 눈으로 자연을 바라보는 것입니다. 그래서 돈 때문에 산을 산으로 보지 않고, 물을 물로 보지 않습니다. 그냥 산을 산으로 봐야 되고 물을 물로 봐야 하는데 우리 안에 있는 이기적 욕망은 모든 걸 돈으로 보게 되는 것입니다. 그러니 자연을 훼손시키고 파괴할 수밖에요. 심지어는 사람과 생명도 돈으로 보는 시대이니 말입니다.

그러니 인간관계의 파괴는 자연과의 관계 파괴로 이어지고 자연과의 관계 파괴는 인간과의 관계 파괴로 이어지게 되는 것입니다. 그래서 지금 우리는 환경문제로 인해서 얼마나 많이 신음하고 있는지 모릅니다. 대기오염, 오존층 파괴, 지구 열대화, 지구 환경의 변화, 산성비, 폭우, 폭염, 태풍, 한파, 기근, 생태계 교란, 탄소중립, 출산 저하라는 단어나 뉴스가 시간마다 튀쳐나옵니다.

우리나라에서 바람이 가장 많이 부는 곳이 어딘지 아세요? 분당입니다. 혹은 그 옆의 죽전이라고 합니다. "♪바람이 분당 / 죽전의 새 에덴교회 그냥 갈 수 없잖아." 아무튼 이 모든 문제는 지금 우리의 피부에 직접 와 닿는 것들입니다. 이번에도 태풍과 폭우로 인하여 얼마나 많은 사람들이 피해를 봤습니까? 너무나 가슴 아픈 일인데요. 우리나라뿐만 아니라 중국 북경에는 140년 만에 처음으로 비가 744mm가 쏟아져 내렸다고 합니다. 600년 역사의 자금성이 배수구가 막혀 처음으로 물에 잠겼다는 것입니다.

그뿐입니까? 우리는 폭염에 시달리고 있습니다. 이 폭염은 갈수록 더 높아지고 있는 것 같습니다. 그래서 온난화를 넘어서 지금은 열대화로 가고 있습니다. 옛날에는 이런 일이나 말에 아주 둔감했습니다. 저희가 어린 시절, 60년대, 70년대까지만 해도 밥 먹고 살기가 너무 힘든 세상이었습니다.

♪ 잘 살아 보세 / 잘 살아 보세
　 우리도 한번 잘 살아 보세 / 잘 살아 보세

의식주의 문제가 해결되지 않으니까 이런 말이 전혀 와 닿지가 않았습니다. 그때는 오로지 환경이 파괴되건, 자연이 파괴되건, 근대화와 산업화에만 몰두를 했습니다. 그러나 지금은 다릅니다. 우리는 지금까지 얼마나 많은 자연을 파손하고 환경을 오염시켰는지 모릅니다. 그런데 그 여파는 고스란히 우리에게 닥쳐오고 있지 않습니까? 심지어는 녹을 것 같지 않은 빙산이 녹아 흐르고 있습니다. 철가방처럼 변하지 않을 것 같은 빙산이 녹고 있는 것입니다. 여름에 아이스크림만 녹는 것이 아니라 빙산도 녹습니다.

코로나가 왜 왔습니까? 대부분의 이론은 우리가 자연을 파괴하니까 코로나19라고 하는 바이러스가 숙주로 삼을 곳을 찾지 못해서 인간을 숙주의 대상으로 삼아서 그렇게 됐다는 것입니다. 무차별적인 환경파괴에 대한 우리 인간의 자업자득이라는 것입니다. 인류에게 이런 생태계 문제가 중요하다면 교회도 예외가 아닙니다. 교회도 생태계가 있습니다. 한국교회도 어느 때부턴가 조국의 근대화와 산업화 운동에 편승하고 매몰되기 시작했습니다.

그러다 보니 교회가 물량적 성장운동에만 올인하게 되었습니다. 그래서 교회가 언제부터인가 자기들만의 카르텔을 쌓고 이기적 공동체가 되기 시작했습니다. 그러나 원래 한국교회는 그렇지 않았습니다. 한국교회는 시대와 역사를 향하여 새 담론을 제시하며 험한 세상의 다리 역할을 하였고 우리 민족과 사회를 통째로 바꿔버렸습니다.

첫째, 한국교회는 봉건주의 사회를 자유민주주의 사회로 바꾸었습니다. 둘째, 기독교는 독립투사들과 더불어서 독립 주권 국가를 이루는 데 앞장섰습니다. 셋째, 기독교는 이 땅에 공산 전체주의를 막아내는 데 앞장섰습니다. 그러나 교회가 과거에 그런 일을 했던 것을 자랑하고 기록하는 것으로 그쳐선 안 됩니다. 그 당시에 광복과 해방운동이 한국교회의 담론이었다면 지금은 새 시대의 담론을 얘기해야 합니다.

지금의 한국교회의 모습은 어떻습니까? 언제부터인가 사회로부터 견제받기 시작하고 비난받기 시작했으며 공격의 화살을 한 몸에 받았습니다. 긍정적인 의미로 볼 때는 다분히 기독교가 우리나라에서 제1의 종교가 되었기 때문이라고 할 수 있습니다. 제1의 종교가 되니까 견제를 받고 비판의 대상이 될 수 있습니다.

그런데 어느 새부터인가 우리 한국교회는 교회만을 생각합니다. 교회가 험한 세상에 다리 역할을 하지 못하니까 자기 교회만 생각하고 자기 공동체만을 생각하는 것입니다. 그래서 우리 자신도 모르게 우리만의 카르텔을 쌓는 이기적 공동체를 이룬 것입니다. 그래서 세상으로부터 미움을 받고 증오의 대상이 된 것입니다.

그러니까 지금은 반기독교 세력은 대놓고 교회를 공격합니다. 과거에는 산발적으로, 어떤 건에 따라서 공격했지만, 지금은 대놓고 정면으로 공격을 합니다. 이에 덩달아 미디어에서도 교회를 조롱하고 비난을 합니다. 특별히 넷플릭스 같은 곳에서 보면 노골적으로 안티기독교적 내용을 담은 영화나 드라마를 만들어내고 있습니다. 이런 것들이 다 교회 생태계를 무너뜨리는 것입니다.

교회 내부의 모습도 마찬가지입니다. 교계를 들여다보면 얼마나 서로 분열을 합니까? 이념으로 분열을 하고 정치 색깔로 분열하고 정당을 따라 분열합니다. 아무리 정당은 정당끼리 싸우고 정치는 여야가 서로 대립하고 충돌할 수 있지만, 이런 가운데 사회를 통합시키고 국민통합을 이룰 수 있는 곳이 종교가 아니겠습니까? 특히 기독교가 그런 역할을 해야 되지 않겠습니까?

그러므로 오늘날 새 시대의 담론은 화합과 화해, 통합이라고 할 수 있습니다. 그런데 이런 담론만으로는 한계가 있습니다. 앞으로 미래 사회를 바라보며 생태계를 살리자는 담론을 펴나가야 합니다. 이런 담론을 누가 먼저 펼쳐 나가야 합니까? 교회가 앞장서서 환경, 기후, 생명 운동을 하자는 것입니다. 물론 이 일은 국가가 앞장서야 합니다. 모든 세계인이 이기심과 욕심을 버리고 지구 생각을 하며 그런 담론을 펼쳐 나가야 합니다.

이러한 담론을 누가 펼쳐낼 수 있습니까? 교회가 앞장서서 펼쳐가야 합니다. 왜냐하면 우리 사회에서 가장 힘을 결집시키고 이러한 담론을 펴나가는 데 힘을 가진 곳이 교회이기 때문입니다. 그러므로 우리 교회뿐만 아니라 한국교회가 앞장서야 합니다. 새 시대의 새로운 담론을 펼쳐야 합니다. 환경과 기후 문제, 그리고 생명 운동을 앞장서는 교회가 되어야 합니다. 그러면 우리 교회가 어떻게 새 담론을 만들어 갈 수 있습니까?

1) 하나님의 형상을 회복하고 창조 질서를 회복해야 합니다.

창세기 1장 1절을 보면 태초에 하나님이 천지를 창조하셨지 않습니까?

> 창 1:1 태초에 하나님이 천지를 창조하시니라

이처럼 창조는 하나님의 가장 큰 사역이었고 이 세상의 시작이었습니다. 이렇게 창조된 세계는 하나님 보시기에 좋았던 것입니다. 하나님은 사람에게만 생육하고 번성하라는 축복을 주신 게 아니었습니다. 모든 짐승과 동물에게도 생육하고 번성하는 복을 주신 것입니다. 그들도 번성하여 땅을 채우고 하늘을 채우라고 복을 명하신 것입니다. 그리고 나서 사람을 하나님 형상대로 만드셨습니다.

> 창 1:25-26 하나님이 땅의 짐승을 그 종류대로, 가축을 그 종류대로, 땅에 기는 모든 것을 그 종류대로 만드시니 하나님이 보시기에 좋았더라 하나님이 이르시되 우리의 형상을 따라 우리의 모양대로 우리가 사람을 만들고 그들로 바다의 물고기와 하늘의 새와 가축과 온 땅과 땅에 기는 모든 것을 다스리게 하자 하시고

하나님은 당신의 형상대로 사람을 만드셨습니다. 마침내 하나님은 사람을 창조하신 후에 "심히 좋았다"라고 말씀하셨습니다. 왜냐하면

온 땅을 다스리고 자연 만물을 보호할 사명자였기 때문입니다.

창 1:31 하나님이 지으신 그 모든 것을 보시니 보시기에 심히 좋았더라 저녁이 되고 아침이 되니 이는 여섯째 날이니라

그러나 인간의 범죄로 땅이 저주를 받고 가시덤불과 엉겅퀴를 내게 되었습니다. 인간의 범죄는 생태계의 파괴로 이어진 것입니다. 그러므로 우리는 하나님의 질서와 원리의 길을 잘 보존해서 깨끗한 환경을 만들어 가야 합니다. 그러기 위해서는 우리가 파괴된 하나님의 형상을 다시 회복해야 합니다.

물론 우리 예수 믿는 사람들은 다 하나님의 형상이 회복됐습니다. 그러나 세상 사람이 보기에도 우리가 온전히 하나님의 형상이 회복되었다는 모습을 가시적으로 보여줄 수 있어야 합니다. 그럴 때 우리는 탐심을 취하지 않고 이웃을 섬기며 자연을 섬기는 영적으로 성숙한 사람이 되기 때문입니다.

리더 위트락이 쓴 《영적 성숙》이라는 책이 있습니다. 거기 보면 원래 아담은 하나님의 창조에 대한 의도와 지식을 다 가지고 지어졌다는 것입니다. 그런데 선악과를 따먹음으로써 그 모든 의도와 지식을 잃어버렸다는 것입니다. 그러니까 하나님의 형상이 회복되고 영적인 성숙을 하게 되면 개인의 이기심부터 없어진다는 것입니다. 그리고 창조의 지식이 습득이 됩니다. 그러니까 창조 질서를 회복할 수

밖에 없습니다. 사람과 사람 사이를 화목하게 만들고 자연보호에도 앞장서게 된다는 것입니다. 그리고 절약하는 정신과 습관이 길러지게 되는 것입니다. 이것이 그가 말하는 영적 성숙입니다.

이렇게 한 개인이 영적으로 성숙하고 교회가 영적으로 성숙하면 이 사회는 순기능 역할을 할 수밖에 없습니다. 어떤 경우도 역기능의 역할을 할 수가 없습니다. 교회가 욕먹고 비난받을 일을 하지 않습니다. 교회가 순기능을 하고 사회적 선순환 역할을 잘함으로써 오히려 교회는 세상으로부터 칭송을 받게 되어 있습니다.

이렇게 사회적으로 순기능을 하는 교회는 환경 생태계에도 관심을 갖지 않을 수가 없습니다. 환경 생태계라는 말은 이 시대에 최고의 거대 담론인데 교회가 어떻게 이런 것에 관심을 안 가질 수가 있겠습니까? 아니 창조 질서를 회복하는 일인데 어떻게 교회가 관심을 갖지 않아야 하겠습니까?

그러니까 교회가 앞장서서 자연환경 보호에 앞장서야 합니다. 그러면서 절약 운동에 모범을 보여야 합니다. 종이컵도 두 번 쓸 걸 한 번 쓰고, 쓰레기도 분리수거하는 데 앞장서야 합니다. 플라스틱 제품을 비롯한 모든 것들이 재활용품으로 사용되도록 노력해야 합니다.

옛날에 IMF 이후에 아나바다 운동을 했지 않습니까? 아나바다 운동은 '아껴 쓰고, 나눠 쓰고, 바꿔 쓰고, 다시 쓰는 운동'을 의미합니다. 에너지를 소비하지 말고 낭비하지 말자는 것입니다. 그래서 제 비서실에서는 이면지를 써요. 한 번 출력을 해서 보고 버리지 말고 이면지에

다가 출력을 해서 다시 재활용을 하는 것입니다. 우리 비서실뿐만 아니라 우리 모든 기관이 이렇게 하기를 바랍니다.

그런데 안타깝게도 전 세계의 기름 소비의 3분의 1을 미국에서 쓰고 있다고 합니다. 그리고 일회용품의 2분의 1도 미국에서 쓰고 있다는 것입니다. 그러니까 자연환경 파괴에 앞장을 서고 있는 미국에서도 아나바다 운동이 일어나야 합니다. 이런 운동을 미국 교회도 앞장서야 합니다.

그런데 미국이 딱 하나 잘하는 게 있었습니다. 브라질의 경제가 나빠지니까 미국에서 빌려왔던 200억 달러를 갚지 못했다고 합니다. 그래서 브라질이 미국에 부채를 갚지 못하겠다고 모라토리엄을 선포한 것입니다. 그러면서 돈이 없으니 아마존의 나무 200억 달러 가치를 베어가라고 하였다는 것입니다.

그러자 미국이 어떻게 한 줄 아세요? 미국이 200억 달러를 탕감해 주었다는 것입니다. 웃지 못할 에피소드 같은 것이죠. 브라질이 국토가 굉장히 넓은 나라이기 때문에 아마존 숲은 대부분 브라질에 있습니다. 하지만 그 아마존 숲은 남미뿐만 아니라 북미, 미국에 펼쳐져 있습니다. 그런데 브라질은 돈을 못 갚겠으니 아마존의 숲을 해치라고 했습니다. 어떻게 세계 허파 역할을 하고 있는 아마존을 훼손하라고 했는지 모르겠습니다. 그러나 미국이 훼손하지 않아서 다행입니다. 이런 면에서는 미국이 앞장서서 환경 생태계와 창조 질서를 지켰던 것입니다.

요즘 우리 주변을 보면 어떻게 그처럼 소중한 산림을 마구 훼손하며 집을 짓고 공장을 짓는지는 모르겠습니다. 물론 사람이 살기 위해서는 어느 정도의 개발은 할 수 있겠지만요. 그러나 우리 주변에 보면 조금 남은 산마저도 다 훼손을 시켜버리고 집을 짓는 것을 보면서 가슴이 아픈 것을 느끼곤 합니다. 왜 가슴이 아픕니까? 제가 하나님의 형상이 회복이 되고 창조의 지식과 생태계의 원리에 대해서 눈을 뜨니까 이런 가슴 아픔을 느끼는 것입니다. 그러므로 우리 모두 하나님의 형상을 회복하여 이기심을 버리고 자연을 존중하는 영적으로 성숙한 사람이 되시기 바랍니다.

2) 섬김, 연합의 정신으로 생태계를 지켜야 합니다.

하버드대학교 교수인 존 코터는 《빙산이 녹고 있다고?》라는 책을 썼습니다. 이 책을 보면 펭귄이 사는 어느 빙산 마을에서 일어난 일을 소개하고 있습니다. 젊고 호기심이 많은 주인공 펭귄 브레드는 빙산의 폭발 위기를 발견합니다. 빙산은 햇빛 때문에 서서히 녹는 것이 아니었습니다. 여름에 한때 생긴 구멍에 물이 차게 되고 그 물이 얼면서 기존 빙산의 입자와 새로 생긴 얼음 입자의 차이가 충돌이 되어 폭발한다는 것을 알게 됩니다.
그래서 브레드는 이것을 알고 자신의 혼자 힘으로는 펭귄 부족들의 마음을 움직이기 힘들다는 걸 깨닫고 중간 리더인 앨리스를 찾아갑니다. 그리고 엘리스는 최고 리더 루이스에게 빙산이 녹고 있다고 잘 설명하고 설득을 하였습니다. 그랬더니 루이스는 절체절명의 순간 혁신팀을 구성해 생활 방식과 삶의 태도를 완전히 바꿔 혁신에 성공합니다. 그래서 그 빙산 마을은 더 이상 폭발하지 않고 안전할 수 있게 된 것입니다. 열린 마을에 열린 펭귄들이 빙산 마을을 살린 것입니다. 이처럼 생태계는 서로 협력할 때 지키고 보호할 수 있다는 교훈입니다.

오늘 이 시대에 안정된 빙산은 하나도 없습니다. 전혀 녹을 것 같지 않은 빙산이 녹아 흐르고 있습니다. 녹는 것이 아니라 빙산이 폭발할 때도 있습니다. 이러한 때에 우리는 펭귄 브레드 같은 사람이 되어야 합니다. 우리 모두 함께 하나님이 주신 창조의 지혜를 모아야 합니다. 이것을 누가 앞장서야 합니까? 교회가 앞장서야 한다는 것입니다. 교회가 앞장서서 인간과 인간 사이에 화목을 이루고 사람과 자연 사이의 관계를 회복해야 합니다. 한동안 이것을 몰랐던 지구촌은 산업화와 근대화에만 앞장서다 보니 생태계 교란의 부메랑을 온 지구촌 사람들이 받고 있지 않습니까?

3) 우리 모두 공유의 정신을 가져야 합니다.

'공유지'라는 이론은 1833년 윌리엄 포스터 로이드가 소개한 것인데요. 지하자원, 초원, 공기, 호수에 있는 고기와 같은 모든 것들은 어느 한 사람을 위해서 존재하는 것이 아니라 공동체 모두를 위해 존재한다는 것입니다. 그런데 이런 공유지나 공유적 자원을 사적 이익을 추구하는 시장주의나 시장의 기능에 맡겨두면 공유지의 비극이 일어나게 된다는 것입니다. 그래서 이 이론에 근거해서 1968년 가렛 하딘이 '공유지의 비극'이라는 논문을 발표하였습니다.

이 논문은 〈사이언스〉지에 실렸던 논문입니다. 이러한 공유지의 비극은 시장 실패의 요인이 되고 자원에 대해서 국가의 관여가 필요하다는 걸 생각하게 된 것입니다. 이런 이론을 악용해서 사회주의나 공산주의가 태동된 것입니다. 그렇다고 공산주의 나라라고 해서 공유지 시설이 잘 보존되고 있습니까? 그렇지도 않습니다.

제가 요 몇 달 교회 묘지를 마련하기 위해서 몇 군데 땅을 본 적이 있습니다. 우리나라의 입법 시스템도 상당히 발전되어 있는 걸 봅니다. 묘지 허가가 보통 까다로운 게 아닙니다. 인근에 마을이 있거나 장의차가 마을로 통과하게 되면 반드시 인근 마을에 주민들의 동의서를 받아야 합니다. 한편으로는 섭섭하게 생각이 되면서도 '우리나라의 입법 시스템이 많이 높아졌구나'라는 생각이 들었습니다.

이게 바로 공유지에 대한 의식 때문입니다. 이제라도 우리는 공유지 의식을 회복해야 합니다. 그리고 이러한 캠페인을 한국 교회가 앞장서서 선도해 나가야 합니다. 지금 그래야 공유지를 지켜낼 수 있습니다. 하나님이 만들어주신 아름다운 땅과 세상을 우리가 망쳐놓으면 후대의 아름다운 삶은 있을 수가 없습니다. 과거 1970년대,

1980년대 근대화와 산업화가 오늘의 생태계를 교란시키는 부메랑으로 돌아온 것처럼, 우리 시대에 우리가 땅 관리를 잘하지 못하면 다음 세대에는 더 큰 부메랑이 되어 찾아오게 될 것입니다. 요즘은 산도 오염되고, 강도 오염되고, 바다도 오염되어 있습니다. 그래서 이런 노래가 있지 않습니까?

♪ 눈물 나는데 슬퍼지는 이유를 몰랐던 건
　나를 대신해 아파하는 너를 몰랐던 일 (중략)
　부서지는데 무서워하는 법도 몰랐던 건
　나를 위해서 기도하는 너를 몰랐던 일

제가 최근에 이은래 씨가 쓴 《미래의 기억》이라는 책을 읽었는데요, 저자는 이미 코로나19를 예견했습니다. 그런데 앞으로 코로나보다 더 큰 전염병이 올 수도 있다는 것입니다. 그 전염병은 인류에 어마어마한 부메랑이나 재앙을 가져오게 하는데 그게 뭐냐 하면, 생식 기능을 저하시켜 버린다는 것입니다. 지구촌의 인구가 30억까지도 줄어들 수가 있다는 것입니다. 어디까지나 그분의 주장이기는 하지만요.

이런 얘기를 들을수록 우리는 공유지의 의식을 가지고 이 땅을 잘 관리를 해야 합니다. 하나님은 생육하고 번성하여 땅에 충만하라고 했지 않습니까? 그리고 땅을 잘 정복하고 다스리라고 했습니다.

> 창 1:28 하나님이 그들에게 복을 주시며 하나님이 그들에게 이르시되 생육하고 번성하여 땅에 충만하라, 땅을 정복하라, 바다의 물고기와 하늘의 새와 땅에 움직이는 모든 생물을 다스리라 하시니라

올해는 광복 78주년을 앞두고 있습니다. 과거에 우리 한국교회는 조국의 독립에 앞장을 섰고 산업화와 근대화, 민주주의 운동의 선봉장 역할을 했습니다. 그러나 지금은 우리가 새 시대의 담론을 만들어 가고 외쳐가야 합니다. 그 담론을 앞장서서 실행해야 합니다. 이렇게 해서 다시는 생태계 교란의 부메랑이 돌아오지 않도록 해야 합니다.

첫째, 하나님의 형상을 회복하고 창조 질서를 회복해야 합니다. 둘째, 섬김, 연합의 정신으로 생태계를 지켜야 합니다. 셋째, 우리 모두 공유의 정신을 가져야 합니다. 이것이 새로운 광복 운동이고, 해방운동이고, 생명 운동이요 희망 운동이라고 할 수 있습니다.

이렇게 함으로써 우리는 다음 세대를 더 살기 좋고 풍요하고 행복한 삶을 살도록 해줘야 합니다. 교회는 하나님 나라를 건설할 뿐만 아니라 건강한 사회를 만드는 데 앞장설 의무와 책임이 있기 때문입니다. 우리 모두 이런 성도가 됩시다. 이런 운동을 앞장서는 성도들과 교회가 되시기를 바랍니다.

한국교회는 앞으로 자연 환경 생태계뿐만 아니라 목회 생태계를 지키기 위해서도 노력해야 한다. 그런데 이런 일은 어느 한 개인이나 한 교회, 한 교단만 가지고는 할 수 없다. 나는 반기독교 악법을 막아내 본 경험이 있기 때문에 누구보다 한국교회가 연합하고 연합기관이 하나 되어야 한다는 사실을 알고 있다. 그래서 공적 사역과 연합 사역에 앞장선 것이다. 돌이켜 보면, 새에덴교회는 핵크리스천, 핵처치를 이루어 핵신앙의 폭발력으로 한국교회 생태계를 지키는 연합과 공적 사역을 선도해간 것이다.

교회는 어느 시대이든 중심 역할을 해야 한다. 교회의 쇠퇴와 몰락은 곧 시대와 국가와 사회에도 영향을 미쳐왔지 않은가. 교회는 체제, 제도, 문화를 이끌고 사람들의 의식과 삶을 주도한다. 그래서 항상 교회는 갱신해야 하고 개혁해 가야 한다. 그러나 오늘날 한국교회는 점점 중세적 사고와 탈개혁주의, 탈복음주의의 몰락으로 교회의 정체성마저 혼란스러운 모습을 보일 때가 있다.

내부적으로도 연합되지 못하고 분열과 분쟁으로 인한 갈등과 충돌의 위기를 겪고 있다. 이제는 불필요하고 비생산적인 정쟁을 버리고 교회의 본질을 향해 모든 교회가 역량과 에너지를 하나로 모아 회복 모멘텀을 만들어야 할 시대적 사명에 놓여 있다. 그것이 바로 예수 그리스도 안에서 진정한 핵크리스천을 만들고 핵파워처치를 이루는 것이다.

핵개인을 핵크리스천으로

핵개인의 시대를 거부할 수는 없다. 그렇다면 우리는 핵개인을 거룩한 핵크리스천으로 만들어야 한다. 성도 스스로 쪼개지고, 흩어지고, 자기분열을 하며 다양한 헌신과 봉사의 자리에 설 수 있도록 안내해야 한다. 목사부터 먼저 자신을 쪼개고 분열시켜서 멀티플 사역을 해야 한다. 나 역시 지금도 끊임없이 나를 쪼개고 분열시키며 다양한 연구와 창의적 사역에 몰두한다. 이 책을 쓰는 것 역시 기존의 목회 패러다임과 사역을 쪼개고 분열시키는 또 다른 형태의 결과물이다.

핵크리스천은 현실에 안주하지 않기에 언제나 가슴 뛰는 삶을 살 수밖에 없다. 단 하루도 똑같은 삶을 살지 않고 스스로 쪼개고 분열시키고 흩어진다. 한비야가 쓴 《바람의 딸, 걸어서 지구 세 바퀴 반》이라는 책이 있다. 거기 보면 케냐의 한 의사 이야기가 소개된다. 그가 운영하는 병원은 케냐의 수도 나이로비에서 가장 잘 되는 병원이었다. 그런데 이 의사는 1년 중 6개월만 병원을 오픈하고 6개월은 오지로 가서 의료 봉사를 하였다.

오지로 가서 의료 봉사를 할 때는 케냐의 대통령이 초청을 해도 만나지를 않았다. 그래서 한비야는 그 의사를 만나기 위해서 오지로 찾아갔다. "왜 여기서 의료 봉사만 하세요? 나이로비에서 병원을 하면 더 많은 사람을 고칠 수가 있고 돈도 정말 많이 벌 수 있는데요?"

의사는 이렇게 대답했다. "사람이 어떻게 돈만 벌고 삽니까? 돈을 벌면 가슴이 뛰지를 않아요. 이곳에 와서 의료 봉사를 하면 가슴이 뜁니다. 사람이 가슴 뛰는 일을 하며 살아야 하지 않겠습니까?"

그런 의미에서 다릴 앙카는 《가슴 뛰는 삶을 살아라》라는 책을 썼다. 이 책은 특이한 형식으로 구성되어 있다. 오리온 좌에 속하는 에사사니의 별에서 UFO를 타고 온 바자르라는 외계인이 전하는 말을 다릴 앙카의 입을 통하여 수많은 질문자들의 질문에 답한 형식으로 이루어진 대화록이다.

나는 결코 UFO의 존재를 인정하는 사람이 아니다. 어디까지나 소설적 형태로 쓰여진 책이다. 그런데 얼마나 이 지구촌의 사람들이 가슴 뛰는 삶을 살지 않으니까 외계인이라는 존재를 끌어들여서 《가슴 뛰는 삶을 살아라》는 책을 썼겠는가? 그러면 사람이 언제 가슴이 뛰는지 아는가? 주로 두 가지 경우가 있는데, 첫째는 누군가를 죽도록 사랑할 때 가슴이 뛴다. 또 하나, 자신의 비전 혹은 사명을 생각할 때 가슴이 뛴다. 그래서 안도현 시인은 '너에게 묻는다'라는 시를 썼다.

연탄재 함부로 발로 차지 마라
너는 누구에게 한 번이라도 뜨거운 사람이었느냐

우리 인생은 스스로 쪼개고 분열하지 않으면 언젠가 연탄재같이 된다. 언젠가는 한 줌의 흙이 된다. 그러기 전에 우리는 인생이라고 하는 연탄, 신앙이라는 연탄을 활활 태워야 한다. 핵분열을 하듯이 매일 새롭게 쪼개고 분열해야 한다. 연탄은 정열적으로 타오를 때가 가장 아름답다.

사도 바울은 매일매일 자신을 쪼개고 분열시키며 연탄불처럼 정열적인 삶을 살았다. 그는 예수 그리스도에게 미친 삶을 살았다. 정말 예수님을 생각할 때마다 사명과 비전의 불이 가슴에 타올랐고, 또 사명과 비전을 생각할 때마다 예수 그리스도가 자신을 쪼개고 분열시키고 심장을 펌프질하는 것을 느꼈다. 그래서 그는 언제나 정열과 열정을 불태우는 삶을 살았다. 그가 섬기고 모셨던 하나님이야말로 정열의 하나님이요, 열정의 하나님이었기 때문이다.

열정이라는 말이 영어로 'Enthusiasm'이라고 하는데, 이 단어는 헬라어로 '엔 데오스'라는 말에서 나왔다. '하나님 안에서'라는 말인데 하나님이 내 안에, 내가 하나님 안에 거할 때 진정한 열정이 나온다는 것이다. 바울이 이 하나님의 열정을 가지고 있었다. 그는 원래 잘못된 종교적 열심을 가지고 있었던 사람이다. 그러니 그는 오히려 하나님의 열심을 방해했던 사람이었다. 잘못된 종교적 열정으로 하나님을 대적했던 사람이다. 그래서 스데반 집사를 죽였고 다메섹에 있는 성도들을 모조리 잡아 감옥에 넣거나 죽이려고 다메섹으로 가고 있었다.

그러다가 그는 다메섹 도상에서 주님을 만났다. 그렇게 주님을 만난 후, 그는 온전히 하나님 안에 들어가 살았다. 그리고 주님의 그 뜨거운 심장이, 주님의 그 열정의 불길이 바울의 심장에 점화가 되었다. 그럴 때 그는 예수님께 미친 삶을 살았다.

> 고후 5:13 우리가 만일 미쳤어도 하나님을 위한 것이요 정신이 온전하여도 너희를 위한 것이니

그러면 왜 그는 예수님께 미친 삶을 살았는가? 언제나 순간순간마다 하나님의 사랑에 강권을 당하였기 때문이다. 하나님의 사랑에 강권을 당하니까 그는 예수에게 미친 삶을 살고 정열의 삶을 살았다.

> 고후 5:14(상) 그리스도의 사랑이 우리를 강권하시는도다

사도행전 26장을 보면, 그가 얼마나 예수님께 미친 삶을 살았는가를 알 수 있다. 바울이 마지막으로 베스도와 아그립바 앞에서 심문을 받고 있다. 그런데 바울은 이때에도 자신의 무죄를 변명하려고 하지 않는다. 바울은 베스도 총독과 아그립바 앞에서 그저 자기가 만난 예수님을 이야기하려고만 한다.

그러자 그런 간증을 듣던 베스도 총독이 이렇게 말한다. "바울아…네가 미쳐버렸구나! 네가 가말리엘 모든 문하생들 가운데 가장

똑똑한 수제자라고 하더니 너무 공부를 많이 해서, 머리가 돌아 버린 것 같구나!"

> 행 26:24 바울이 이같이 변명하매 베스도가 크게 소리 내어 이르되 바울아 네가 미쳤도다 네 많은 학문이 너를 미치게 한다 하니

그러자 바울이 뭐라고 하는가? "베스도 총독 각하여! 총독의 눈에는 제가 학문에 미친 사람으로 보입니까? 저는 절대로 그렇게 미치지 않았습니다. 만약 제가 미쳤다면, 예수에게 미친 것이고, 복음에 미쳤습니다. 그래서 저는 온전한 정신으로 온전한 말을 하고 있습니다."

> 행 26:25 바울이 이르되 베스도 각하여 내가 미친 것이 아니요 참되고 온전한 말을 하나이다

바울은 정신적으로 미친 것이 아니라, 거룩한 홀릭에 빠진 상태였고 영적으로 핵분열을 한 핵크리스천의 삶을 살았다. 인격적이고 영적으로 미쳐 있다는 말이다. 그래서 그는 주님이 주신 사명을 생각할 때 가슴이 뛰었다. 그래서 주님이 주신 사명과 비전을 생각하노라면 자신의 생명은 아무것도 아닌 것처럼 느껴졌다. 주님이 주신 사명을 위해서라면 그는 자신의 생명은 아무것도 아니라고 생각했다.

행 20:24 내가 달려갈 길과 주 예수께 받은 사명 곧 하나님의 은혜의 복음을 증언하는 일을 마치려 함에는 나의 생명조차 조금도 귀한 것으로 여기지 아니하노라

얼마나 위대한 고백인가. 얼마나 아름다운 고백인가. 이 고백이 우리의 고백이 되어야 한다. 이 열정이 우리의 열정이 되어야 한다. 핵크리스천이 된 사도 바울이 가슴 뛰는 삶으로 전한 복음으로 로마가 복음화가 되고 구라파 천지가 복음화가 된 것이다. 이처럼 가슴 뛰는 삶을 살고 싶은가? 아니면 그냥 평범한 삶을 살고 싶은가?

가슴 뛰는 삶을 살지 않으면 맨날 남이나 공격하고 비판하는 삶을 산다. 가슴이 뛰지 않으니까 맨날 교회 공동체를 해치고 뒷다리를 잡고 무너뜨리려고 한다. 가슴이 뛰지 않으니까 증오와 분노의 춤사위를 행한다. 그러나 가슴이 뛰는 사람은 그렇지 않다. 어떤 현자는 이런 말을 했다고 하지 않는가.

"이 세상에서 가장 부자는 욕심이 없는 자이다. 가장 명예로운 자는 자리를 탐하지 않는 자이다. 가장 강한 자는 다투지 않는 자이다."

나는 이 말에 한 마디를 더하고 싶다.

"이 세상에서 가장 행복한 사람은 가슴이 뛰는 자다."

우리 시대의 핵개인들을 핵크리스천으로 변화시켜 가슴 뛰는 삶, 가슴 뛰는 교회를 만들어 가야 한다.

그리고 핵개인 신자라 할지라도 가슴 뛰는 신앙인이 되도록 해야

한다. 2023년 1월 한목협 통계에 의하면 이미 탈 교회화되어가는 안 나가 신자(예수는 믿지만 교회를 나가지 않는 신자)가 200만이 넘었고 플로팅 신자(이 교회 저 교회를 떠도는 신자)가 50만 명이 넘었다고 한다. 또한 코로나 기간에 교회를 포기한 돌탕 신자(돌아올 수 없는 탕자)가 80만 명이라는 통계가 나왔다.

이러한 절박감에서라도 교회는 현대인들의 원츠(wants)와 니즈(needs)에 어떻게 올바르게 반응하는 것이 하나님이 세우기 원하시는 교회이고 신앙생활인가를 답해 주어야 한다. 다시 강조하거니와 교회는 사도행전적 원형교회, 핵파워 자체를 이루어야 한다.

지난 코로나 팬데믹 기간에 교회는 셧다운(shut down) 되었고, 목회자들에겐 멘탈 붕괴(meantal breakdown)를 가져다주었고, 신자들은 펠 다운(fell down) 하게 되었다.

물론 지금은 엔데믹 기간이다. 아직도 팬데믹의 상흔과 후유증이 드리워져 있는 때이다. 처치 패러다임을 바꾸고 뉴트로 처치 전략을 세워야 한다. 성경적이면서도 정통 라인에 선 교회, 그렇지만 시대 변화에 대응하며 새로운 교회 패러다임을 가지고 새로운 교회의 이미지를 세워가야 한다. 나는 여기서 새로운 교회 패러다임을 제시하고 싶다. 그것은 곧 그릿 처치(Grit Church), 액츠 처치(Acts Church), 어뉴 처치(Anew Church)이다. 이 세 교회를 한 마디로 요약하면 핵처치다.

1. 그릿 처치(Grit Church)
2. 액츠 처치(Acts Church)   ⇒ 핵파워처치
3. 어뉴 처치(Anew Church)

🌱 엔데믹 이후 새해 목회계획에 대한 제언

이쯤 돼서 나는 한국교회 목회자들에게 엔데믹 이후 새 목회계획을 위한 표어를 제안해 보고 싶다.

표어: 다시 원형으로! 다시 성령으로! 다시 세움으로!

그리고 이런 비전선언문을 제안해 보고 싶다.

비전선언문 : 우리는 생명나무 신앙으로 거룩한 사도행전적 핵처치를 이루어 모이면 예배 공동체를 이루고 흩어지면 전도 공동체를

이루어 세움과 부흥의 영향력을 한국과 세계로 넓혀간다.

실제로 나는 이렇게 하려고 한다. 그리고 신년 목회계획을 이렇게 제안해 보고 싶다. 이것은 내가 섬기는 새에덴교회를 중심으로 한 것이기 때문에 개교회의 상황에 맞춰서 행하기를 바란다.

월별 목회계획

1월:
① 송구영신 예배
② 신년축복성회(신년축복성회가 불가하면 신년 새벽기도회나 신년 밤기도회로 대체)
③ 신년 축복 맞춤형 대심방(약속의 말씀을 가지고 심방함. 새에덴교회는 교구별로 2월 말까지 심방을 완료함)

2월:
① 특별 밤작정기도회(애간장 기도회)
② 신년 축복 맞춤형 대심방 계속 진행
③ 2월 말에 자녀와 함께하는 특새(하나님의 이름, 시 23편, 정결, 거룩 등을 주제로 함)

3월:

① 교역자 영성수련회(1박 2일 동안 전반기 전도사역과 양육 등 다시 한번 정책을 점검하고 워크숍을 진행함)

② 프라미스 새생명 축제 시작(마을기도회, 전도 작정)

③ 이른비 특새 혹은 이른비 밤기도회

④ 부활주일 저녁예배 칸타타(작은 교회는 부활절 1대1 맞춤형 심방 기획)

⑤ 사명자 기도회

4월:

① 총력 전도의 달(전 교인, 전 교구가 전 주민에게 복음을 전하는 달)

② 봄맞이 축제 여행(앞서 말한 것처럼 교인들의 숨통을 틔워주고 정서적 환기를 시키기 위해 월요일 쉬는 날 하루 동안 2~3회로 나누어서 진행함)

5월:

① 가정 축제, 홈 플랜팅(자녀에게 신앙을 물려주는 설교, 부모 공경 설교)

② 부모 초청주일, 자녀 초청주일

③ 가정 회복 다산 운동

6월:

① 오순절 성령 축제 홀리나잇 기도회(특새 혹은 밤 기도회)

② 사명자 기도회

③ 6. 25 참전용사 초청 행사

④ 총력 전도주일, 결신자 초청주일

7월:

① 맥주 감사주일 감사 설교(주일 밤 감사 찬양 콘서트)

② 전반기 교역자 정책 수련회(3박 4일)

③ 여름 성경학교 캠프

④ 장년여름수련회 총력 준비

⑤ 장년여름수련회를 위한 특별기도회

8월:

① 장년여름수련회(첫째 주일)

② 장년여름수련회 보고의 밤

③ 마지막 주 그.별.밤 공동체(시, 음악, 간증 등과 함께 책이 있는 예배)

9월:

① 교역자 영성수련회(1박 2일)

② 프라미스 생명축제 시작

③ 마을기도회

④ 전도 작정 주일

⑤ 사명자 기도회

10월:

① 종교개혁주일

② 전도 총력의 달(전 교인, 전 교구가 전 주민에게 복음을 전함)

③ 10월 말경 담임목사와 함께하는 가을 여행

11월:

① 신년 목회계획 수립

② 추수감사주일(주일 밤에는 감사의 밤 콘서트)

③ 총력 전도주일, 결신자 초청 주일

12월:

① 후반기 교역자 정책수련회(3박 4일)

② 늦은비 특별새벽기도회(늦은비 특별밤작정기도회)

③ 성탄축제, 성탄절 칸타타

④ 연말 당회

⑤ 송구영신예배와 신년축복성회 준비에 올인함

핵개인을 유혹하는 집어등 교회를 꿈꾸며

지난 여름 제주도에서 교역자수련회를 한 적이 있다. 그런데 창문을 열고 제주도의 밤바다를 보니까 말로 표현할 수 없는 찬란한 정경이 보였다. 바로 오징어를 잡기 위한 집어등이었다. 사람들이 보기엔 그 집어등이 얼마나 찬란하고 눈부신지 모른다. 그러나 오징어로서는 가장 슬프고 비극적인 불빛이다.

오징어는 다른 물고기와 다르게 시각이 발달해 있다. 그 시각은 눈부시고 찬란한 불빛을 좋아한다. 그 불빛을 보는 순간 오징어는 사족을 못 쓴다. 사랑하는 어머니도 등 뒤로 하고 죽고 못 사는 짝도 버린 채 불빛을 향해 질주한다. 그러다가 그만 어부가 쳐놓은 그물에 걸려들고 만다.

오징어에게는 생의 가장 아름다운 순간이 가장 비극적인 순간이 돼버리는 것이다. 만일 오징어에게 생각이 있다면 아마 이렇게 후회할 것이다. '아차 속았구나! 저 불빛의 유혹에 내가 걸려들었구나.' 그러나 가슴을 치고 후회한들 무슨 소용이 있겠는가. 그래서 시인 유하는 이런 시를 썼다. '눈앞의 저 빛/ 찬란한 저 빛/ 그러나 저건 죽음이다/ 의심하라 모든 광명을.'

이 시적 의미는 오징어의 생으로만 그치지 않는다. 모든 시에서 은유의 본질이란 인간의 삶을 관찰하고 탐구하기 위한 것이다. 그래서 시는 문장과 문맥을 초월해 삶의 차원으로 퍼진다. 그러므로 이

시는 인간에게도 가장 아름다운 것이 죽음이 될 수 있고, 가장 아름답게 보이는 것이 유혹의 미끼가 될 수 있다는 교훈을 준다.

요즘은 그 집어등마저도 안 통하는지 오징어가 잘 안 잡힌다고 한다. 어쩌면 집어등의 밝기와 색깔을 바꿔야 할지도 모르겠다. 그런데 집어등을 보며 이런 생각에만 머무르지 않았다. 생각의 패러다임을 바꾸고 사고의 대전환을 해봤다.

'한국교회가 집어등 교회를 이룰 수는 없을까?'

오징어를 유혹하는 집어등은 죽음의 미끼가 되지만 한국교회가 집어등을 켜놓으면 죽을 영혼, 영원히 멸망할 영혼이 새 생명을 얻기 때문이다. 그러므로 아무리 세상이 어둡고 혼탁하고 핵개인의 시대가 된다 할지라도, 교회가 제대로 집어등을 켜고 비춘다면 우리는 예수 그리스도 안에서 죽을 영혼을 구원하고 수많은 영혼을 거룩하게 납치할 수 있다.

찬란한 집어등을 통해 한국교회는 거룩한 영혼의 포로수용소가 되고 새 생명의 어장이 될 것이다. 그러기 위해서는 한국교회가 쪼개지고 흩어지고 융합하는 핵처치를 이루어야 한다. 다시 말하면 모이면 기도하고 흩어지면 전도하는 사도행전 교회를 이뤄야 한다.

그리고 현대인의 안목과 생각에 호기심을 당겨주는 매력을 보이고 거룩한 유혹의 빛을 발산해야 한다. 세스 고딘이 말한 '보랏빛 소'와 같은 교회가 되어야 한다. 그렇게 함으로써 작게는 지역주민에게 매력 있는 교회로 비쳐야 하고, 넓게는 이 시대와 사회에 신비스러운 유혹의 빛을 비춰야 한다.

과거 선교사들은 암흑의 우리 민족에게 집어등 빛을 비추었다. 선교사뿐 아니라 한국의 초대교회는 암울한 우리 민족의 멍든 가슴을 어루만지고 시대의 아픔을 치유해줬다. 우상과 미신, 가난과 질병으로 가득했던 조선 땅에 학교와 병원을 지어 문맹을 깨우치고 구제하면서 영혼 구원에 앞장섰다. 한마디로 시대적 핵처치가 되어 집어등 불빛을 발산한 것이다. 성도 한 사람, 한 사람이 핵크리스천이 되고, 한 교회 한 교회가 핵처치가 되어 놀라운 영적 대각성과 부흥의 퍼펙트 스톰을 일으켰다.

그런데 언제부턴가 한국교회는 시대적 부담이 되기 시작했다. 쪼개지고 흩어지고 폭발하는 핵처치가 아니라 자신만의 아성을 쌓고 안주하는 화석화된 모습을 보였다. 특히 쓰나미처럼 밀려오는 반기독교 사상과 문화, 정서로 인해 사회는 더 어둠의 바다가 되어가고 있다. 교회가 집어등을 켜지 못하고 꺼져버린다면 어떻게 되겠는가. 성경의 진리와 구원의 복음을 잃어버린 채 현란한 욕망의 불빛에 속아 표류하고 말 것이다.

한국교회가 핵처치를 이루어 생명의 말씀과 복음의 폭발력을 일으켜 수많은 사람에게 더 눈부신 복음의 빛과 더 거룩한 이미지의 광채를 비춰야 한다. 특히 코로나19 팬데믹 이후에 영적 암흑에 갇혀 있는 핵개인의 시대를 향해 집어등을 켜야 한다. 개교회는 개교회대로, 교단은 교단대로, 연합기관은 연합기관대로 어두운 밤바다를 향해 집어등을 켜야 한다. 지금도 구원의 불빛을 찾고 있는 수많은 영혼을 향하여!

뉴트로 전략 핵처치 (사도행전적 원형교회)

1판 1쇄 발행 _ 2023년 11월 10일
1판 3쇄 발행 _ 2023년 11월 20일

지은이 _ 소강석
펴낸이 _ 이형규
펴낸곳 _ 쿰란출판사

주소 _ 서울특별시 종로구 이화장길 6
편집부 _ 745-1007, 745-1301~2, 743-1300
영업부 _ 747-1004, FAX 745-8490
본사평생전화번호 _ 0502-756-1004
홈페이지 _ http://www.qumran.co.kr
E-mail _ qrbooks@daum.net / qrbooks@gmail.com
한글인터넷주소 _ 쿰란, 쿰란출판사
페이스북 _ www.facebook.com/qumranpeople
인스타그램 _ www.instagram.com/qrbooks
등록 _ 제1-670호(1988.2.27)
책임교열 _ 김유미·오완

ⓒ 소강석 2023 ISBN 979-11-6143-905-1 03230

책값은 뒤표지에 있습니다.
이 출판물은 저작권법에 의해 보호를 받는 저작물이므로 무단 복제할 수 없습니다.
파본(破本)은 구입처에서 교환해 드립니다.